东亚村镇研究

东亚小城镇建设与规划

张 立 白郁欣◎著

九州出版社 全国百佳图书出版单位 JIUZHOUPRESS

图书在版编目（CIP）数据

东亚小城镇建设与规划 / 张立，白郁欣著. -- 北京：
九州出版社，2022.7
ISBN 978-7-5225-0988-4

Ⅰ．①东… Ⅱ．①张… ②白… Ⅲ．①小城镇－城市
建设－研究－东亚 Ⅳ．①F299.311

中国版本图书馆CIP数据核字(2022)第103585号

东亚小城镇建设与规划

作　者	张　立　白郁欣　著	
出版发行	九州出版社	
责任编辑	张皖莉	
地　址	北京市西城区阜外大街甲 35 号（100037）	
发行电话	(010)68992190/3/5/6	
网　址	www.jiuzhoupress.com	
印　刷	北京捷迅佳彩印刷有限公司	
开　本	720 毫米 ×1020 毫米　16 开	
印　张	17.25	
字　数	288 千字	
版　次	2022 年 7 月第 1 版	
印　次	2022 年 7 月第 1 次印刷	
书　号	ISBN 978-7-5225-0988-4	
定　价	78.00 元	

目　录

第 1 章　概述

1.1　关于本书的研究对象

　　地理意义上，东亚包括中国、日本、韩国、朝鲜和蒙古五国。2017 年五国人口 15.92 亿人，占全球比重 21.1%，地区生产总值（GDP）达 18.68 万亿美元，占全球比重 23.1%。

　　朝鲜国土面积 12.28 万平方公里，2017 年总人口 2543 万人，人均 GDP 仅 1204 美元，经济较为落后。由于历史和政治等原因，难以对朝鲜开展相关研究。

　　蒙古国土面积 156 万平方公里，总人口 290 万人，地广人稀，是世界上人口密度最小的国家。2017 年蒙古国 GDP 为 111.5 亿美元，人均 GDP 约 4000 美元，不及中国人均 GDP 水平的一半。蒙古国经济上缺乏现代化工业基础，仍以畜牧业为主。

　　鉴于蒙古和朝鲜两国的经济和社会发展弱于中国大陆，且国情特殊，对中国大陆的学习借鉴意义有限。因此，本书的东亚研究不包括蒙古和朝鲜两国，而主要以经济社会较为发达的日本和韩国作为研究对象。另外，中国台湾地区由于历史等原因，其经济社会发展呈现出与大陆地区不一样的发展情况，亦积累了一定的经验，故将中国台湾地区单列，作为研究对象。

1.2　东亚的比较基础

　　日本、韩国和中国（大陆和台湾地区）在文化背景、地理环境、人口密度、乡村建设历程以及城镇化历程等方面都有着极大的相似性，为本研究的比较奠定了基础。日本、韩国和中国台湾地区在城乡建设和社会制度方面均向欧美学习，且基本上是日本先习得经验，韩国和中国台湾地区再行学习和实践。最为明显的即在中国台湾地区的大量语汇中有日文翻译的明显印记，比如"乡村空洞化"等。

1.2.1 相似的文化背景

在世界范围内主要有五大文化圈，根据文化起源先后分别为西方文化圈（拉丁文化圈），东亚文化圈（汉字文化圈），伊斯兰文化圈（阿拉伯文化圈），印度文化圈（南亚文化圈）和东欧文化圈（斯拉夫文化圈）。东亚文化圈以中国为核心，包括韩国、日本、越南等地，其共同特点是：汉字、儒家思想、中国式律令制度与农工技艺、道教、中国化佛教等。

汉字文化圈的内涵极其丰富，它以汉字为载体，用汉字来表现各种特有的文化现象，包括哲学、宗教、文学、艺术、科学技术、制度文化乃至风俗习惯等。中朝两国山水相依，文化渊源深厚，由于历史上的这种特殊关系，汉文化在朝鲜的传播比其他国家更直接。朝鲜（韩国）很早便进入汉字文化圈，虽然战后逐步弃用了汉字而全面采用谚文（训民正音），但韩国社会各界一直在讨论"恢复汉字的必要性"。日本早先没有文字，汉字输入后便用汉字作书写文字，起初是原样照搬的"音读汉字"，继后改用日语读音的"训读汉字"，进而出现"和化汉字""万叶假名"，创造出平假名和片假名，在中国文化影响下发展了日本文化。中国台湾是中国的一部分，其文化背景和中国大陆并无大异。由此可见，东亚的日本、韩国和中国（大陆和台湾地区）之间有着相似的文化背景，这是本书比较的基础之一。

1.2.2 相近的地理环境

同处于亚洲东部，日本、韩国、中国（大陆和台湾地区）有着相似的地理环境。首先是相似的气候条件：面向太平洋，地势西高东低，是世界上季风气候最典型的地区。雨热同期，有利于农作物特别是稻谷的生长，东亚地区所产稻谷占世界稻谷总产量40%以上。其次是地形地质条件均较为复杂，因其位于东亚大陆的边缘，多山，且多火山、地震。另外，其自然资源均非常丰富，主要为渔业资源、水力资源、矿物资源等。相近的区域气候和地形地貌是本书的比较基础之二。

1.2.3 相似的人口密度

2018 年世界平均人口密度为 58 人 / 平方公里，而日本、韩国和中国（包括大陆和台湾地区）在世界范围内有着明显超出平均水平的人口密度，即都是高人口密度国家和地区。而人口密集的地区也是世界工、农业相对比较发达的地区。相似的高人口密度是本书的比较基础之三。

表 1-1　日本、韩国、中国（包括大陆和台湾）国土与人口比较

国家（地区）		国土（地区）面积（万平方公里）	人口总数（亿人）	人口密度（人/平方公里）	人口密度世界排名
日本		37.80	1.27	336	25
韩国		10.03	0.51	509	13
中国	大陆	963.4	13.86	144	63
	台湾	3.62	0.24	663	—

世纪银行：https://databank.shihang.org/，2017

1.2.4 相似的城乡形态

考察世界各国及地区的情形，可以划分出多种城乡形态：①继续保持自然农村形态，维持传统小农经济，如日本、韩国；②有农业没有"农村"，即大农场农业，如美国、加拿大、澳洲等地；③大中型农场＋大农村，如法国（吴梦笛，2017）。日本、韩国和和中国（大陆和台湾地区）有着相似的乡村地区类型，即小农经济，强调"村落文化，家庭单元、小规模耕作"。其特点在于：规模经营受到"限制"和易受外部因素（比如气候、虫害等）影响。相似的城乡形态是本书的比较基础之四。

1.2.5 相似的乡村建设历程

日、韩、中（大陆和台湾地区）三个国家在乡村建设上都分别经历了（或者即将经历）滞后、追赶和城乡一体化阶段，在战后的十年左右时间内通过改革建立了稳定的农地体制。其中，日本、韩国和中国台湾在大致三十年左右的时间里实现了历史性的文明转型，即从农业和农村社会向工业和城市社会的转变（张玉林，2011）。

从历史视角来看，日本、韩国和中国台湾分别在不同时期经历了相似的社会经济发展阶段，且在工业化和城镇化的过程中，城乡差距不断扩大。日本于1950年代重点发展重化工并集中发展大都市，致使城乡差距拉大；韩国1960年代采取出口导向战略使得农村发展滞后；同样，中国台湾1960年代出口导向战略也致使其工农发展差距加大。

面对这些问题，上述三者都通过一系列的土地和社会政策推进乡村建设，均衡城乡发展以实现城乡一体化。日本的七次国土开发综合计划的重点是消除"过密"和"过疏"问题，均衡国土，并实施了三个阶段的"新农村建设"、推行"一村一品"、实行过疏化地区开发计划等。韩国从第二次国土开发计划就提出构建多核国土结构，第四次国土开发计划提出要构建均衡的国土结构并一直延续至今，且在不断推出新村运动、小城镇培育计划等。中国台湾实行了一系列的农地改革，并推出了"农村再生"计划和均衡城乡发展推动方案。即三者都在一定的历史时期对乡村发展有着较高的重视，这也为其快速工业化提供了基础。目前，三者的城镇化率均达到70—80%左右，且依旧保持着较为完整的农村经济和农村空间形态要素，福利、公共服务等方面也已达到和城市地区近似同等水平，但同时也都面临农村人口流失、城镇化和老龄化导致的农村衰退甚至消亡，以及城市人口过于集中等问题。

日本、韩国、中国台湾有着相似的乡村发展和建设历程，这使得与乡村联系紧密、介于城乡之间的小城镇也有着相似的发展背景，这是本书的比较基础之五。

1.3 东亚的城镇化历程

日本、韩国和中国台湾有着相似的资源禀赋和历史发展路径，1960—1970年代经济高速增长，并实现工业化、城镇化和农村的现代化（张立，2016）。

1.3.1 日本的城镇化历程

日本战后的城镇化和工业化以及其社会经济发展基本同步，大致经历了三个阶段：①战后恢复期（1945—1950年）。战后百废待兴，日本投入了大量精力进行基础设施的恢复和重建，一定程度上带动了经济的快速发展，城镇化率从28%上升到了37%。②高速增长期（1950—1977年）。日本从农业主导转向工业主导，工业化进入到中期阶段。人口从农村、小城镇逐步向太平洋方向东迁；1975 年城市人口（相对町村而言）比率^①达到了 75.9%，DID 人口率^②达到 57.0%。城市人口比重超过农村人口比重。1970 年代基本完成了工业化，城市人口达到饱和，大城市圈、大都市带生成，城镇化的质量不断提升，2005 年 DID 人口率达到 66%，2010 年为 67.3%，2015 年为 68.3%，2017 年为 68.3%。

日本的城镇化具有向大城市集中的特点，是典型的集中型城镇化，即人口从农村、小城镇向城市集中，最终形成了目前的三大都市圈，集中了日本 80% 的金融、教育、出版、信息和研究开发机构。在日本的城镇化进程中，政府发挥了重要作用，即政府力推工业化和城镇化，并对国土进行综合开发，使经济发展和城镇化能够协调推进。

1.3.2 韩国的城镇化历程

韩国的城镇化相较日本起步略晚，但后期发展较快，经历了 4 个阶段。①起步阶段（1930—1945 年）。这一期间，韩国处于日本殖民之下，日本加强了对韩国的工业扶持，使得一部分城市的人口逐渐增加；②非正常发展阶段（1945—1960 年）。该时期，韩国的城镇化起步，但因其建立在殖民政策变化和难民迁移基础上，与工业化带动城镇化的发展不同；③快速发展阶段（1960—1985 年）。随着国内经济的快速发展，城镇化水平迅速提高，从 1960 年的 27.7% 跃升至 1985 年的 74%；④高度城镇化时期（1985 年至今）。产业布局从内陆到沿海，从农村到城市，2017 年城镇化率为 81.5%。

韩国的工业化和城镇化是在 40 年的时间里快速发展起来的，是大城市主导型的城镇化：韩国的八大城市，集中了全国 60% 的人口，并一直奉行"工业为主、大企业为主、大城市为主"的城镇化政策（王世珍，2017）。与日本类似，韩国的城镇化也是由政府主导的城镇化。

---

　① 若按城市人口率统计，2005 年城市化率为 86%，2010 年 91.3%，2017 年为 93%。本文后文均采用 DID 人口率来表述日本城镇化率。

　② 1960 年以前，日本城乡人口的统计采用"市（大中城市）、町（小城镇）、村（农村）"的统计模式。1960 年首次提出人口集中区（Density Inhabited Districts，简称 DID）概念，即将"区域内人口密度达到 4000 人/k㎡，且与相临区域总计人口达到 5000 人以上"的地区定义为城市区域，而非 DID 地区为乡村地区。

1.3.3 中国台湾地区的城镇化历程

中国台湾地区的城镇化可以分为三个阶段（戴雄赐，2013）：①农业社会和城镇化初期（1950年以前），经过日据时期的大规模改造，至1920年代台湾的城镇已具现代化雏形，1937年台湾地区实行"都市计划令"，编制了72处"都市计划"，1949年城镇化率为25%；②城镇化快速发展阶段（1950—1990年）1949年后中国台湾地区的城镇化水平快速提高，这一时期台湾地区注重工业发展，通过工业发展带动农业现代化，1990年城镇化率达到76%。1950—1970年间人口由农村向城市集中，由农业县向工业城市移动。台湾地区的城镇化是建立在农业充分发展的基础之上（严圣明，2011）；③郊区化和再城镇化时期（1990至今）。1989年后中国台湾地区的房价上涨，且城市的交通、住房问题加剧，城市开始向乡村蔓延，郊区化现象逐渐出现。而台铁的开通，又使得台北市出现了再城镇化的现象。2010年城镇化率达到87.2%，2017年城镇化率达到了88%。

与韩国、日本不同的是，中国台湾地区主要通过农业现代化，前期重点发展工业，后期加快产业转型将重心转向服务业以提高城镇化水平和质量，并采取了一系列的土地开发政策以及人口分散化政策促进城乡均衡发展。

1.3.4 东亚模式

日本、韩国和中国台湾地区的城镇化都是由工业化的快速发展引领的，这种发展模式称之为"东亚模式"。日本和韩国都重视都市圈的发展，城市人口先集中后分散。不同的是，中国台湾地区重视农村现代化和中小城市的发展。其次，三者都是以政府主导的自上而下的城镇化，分别通过综合开发、土地政策，以及大力发展工业来实现工业化和城镇化的协调发展。而在后期，日本和韩国两国着重于分散大都市圈的集中发展，而中小城市相对均衡的中国台湾地区则出现了郊区化现象。但总体而言，三者有着相似资源禀赋和历史背景，其城镇化发展历程和阶段也是相似的。

日本、韩国和中国台湾地区有着相似的城镇化和工业化历程，亦构成了其在小城镇发展建设上相似的社会背景和现实基础，这是本书进行比较研究的重要基础。

表 1-2 日本、韩国、中国台湾地区城镇化进程比较

	年份	1945	1950	1960	1970	1980	1990	2000	2010	2017
日本	城镇化率（%）	—	37.0	43.7	53.6	59.7	63.2	65.2	67.3	68.3
	发展阶段	战后恢复期		高速增长期		稳定发展期				
	政策内容	基础设施建设		工业主导，集中型城镇化		完成了工业化，大都市产业升级引导人口分散化				
韩国	城镇化率（%）	—		27.7	40.7	56.7	73.8	79.6	81.9	81.5
	发展阶段	起步时期	非正常发展阶段		快速发展阶段		高度城镇化时期			
	政策内容	—	移民回国，非工业化带动城镇化		重点发展重工业		人口集中于大城市郊区建设引导人口流动			
中国台湾地区	城镇化率（%）	—	25	—	53.5	69.7	73.5	78.9	87.2	88
	发展阶段	城镇化初期		城镇化快速发展阶段				郊区化和再城镇化时期		
	政策内容	都市计划令		注重工业发展，带动农业现代化				产业升级，中心转向服务业		

资料来源：根据马黎明（2015）、申东润（2010）、严圣明（2011）等相关资料文献汇总整理

1.4　东亚小城镇的研究价值

从小城镇在城镇化进程中的作用、中国大陆小城镇的发展现实以及相关研究进展来看，对东亚小城镇的系统性研究有其独到的价值。

1.4.1 小城镇在城镇化进程中的作用需要重视

中国在不同时期的城乡发展战略中，一直反复强调小城镇的重要性从 1955

年提出"发展中小城市,不发展大城市"的政策开始,国家出台了一系列的法规、规范及政策文件促进小城镇发展,并在此过程中逐步修改完善建制镇设置标准①。1984 年建制镇由点状管理单元转化为面状管理单元,开始全面管理服务行政村。1983 年费孝通提出"小城镇大问题",小城镇开始受到学术界的广泛关注。1989 年《城市规划法》明确规定"合理发展中等城市和小城市"。1994 年建设部、国家计委、国家体改委、国家科委、国家体改委、国家科委联合发布《关于加强小城镇建设的若干意见》(建村〔1994〕564 号)。1995 年国家 11 部委共同印发《小城镇综合改革试点指导意见》。1996 年的第九个五年计划提出"有序地发展一批小城镇,引导少数基础较好的小城镇发展成为小城市"。1998 年小城镇由"大问题"上升到"带动农村经济和社会发展的一个大战略"。2000 年国务院发布《关于促进小城镇健康发展的若干意见》(中发〔2000〕11 号)。2001 年的第十个五年计划提出"有重点地发展小城镇"、"把发展重点放到县城和部分基础条件好、发展潜力大的建制镇,使之尽快完善功能,集聚人口,发挥农村地域性经济、文化中心的作用"。2005 年国土资源部发布《关于规范城镇建设用地增加与农村建设用地减少相挂钩试点工作的意见》(国土资发〔2005〕207 号)。2006 年建设部、科技部发布《小城镇建设技术政策》(建科〔2006〕76 号)。同年"十一五"规划提出"坚持大中小城市和小城镇协调发展,提高城镇综合承载能力"。2011 年的"十二五"规划提出"有重点地发展小城镇,把有条件的东部地区中心镇、中西部地区县城和重要边境口岸逐步发展成为中小城市"。期间,发改委分别于 2005 年、2008 年和 2012 年公布第一、二、三批全国发展改革试点小城镇。2013 年中共十八大三次全会《中共中央关于全面深化改革若干重大问题的决定》中提出:"坚持走中国特色新型城镇化道路,推进以人为核心的城镇化,推动大中小城市和小城镇协调发展、产业和城镇融合发展,促进城镇化和新农村建设协调推进。"2016 年的"十三五"规划提出"加快发展中小城市和特色镇""加快拓展特大镇功能,赋予镇区人口 10 万以上的特大镇部分县级管理权限,完善设市设区标准,符合条件的县和特大镇可有序改市"。2016 年住建部、发改委发布《关于开展特色小镇培育工作的通知》(建村〔2016〕147 号)。2017 年十九大报告提出"乡村振兴战略""把解决好'三农'问题作为全党工作重中之重"。

---

① 1955 年《关于开展特色小镇培育工作的通知》,1963 年《关于调整市镇建制、缩小城市郊区的指示》,1984 年《关于调整建镇标准的报告》,2009 年撤乡并镇、停止审批设立新的建制镇。

在过去的城镇化过程中，小城镇屡屡被提及，这和中国的特殊国情分不开：庞大的人口基数，量多面广的小城镇，不平衡的工农关系与城乡二元的户籍制度和土地制度等。鼓励小城镇发展的政策在化解粮食供应危机、缓解工农紧张关系、促进农业现代化发展中有重要的战略意义（侯丽，2011）。刘盛和等（2019）将中国人口城镇化细分为城镇人口"镇化"与"城化"，指出中国的城镇人口"镇化水平"和"镇化贡献率"在不断提升。2015 年镇化水平为 41.8%，2010—2015 年期间镇化贡献率为 55.1%。同样，汪增洋等（2019）也指出在中国城镇化由数量扩张型发展向质量提升型发展的转型阶段，促进城镇体系薄弱环节——小城镇的高质量发展具有重要意义。

归纳而言，新世纪小城镇在城镇化过程中主要有以下五个方面的积极作用：①作为农村经济中心，促进了地方经济的发展（张立，2012）；②在城乡协调发展中起到了"平衡杆"的作用（俞燕山，2000）；③小城镇是农村向城市转型的过渡区域，是农村和大中城市的中介（石忆邵，2002）；④小城镇为中国提供了多样化的城镇化路径（唐伟成等，2013），因此中国不同于其他国家的城市化，而是"城镇化"（侯丽，2011）；⑤小城镇有时也引领着区域经济转型和地方改革的起步（陈前虎，2017）。

目前，中国依旧处于城镇化高速发展阶段，若要保持城镇化的健康快速发展，规避一些发达国家因人口过度集中于大城市而产生的一系列城市病及农村凋敝的问题，以及适应新时代的中国特色的新型城镇化道路的要求，小城镇在此阶段的重要战略作用应得到进一步重视。

1.4.2 小城镇发展总体相对滞后，发展动力不足

2017 年，全球城镇化平均水平为 54.8%，亚洲为 54%，中国大陆为 58%，日本为 68.3%，韩国为 81.5%（世界银行数据），中国台湾地区约为 88%。日本、韩国和中国台湾地区相继于 1980 年代和 2000 年代进入了城镇化发展后期阶段（城镇化率超过 70%），现已基本稳定。而中国大陆仍处于城镇化发展中期阶段（城镇化率在 50%—70% 之间），依然有很大的上升空间。

在城镇建设上，小城镇作为城镇化发展的重要载体，一直受到广泛的关注，也有了一些建设成效。但因起步晚，整体发展水平相对滞后，且发展动力不足。截止 2017 年末，中国大陆有建制镇 21116 个，乡 10529 个，合计 31645 个乡镇，量大面广。但整体而言，小城镇发展不均衡，普遍存在（尤其是落后地区

的小城镇）规模过小，缺乏科学的管理和规划（张娜，2018），公共设施与服务普遍滞后，基础设施水平较低，土地利用粗放（周宏丽，2018），财力不足（赵旭日，2017），产业层次低，竞争力不足（曹为政等，2018），缺乏对于环境和文化遗产的保护（刘晓杰，2018）等一系列问题，阻碍了城镇化的进程。

表 1-3　2016 年中国大陆乡镇规模、基础设施水平、财政状况

指标	平均值
乡镇域常住人口（万人）	3.26
乡镇区常住人口（万人）	0.77
人均建设用地面积（平方米／人）	206.9
供水普及率（%）	83.6
污水处理率（%）	68.7
生活垃圾处理率（%）	90.2
平均公共财政收入（万元）	4283

规模、基础服务设施数据来源于住建部 2017 年分乡镇数据；财政数据来源于国家统计局《2017 年中国县域统计年鉴（乡镇卷）》

1.4.3 大陆小城镇的研究进展迟缓

自费孝通先生 1980 年代初期提出"小城镇大问题"以来，小城镇备受多方学者的关注和重视（赵民，2018），产生了 1980 年代和 1990 年代的多次研究高潮（冯健，2001），相关研究成果日益丰富。1980 年代的小城镇研究主要聚焦在城镇化发展道路的争论上，即是否应该以小城镇作为城镇化发展的重点（吴友仁，夏宗玕，2001；崔功豪，1989；周一星，于艇，1988；何念如，吴煜，2007）。1990 年代以来，对小城镇的一般性研究主要集中在小城镇战略、发展机制、地位作用、模式总结、小城镇规划与建设的多样化，以及小城镇的经济发展等领域（徐少君，张旭昆，2004）。

进入 21 世纪以来，对小城镇的研究又进一步的拓展。对于小城镇的地位作用有了新的探讨，发展战略与发展机制也随着小城镇发展的分化有了新的思路。对于小城镇模式类型的探讨更加丰富且深入，有了更多的实证和案例研究。且对于小城镇的人口、土地、产业、环境与制度等多方面也进行了不同程度的专

项研究。2014 年，出现了特色小镇的概念。2017 年，国家发改委《关于加快美丽特色小（城）镇建设的指导意见》中，界定了特色小镇与特色小城镇的差别。虽然特色小镇的实践在短短三年时间内掀起了一轮小城镇建设的高潮，但是由于各地的实践差异以及相关概念的混淆，这一状况并未持续下去（张立，2017）。

值得一提的是，田野调查逐步开始在小城镇研究中回归。2000 年以前的研究主要是学院派的文献研究和数据研究为主。2010 年同济大学研究团队对湖北全省 57 个小城镇开展了较为全面的田野调查，为后续应用田野调查开展村镇研究奠定了方法论的基础（同济大学，2010）。2016 年住建部村镇司组织了 121 个镇的田野调查活动，并基于此撰写了《说清小城镇》一书（赵晖等，2017），这是改革开放 40 年来里程碑式的小城镇研究成果。

总体而言，2000 年以来中国小城镇研究成果虽然处于数量持续上升的态势，但研究成果的质量并未得到明显提升，亦尚未形成健全的、优秀的小城镇发展范例体系。

1.4.4 小城镇的海外经验研究不足

目前，国内对于海外地区的小城镇发展经验研究多集中于欧美发达国家，主要为美、英、德、法等国，以及少量涉及日本和韩国的面上研究。这些研究分别从人口问题、规划建设、管理制度、特色化发展、乡村建设、环境塑造等方面剖析各国小城镇建设的特征与经验，为中国小城镇发展提供借鉴。面对小城镇人口外流、城市活力下降的问题，卢峰等（2019）指出，要学习日本小城镇应对人口减少的规划措施及经验。张颖等（2016）梳理了美国不同城镇化阶段小城镇发展特征及演进规律，总结美国小城镇在规划、建设和管理三个方面的发展经验并提出相应建议。李文娟（2015）研究了英国城镇化及小城镇环境特色塑造的历程、教训、经验，指出乡村建设的意识和人文观的重要性。陈玉兴（2012）总结并分析了德国、美国、澳大利亚与日本小城镇的建设经验与特色，强调基础设施建设、管理制度、特色化建设等方面在小城镇建设中的重要性，为中国的小城镇发展提供借鉴。曹金臣（2012）和曹小琳等（2010）分别从规划管理、职能分工、特色产业、人居环境、市场机制等角度对介绍美国、日本、英国、德国等国家小城镇，为中国小城镇建设提出借鉴。潘劲（2011）总结国外小城镇发展的经验，如建设卫星城市（法国、日本、英国、韩国），多种形式加强对小城镇建设的资金扶持（日本、韩国），科学合理规划小城镇建设（美国、英国、德国）等，从小城镇建设、科学规划、资金扶持方面为北京小城镇发展提出借鉴。概括而言，海外小城镇的建设与发展得到了政府的大力支持，注重小城镇的功能、居民参与力度、人居环境及特色化建设，且有多元投资完善其各项设施，规划管理体系也更为完善。但同时也存在"过度城镇化"、"过度郊区化"、圈地运动（王兆君等，2011）等一系列问题。

总体来看，国内对于海外经验借鉴的研究不多，且偏重于简单的陈述和介绍，对其成功发展背后相关的国家制度、社会背景、国际环境和社会政策等缺乏深入的探究（张立等，2018）。此外，对与中国大陆资源禀赋和历史进程相似的东亚地区——日本、韩国、中国台湾地区等地在城乡建设方面的研究内容虽然较为丰富，但主要集中于城市发展、乡村建设（少量）以及城乡关系，即多是对"城市"与"乡村"地区的研究，而对介于其间的"小城镇"（乡镇）地区的研究成果较少，且多为单一方面的研究，缺乏系统性。

1.5　东亚小城镇的概念辨析

虽然"小城镇"一词在中国盛行，但目前国内依然没有对小城镇的明确的定义。国内学者探讨的小城镇，有的是小城市范畴，有的是乡集镇，有的是单纯的城乡混合体，在不同的语境下有不同的定义（石忆邵，2002；赵民，2018）。唐诗卉（2017）将国内学者对小城镇的定义做了总结，认为小城镇主要存在三种形态：小城市、建制镇、乡集镇。张立（2017）解析了在特色小镇盛行下"特色小镇"和"特色小城镇"两种概念的差异：特色小城镇是具有特色产业的建制镇；而特色小镇主要指聚焦特色产业和新兴产业的小城镇，是一个创新产业平台，赋予了小城镇新的解读。

虽然国内对于小城镇的定义并未完全统一，但主流观点是将其视作行政单元的建制镇和乡集镇，即中国大陆行政区划中的镇和乡，是城市和乡村交融的过渡性空间。本书根据行政区划体系和国内小城镇的特征，将日本、韩国和中国台湾地区的"小城镇"分别界定如下：

1.5.1 日本——町、村

日本的行政区划分三级：中央—都道府县—区市町村（图1–1）。而对"城市"的定义，并非和行政区划完全重合，而是采用"人口集中区（即 DID）"概念进行区分。

传统意义来说，区和市是城镇化地区，村是乡村地区，町是在城镇化发展程度方面介于区、市和村之间的地区。而随着市町村的逐步合并以及农业经济的快速发展，市已成为典型的城市地区，而町村的差异逐渐缩小，DID 地区在町村内都有存在可能。为研究和表述便利又不失准确性，本书在行政体制层面将町村地区统一定义为与中国大陆小城镇相对应的地区，而市町村处于同一层级，在多方面统计中难以逐一划分，故部分内容以市町村为主体统一表述。如果粗略地进行比喻以简单类比的话，日本的町相当于中国大陆的镇，日本的村相当于中国大陆的乡。

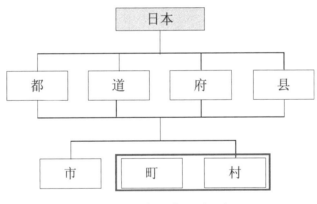

图 1-1　日本行政区划示意图

来源：作者自绘

1.5.2 韩国——邑、面

韩国的行政区划与中国大陆类似，分为四个层级：中央——广域自治体——基础自治体——行政阶层（图 1-2）。最高一级是广域自治体，主要有直辖市和道，相当于中国大陆的省；第二级是基础自治体，主要为自治市、郡和自治区，相当于中国的县级市和县；第三级是行政阶层，即洞、邑、面，通常洞对应城市地区，邑对应中国大陆的镇，面对应中国大陆的乡。人口在 2 万以上为邑，2 万以下为面。面、邑、洞之下是里、统，里相当于中国大陆的行政村或村民小组，统相当于居委会。

韩国对于城乡地区的定义为："城市"指在土地利用中被划分为城市地区的

区域，包括行政级别中的市、邑及部分面（2016，冯旭）。一般而言，每个基础自治体下只有一个邑，多位于城市中心地，类似中国大陆的县城或建制镇，而面则更偏向城市周边的乡镇地区。根据规模和行政等级，韩国的邑大体可以对应于中国大陆的建制镇，面大体可以对应于中国大陆的乡。

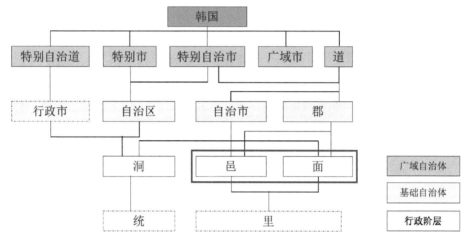

图 1-2　韩国行政区划示意图

资料来源：作者自绘

1.5.3 中国台湾——乡、镇

中国台湾地区的行政区划分为四个等级，第一层级为 6 个"直辖市"；第二层级为 3 个省辖市和 13 个县（14 个台湾省[①]，2 个福建省）；第三个层级为乡镇市区（市下辖 170 区、县下辖 14 个县辖市、38 镇和 148 乡，共 368 乡镇市区）；第四层级为村、里，乡以内划分为村；镇、县辖市及区以内则划分为里，村、里之下又划分为邻（图 1-3）。

中国台湾地区的行政区划等级和中国大陆基本一致。市县下辖的乡、镇、市和中国大陆的小城镇处于同一行政等级，其中县辖市的标准是人口达 10 万未满 30 万。台湾地区早期的乡镇因在人口规模上存在差异而得以区分，但目前由于各地发展速度不同，乡镇在人口、规模上的差异已不同往日，且目前也没有乡和镇的设立标准。显然，中国台湾地区的乡和镇与中国大陆的小城镇基本对应。

---

①　台湾省是台湾地区下属的行政机构，下辖 14 个县市。1998 年台湾地区实行"冻省"后，台湾省只是名义上的存在，不具备实际权力。其下属各县市均各自独立实行地方自治。

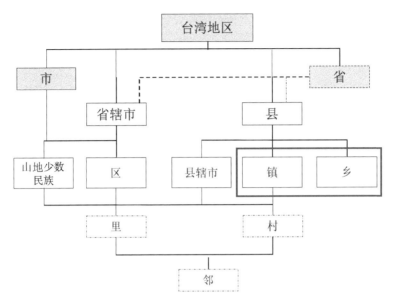

图 1-3　中国台湾地区行政区划示意图

资料来源：作者自绘

1.6　东亚的小城镇研究

日本、韩国和中国台湾地区对于小城镇的针对性研究并不多，主要集中于与乡村振兴相关的社会政策的研究。

1.6.1 日本的小城镇研究

日本的小城镇研究是最为深入的，涉及地方自治、町村合并、小城市发展、社会政策以及相关的乡村振兴等诸多方面，且文献众多。

（1）地方自治与财政、市町村大合并研究

市町村是日本最低层级的地方自治体，学者对作为地方自治团体的市町村政府的行为方式进行了研究，阐释了地方公共团体的类别与性质，研究了地方政府的组织架构（焦必方，2001；殷静宜，2014），并提出日本町村制度对中国地方治理的启示。类似中国大陆的行政区划改革，日本的市町村经历了三次大合并，对日本市町村的发展影响深远，也是学者研究的重点。通过对市町村大合并历程的研究（王乾等，2009），指出其不仅推进了日本的农村城镇化进程

（马黎明，2015），且提高了公共资源的建设和利用效率，便于国土资源的管理和大范围的国土整治（王月东，2002）。研究进一步指出，三次大合并对日本现代化农村建设有着深远的影响（焦必方等，2008）。

日本学者对日本地方自治和市町村大合并的研究更加深入与细致。其对日本地方自治中的地方政府、议会和自治组织有更多的研究。牛山久仁彦（2011）指出日本地方政党过多地参与和左右了选举结果，议会的作用并没有充分发挥；田村秀（2014）认为在首长和官僚制的独裁体制中，日本地方市民真正的自治权难以实施。针对市町村大合并，日本学者更多地通过市町村合并案例解读几次市町村大合并的成效与影响：岗田知弘（2003）以京都为例，从合并的制度变化、地域产业、教育与福利、地域交通、城市建设等方面阐述了市町村合并对居民生活质量的影响；早川钲二（2001）以冈山市为例，分析了合并后的地方基础自治体的自治情况。

在市町村财政方面，学者主要对其体系、特点及分配方式进行了研究和解读，并以期对中国大陆的财政体系提供经验借鉴。郭冬梅（2013）研究了近代日本町村的财政问题，探索其形成过程。焦必方（2001）和殷静宜（2014）系统地阐述了日本地方税收体系，指出"依存财源高"是市町村财政的重要特点。王朝才（2005）和崔成（2015）对中央和地方的财政分配关系及日本税制特点进行了分析，指出日本各级政府事权和税源划分均明确，转移支付规范化、法制化，并通过分析为中国大陆的现代财税体系，提出了相应的借鉴和启示。

（2）小城市研究：发展历程、开发政策及城市结构的研究

战后，日本的小城市经历了落后、崛起、快速发展至不均衡发展甚至衰败，中日学者对此也进行了较多的研究，主要集中于发展历程、开发政策和城市结构的研究。1973年石油危机，由于经济发展速度减缓，日本首次出现大都市人口转向地方城镇聚集，促使地方非中心城市新生。1975年，日本政府提出第三次国土综合开发计划，意在控制大城市人口，发展中小城市。范钟铭（1985）分析了在第三次国土综合开发计划前后日本城市人口的变化，并阐述中小城市在更好地促进国土保护和保持整个区域平衡的发展中起着积极作用。解玉泉（1995）分析了日本开发建设小城市的方式，通过重视小城镇的基础设施建设、统筹融资等方式使得过剩的大城市人口回流。1990年代中期后，日本经济结构调整，小城市呈现"跃进式"发展。杨书臣（2001）分析了该时期日本小城市发展的特点，指出其能够取得成功的原因，同时指出日本政府对小城市发展的

宏观管理的重要性，并提出了对中国城市化发展的启示。此外，针对日本小城市发展不均衡的现象，杨丽婧（2017）以北海道函馆市与上士幌町为例，深入研究了日本北海道地区的城市收缩问题和应对经验。在此基础上，针对中国小城市（镇）发展的类似问题，提出了相应的借鉴策略与方法。日本小城市的市街化调整区作为城市开发控制区在日本一直备受关注。日本学者松浦贵（2002）以新潟县长冈市为例，指出在现行的开发许可制度下，市街化调整区的开发是不可抑制的，并提出相应的应对措施。此外，日本学者对于小城市的研究更侧重于开发政策和城市结构方面。21世纪初日本学者针对日本城市郊区化导致的城市功能的低密集扩散和公共交通的衰退等问题进行了一些案例研究。衫木直（2003）以群马县前桥市为例，采用logit模型对郊区中小城市现有宅地开发行为和开发政策进行研究和模拟，提选出更适宜中小城市开发的宅地政策并提出抑制市郊化的城市政策。三次市町村大合并导致了城市结构重建和城市区划调整，山口邦雄（2008）以秋田县下合并的市町村为例，研究了合并后小城市规划区的重组和重构。秋元菜摘（2014）以青森市和富山市为例，从城市结构调整的角度研究日本的紧凑城市政策。

（3）社会政策研究：主要为过疏化地区振兴政策和"一村一品"运动

针对日本町村社会政策的研究，主要集中于过疏化地区振兴政策和"一村一品"运动的相关研究。"过疏化"是目前日本城乡发展面临的一大难题，此现象在市町村地区尤为严重。中国大陆学者对过疏化的研究主要是解释其定义，并对其特征、问题及政策进行解读。王雷（2016）指出日本的过疏化地区与中国的"空心村"相似，在市町村中占有较大比重，其人口减少、产业落后、财政能力低下（胡霞，2007），日本采取了一系列政策改善过疏化地区的衰败现象。例如通过产业振兴和基础设施投资、"故乡纳税"制度、对地区进行文化创新（王雷，2016），实行《过疏地区振兴法》，重视过疏化地区町村的开发主体作用（胡霞，2007）。中国大陆对于日本过疏化地区的研究，多从宏观视角出发，侧重于对日本过疏化产生的背景、原因、特点、动力机制及治理法规的阐述，关于进入21世纪以来日本过疏化地区出现的新特征及治理措施的分析少之又少（曹瑾等，2017）。

此外，中国大陆也有部分针对日本町村发展的政策取向的研究，主要集中于农业政策、产业政策、基础设施改善政策和福利政策。例如把小城镇纳入大中小城市发展之中，并制定城镇发展计划，有全国计划、大城市圈整备计划和地方城镇开发促进计划等三大类、14 小类，共有 200 余项计划（杨书臣，2002；陈玉兴，2012），这是其小城镇稳步发展的重要途径之一。此外扩大政府公共投资、改革社会保障制度（杨书臣，2002）、环境改善、农地自立经营（王月东，2002）等在城镇发展中也起到了极为积极的作用。还有不少学者从日本小城镇政府的宏观调控、社区营造等角度指出，日本小城镇建设经验对中国有启示意义（杨书臣，2002；王羽等，2012）。日本的"一村一品"运动一直受到国内学者的广泛关注，通过不断挖掘小城镇的在地资源并进行充分利用，以促进小城镇发展（毕春洋，2017）。大陆学者的研究主要是对"一村一品"运动成功经验的剖析（曲文俏等，2006），并作为中国乡村建设的经验借鉴（张永凯等，2012）。

日本学者对过疏化地区振兴的研究多与乡村振兴结合。研究始于 1960 年代，早期研究着重于对过疏化地区的人口流动、就业结构转变、高龄老人生活状态的问题探讨。Okahashi H. (1996) 通过对二战后日本山村地区人口的过疏化演变和相关理论进行梳理以及对日本农村振兴发展历史的概述，认为山区农村研究不应仅以人口过疏化为背景，"核心—边缘"视角下的山村边缘化应为山区农村的自立发展提供新视角。而目前的研究更倾向于"限界集落"、村落"再生"和"有秩序的撤退"等方面的研究（羽田等，2017），希冀通过对解决人口过疏化问题和乡村振兴的成功经验进行推广。其中不乏通过案例研究寻找推广路径。Shu Kitano（2009）在总结现代农村所具有的"空间"和"地方"双重特性的基础上，通过问卷访谈法对群马县六个市町村振兴案例进行了评价，总结出三个成功案例和三个失败案例的原因，认为与"中心"的合适距离、本地优良的资源和有能力的领导人是至关重要的。Kerry Smith（2016）通过对福岛县关柴农村地区的振兴运动的深入考察，认为以理性反应和全力投入为出发点的居民劳动力投入和生产是地区繁荣的首要因素。此外，日本学者关于"一村一品"运动的研究多基于经济振兴的视角。一方面聚焦于对"一村一品"的发源地——大分县的"一村一品"运动的缘起、发生以及三条原则"地方化和全球化，自立和创造，人力资源开发"进行详细解读（Hiraike H.; Yamazaki, Jun.; Okura Y., 2009；Pitchayapisu，2008 等）；另一方面随着"一村一品"向亚洲其他国家传播，关于其国际应用性研究逐渐增多（Kurokawa K. 2009；Thu NTA 等，2013）。

（4）日本乡村振兴研究：多角度全面展开

近几年，学者对乡村活性化研究从多个角度全面展开。一是生态规划角度，系长浩司（2018）强调乡村生态规划是必然趋势，应建设活用本地生物质可再生资源的自产自销型生态村，并提出需要专门开发能让农民自主、共同参与生态村建设的规划方法；大泽启志（2018）指出"乡村应作为全民的原风景"目前乡村的过度整治，会破坏生境，乡村生态重建要从恢复乡村生物的标志性物种开始为乡村注入活力。井原满明（2018）提出把生态博物馆和生态旅游相结合的方式重建乡村活力，应对人口减少。他指出应采用与自然共生的、源于乡村固有的"生产生活"的规划方式来构筑乡村，乡村生态旅游必须走向乡村自理为目的的"乡村创生"。二是对农村可持续性的研讨，图司直也，Zushi,Naoya（2013）从人才导入的视角探讨了区域内移居农村的年轻人对农村发展可持续的影响，认为吸引年轻人才到农村地区居住对于农村地区可持续发展意义巨大。柴田佑等（2018）以小规模村落为研究对象，指出看似衰败的小山村在中短期将继续存在，而外出人口和家乡的家庭联系将增大村落维持的可能性。筒井一伸，佐久间等（2015）则分析了移居到农村地区的居民通过商业活动振兴农村社区的可行性。三是对边缘乡村地区活化的关注，八木健太郎等（2018）将住房空置率较高的村落定义为"边远村落"，认为其活化不一定要依赖常住者，可以通过非常住者在村落中的活动来保持村落活力，外来艺术家或者民间组织对于边缘村落的活化作用不容小觑。野村里慧（2018）提出了"两地居住"理念，即城市居民在不同时段，在城市和乡村交替居住，以提升乡村地区活力，改善环境老龄化和过疏化带来的负面影响。齋藤雪彦（2015）则从规划学的角度探讨了通过对农山村荒废空间的再利用以实现其再生发展的意义和方法。

1.6.2 韩国的小城镇研究

韩国的市和郡政府为最低层级地方自治体，邑和面为市郡下的行政阶层，无自主权。中国大陆学者对于邑和面的研究主要集中于相关社会政策，如小城镇培育事业、新村运动和落后地区开发事业等，而关于自治、财政以及规划体系方面的研究主要在市郡层面，涉及邑和面的非常少。韩国学者对于邑和面的研究则集中于其自治组织的发展、革新以及相关的社会政策。

（1）市郡层面的地方自治和邑面自治组织的发展革新

韩国的地方自治模式是居民广泛参与下的、非政府主体的、地方立法权与地方行政权优先的地方自治模式（朴圣杰，2010）。韩国宪法与地方自治法赋予地方自治体多种自治权，并在自治运行过程中注重居民参与，积极导入直接民主主义制度（吴东镐，2016）。央地分权以地方自治为载体，以中央政府主导，具有多重二元结构，在思想认知基础、经济社会发展状况、借鉴外来制度、央地沟通协调机制和公民参与等方面对于中国都具有借鉴意义（李允熙，2017）。韩国的分权化是在政治民主化需求的促进下取得的，而中国的分权化是由经济效率的需要推动的（李显文，2015）。韩国的地方自治模式为中国改革现有"地方自治"、走"一般法意义上的地方自治"道路提供了参考（朴圣杰，2010）。

韩国学者对邑和面地区的研究以邑面居民的生活服务、自治组织发展和革新为主。一直以来，邑和面的居民对于参与邑面建设都有较高的积极性。虽然韩国部分邑面地区存在衰败现象，但当地居民会积极地配合政府建设邑面。Lee，Sang-Kyeong（2003）通过对案例邑面的调研分析，发现大多数居民虽对其发展存悲观态度，但一直配合政府参与听证会，希冀通过地域营销、发展旅游业来改善小城镇现状。学者高度认可居民自治的重要性，并对韩国邑面洞的"居民自治会"展开较多的研究和探讨。居民自治会是邑面洞实行村自治和居民参与的主轴，主要负责福利项目的运营（占所有项目的40%）。金皮洛（2017）将邑面洞福利事业与中心开发事业结合，指出居民自发参与、合作的重要性以及应持续推进居民自治会作为邑面洞福利枢纽。金珍珠（2000）针对邑面组织改变和居民自治中心职能的转换，对居民和公务员意识进行调查，并提出制定邑面行政组织运用方针。此外，也有学者认为"居民自治会"需要活化。沈益燮（2012）将地方行政体制概括为合作型、统合性和居民组织型三种模式，提出居民自治委员会主导的居民组织型在理论上是理想的，但实现的可能性微乎其微，将三者结合的综合型模式是地方自治的最佳选择。

邑面居民自治组织的革新完善也是韩国学者研究的重点。赵锡周（2009）对邑面洞职能转换政策取得的成果进行评价，发掘邑面洞职能转换的过程及之后出现的问题，并提出邑面洞职能转换政策的完善对策。尹在善，刘容泰（2019）通过了解居民自治委员会和居民自治协会的实际情况，通过意识调查，提出加强地方自治和居民自治的重要性，认为必须建立自治实体来独立履行指定功能。

（2）小城镇培育事业、落后地区开发事业研究

韩国为促进经济发展和区域协调制定和实施了一系列改善基础环境的专项事业，如定住圈开发事业、山村综合开发事业和小城镇培育事业（金钟范，

2007）。韩国落后地区开发模式经历了从政府主导型向市场主导型演变的历程，开发过程中极其重视落后地区的基础设施建设、产业发展和环境保护，并构建了完备的法律规范保障和财政金融支持（雷国雄，2005）。申东润（2010）介绍韩国定住生活圈计划的内容，讨论其借鉴意义，指出中央主导型模式限制了地方政府的作用。

小城镇培育事业起因是小城镇人口减少、地区经济衰败，导致城乡差异扩大，区域发展不平衡。金振杰（2013）和金钟范（2004）总结了小城镇培育事业的历程和成效，提出小城镇发展需要法律保障、财政支援，并应注重其综合发展。韩国财政支持农村政策有效地解决了农村发展问题，是实现城乡协调发展的重要途径（曲婷婷等，2009）。

韩国的区域开发政策从促进落后地区开发为始，逐步分化为促进落后地区和抑制发达地区的规模膨胀两个政策（金钟范，2002）。其中促进落后地区开发事业根据地域层次划分为开发促进地区开发事业（县域层次）、边远地区综合开发事业（乡域层次）、岛屿综合开发事业及山村综合开发事业（村域层次）（金钟范，2005）。该政策对韩国落后地区的人居环境改善起到了一定程度的促进作用，但因未尽早启动落后地区开发，致使结果事倍功半。

韩国学者对各类开发事业的研究更为全面和深入。针对欠发达地区的开发（邑面和农村地区为主），学者重视欠发达地区项目开发和产业振兴的研究。金光（Kim Gwang-Ik 2000）讨论了欠发达地区的发展体系，提出外向型发展战略，吸引大量发展项目来促进欠发达地区发展。匡佲武（Kwon Yoo Woo 等 2005）指出吸引私人投资者对促进落后地区发展的重要性。李皖秀的提高（Yiwonseop2006）认为激活区域企业的发展能有效促进欠发达地区的业务发展水平。此外，也有学者讨论欠发达地区的政策方向，根据开发项目存在的问题讨论相关的改进方案（변믤성等，2013），但相关研究并不多。针对最新启动的中心地开发事业，白金铁（2018）按地区、人口划分社区设施特点，根据中心地枢纽的分布情况和层级分类，通过数据比较分析中心地位置的合理性，得出中心地必须与区域一体化计划相结合实施，位置和功能指标需要进一步调整。

总体而言，韩国的小城镇研究主要集中于邑面自治组织的发展、革新和地区开发等方面。

1.6.3 中国台湾

（1）乡镇自治研究

中国台湾地区的乡、镇、市经历了非自治化时期、非法制化时期和法制化、自治化时期，形成了权力分立的组织模式、岁入补助的财政模式以及依附倾向的自治模式（廖南贵，2014）。台湾地区行政体系经历了自治团体的确定（1950年）、"解除戒严"（1987年）、"精省"（1997年）、"地方制度法"的实施（1999年）及"'五都'改制计划"（2009年）等一系列改革，法制化程度不断加强。纪俊臣（2001）指出行政区划调整影响着地方自治机制设计，使得资源集中于市县，乡镇服务效能难以彰显。而殷存毅等（2014）则认为乡镇基层政府的权力向县市一级政府集中有利于提升行政效率和公共服务规模效益。

针对中国台湾地区乡镇市自治目前面临的问题，也有很多研究成果，主要集中于政治生态腐化、自主权限不足两个方面。于兰兰等（2012）指出台湾地区乡镇市目前面临政治生态腐化、府会关系运作失灵等问题，致使行政效能不佳。通过分析台湾地区乡镇市制度的历史演变和现行组织体系与职权，指出其自主权限不足、派系和黑金政治等问题，并提出相应的解决措施。在这些问题中，台湾地区学者近几年对地方派系、黑金政治有较多的研究。田玉律（2013）梳理台湾地区乡镇市体制改革历程，指出改革与政党恶性竞争密切相关，派系和黑金侵蚀民主根基，致使行政效能日益低下。

针对这些问题，学者提出"乡镇市非自治法人化"的议题（徐秀华，2003）。晏杨清等（2018）站在社区发展的立场上讨论乡镇自治，强调政府、居民、公益团体三者协同并进与合伙关系，倡导政府不再居于领导地位而是居于监督者或领航者的角色来调度资源。

针对乡镇市的财政问题，学者指出中国台湾地区乡镇市财政不足现象明显（于兰兰等，2012；王继琴，2012）。高瑜等（2013）指出台湾地区乡镇市存在财源不足、财政自主性低、人事费用支出过大以及依赖上级政府财政补助等问题，加上财权和事权不一而形成了"无功能政治"的困局。对此，学者也试图提出相应的对策。廖钦福（2012）剖析台湾地区2012年财政收支划分法修正草案，指出如何划清地方权限是解决地方财政不足的根源。刘戡（台湾，2007）提出乡镇市财政政策改善、财源开辟的相关策略。何聪祺（2000）从财政分配的角度切入，研究乡镇市层级的府会关系以及乡镇市民代表的利益分配问题，提出台湾地区乡镇市财政分配不均的解决策略。

（2）农村再生、社区营造、城乡风貌改造运动研究

中国台湾地区为促进城乡统筹，出台了所谓的"农村再生条例""社区总体营造"等政府文件，学者对台湾地区现行涉及乡镇的社会政策的研究主要在农村再生、社区营造等乡村地区振兴方面。

2008年中国台湾地区的"农村再生条例"出台，中国大陆和台湾地区学者都对其有大量的讨论和研究，主要集中于其内涵、政策机制、培根计划、村民参与以及对农村社区发展的影响。张晨（2014）解读了农村再生计划的政策建构和实施策略，并针对大陆当前乡村建设中的问题，提出了立法、规划设计、财务机制、公众参与等方面的经验参考；周志龙（2009）详细梳理农村再生政策与计划的主要内容与推动机制，农村再生推动机制的落实，主要通过农村小区赋权、地方政府的在地动员，以及政策资源投入等三个不同层级的治理与合作来推动再生机制。林英彦（2009）特别针对农村再生条例草案条文的质疑项目逐项检讨，认为法令条文在农地整备、农业产业规划等方面仍需加强。林柏伶（2016）运用调节理论分析台湾地区农村发展制度变迁，总结得到农村再生是制度的强烈呈现，是当前政策发展的必然趋势。农村再生政策的出台暗示着政府角色由过去的"主导"转变为"支持"，由"生产型政府"走向社会剩余重新分配的"农业福利型政府"的功能定位。刘健哲（2010）深入分析农村再生与永续发展的意义和内涵，提出台湾地区农村再生与永续发展之问题主要表现为缺乏农村永续发展整体性内涵之概念和缺乏村民参与农村发展建设之机制。

社区营造基于地域社会的现有资源，由不同社会力量参与，通过改善居住环境、持续促进地方社会生发内在自生力量（杨晓春，2017）。刘镭（2019）从社会变迁的视角探究中国台湾地区农村社区营造机理，认为工商社会是其基础，自主治理是其路径，市民社会的成长是其"社会资本"。社区营造以满足乡村居民不同需求为导向，实现了乡村功能的整合和城乡平衡协调发展（黄耀明，2018）。于海利（2018）指出台湾地区社会组织的发展与参与对于提升居民的社区共同体意识有重要作用。陈明达（2007）概括出五大影响社区营造政策发展的要素：政府部门的主导力量、社区政策方案或法规的修订、资源运用、重要人员以及外在环境，借用"路径依赖"现象与"变数互动"的模式探讨各个关键因素的运行。但目前自下而上的社区营造仍需要政府的引导和支持，也存在诸多未竟问题。刘立伟（2008）针对社会营造工作的成效提出质疑，指出社区营造首先应考量城乡差异，其次应从更广的视野着手，从而达到与都市计划

等空间体系相联结，此外还要透过政治、社会、经济等制度面的横向调节来维系社区的永续发展。大陆学者借鉴台湾地区的社区营造，获得相应的经验启示（丁康乐等，2013；莫筱筱等，2016；赵环等，2013；张婷婷等，2015）。

总的来看，中国台湾地区对乡镇层面的社会政策研究较少。台湾地区曾经推行城乡风貌改造运动，而最近推行的均衡城乡发展推动方案，因还在施行，此方面还未有相关研究发表。中国台湾地区的小城镇研究主要集中于乡镇自治问题以及乡村振兴的相关议题研究。

1.7　比较研究的方法

1.7.1　研究问题

日本、韩国和中国台湾地区虽然社会制度不同，但有着相似的经济发展路径和社会文化背景，其无论是在经济社会发展、城镇化、城乡关系演进，还是在乡镇建设上都走在中国大陆的前列，有着更多的历史积淀，学习其经验，能够帮助我们更好更全面地看清中国大陆小城镇的发展道路。

因此，本书希望能够回答以下核心问题：

1）东亚小城镇在城乡地域中的地位和作用是什么？

2）东亚小城镇建设的制度环境、社会政策有何特征？

3）东亚小城镇建设的共性和差异性特征是什么？

4）东亚小城镇的发展模式对中国大陆的小城镇建设有何经验启示？

1.7.2　研究框架

中国大陆对于小城镇建设的研究成果很多，涉及领域较广，包括资源、经济、产业、区位、政策制度、人口、社会、文化、住房和环境建设等诸多方面。但对于海外经验的研究成果较少，对于东亚各国和地区小城镇的研究更少。对日本小城镇的研究成果主要集中在市町村自治、国土规划体系及相关社会政策上；对韩国小城镇的研究成果主要集中在地方自治、国土规划、小城镇培育计划以及新村运动上；对中国台湾地区小城镇的研究则集中于乡镇自治范畴，以及关注农地改革、农村再生计划等。

综合而言，中国大陆的研究体系更为完善，可分为三个层面，第一层面是最基础的人口、区位、资源条件；第二层面是小城镇的制度与政策环境，即行政体制、土地政策、财税体制、规划体系及社会政策；第三层面是小城镇的外部表现，即产业经济、空间、风貌及文化等。而海外的研究主要集中于城乡地位、自治体系、土地规划、社会政策等方面。

综合国内研究体系，结合国外现有资料以及田野调研的认识，本书将分为两个层次和四个基本层面来研究三个研究对象的小城镇建设特征及其异同：第一层次为研究对象自身，第二层次为小城镇的制度环境和社会政策，又将第二层次切分为四个基本层面，即行政管理体制、财税体制、土地利用与空间规划以及社会政策，重点讨论三者小城镇的地位和作用、小城镇在制度和政策方面的异同以及小城镇建设的目标、重点以及成效（图 1-4）。

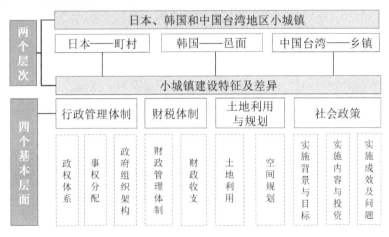

图 1-4　研究基本框架

来源：作者自绘

（1）行政管理体制

行政管理体制包括以下方面：①各级行政机构的权力和职责的划分；②行政机构设置；③规章制度和法律程序。本书主要从三个方面对小城镇的行政管理体制进行比较分析，分别为：①政权体系，从权力下放程度分析各级政府的主要职能地位，主要从两个方面体现，一是比较集权与分权，二是比较小城镇是否有自治权及其权限的大小；②事权分配，主要阐释小城镇的事权范围，以评判其权责是否匹配；③政府组织架构，主要比较小城镇政府的内部组织形式，如何落实行政职能，以及是否有政府或非政府组织来辅助小城镇政府（或派出机构）进行管理和建设。

（2）财税体制

财税体制涉及小城镇的资金运行，是小城镇得以维持的根本。本书主要从财税分配制度和财政收支两个方面对小城镇的财税体制进行比较分析，其中财税分配制度分为：①财政管理体制，主要阐释税收分配方式，以比较小城镇的财权大小以及是否和事权相匹配；②转移支付方式，比较转移支付的力度以及小城镇对转移支付的依赖程度。财政收支分别为：①财政收入，分析小城镇的主要财政收入来源，比较其财政能力强弱和财政自主能力；②财政支出，分析小城镇的财政支出去向，财政和事权是否匹配，以及小城镇建设的重点。

（3）土地利用与空间规划

土地利用与空间规划相辅相成，影响小城镇的发展建设。其中，土地利用包括三个方面：①土地开发制度，即通过分析比较土地征用、土地开发的管理模式，阐述小城镇土地利用的制度背景；②土地开发计划，主要分析日本和韩国国土开发计划的历程，比较国土开发的重点及其对小城镇的定位和重点开发内容；③土地政策，分析土地政策的变迁及对小城镇发展的影响，主要聚焦于农地政策。空间规划也包括三个方面：①国家或地区的空间规划体系，即空间规划体系的构成，比较在全国或地区的规划体系中小城镇的地位；②小城镇规划管理职能，即小城镇规划相关的职能权限大小及其规划自主性；③小城镇规划，即小城镇层面的规划编制内容与用地特点。

（4）社会政策

社会政策是指国家或地区运用立法、行政手段制定的基本方针或行动准则。本书从三个方面对小城镇的社会政策进行比较，分别是：①实施背景与目标，即分析各类社会政策缘起的背景，实施的原因及其目标，比较三个研究对象在何种情况下会对小城镇进行政策援助以及政策导向；②实施内容与投资力度，分析各类社会政策实施的重点攻克问题或提升内容，从而比较三者对于小城镇建设的主要关注点。并比较分析各类社会政策如何落实，例如投资力度、建设内容等及其落实的力度；③实施成效及问题，即各类社会政策在完成后是否达到预期成效，为小城镇的发展带来了怎样的影响，例如经济、环境、文化、公共服务等各个方面的变化，及其在实践过程中遇到了怎样的、事先并未预料到的问题，以及如何应对化解。

1.7.3 研究方法

除了传统的文献研究和比较研究方法外，大量的田野调查是本书的特色。

通过对日本、韩国和中国台湾地区的田野调查，访问当地政府并进行座谈交流，以获取相关的经济、财政、规划、政策等一手数据和最新资料，并与相关工作人员探讨小城镇建设的心得，切实体会各个国家和地区的差异。另外，通过访谈居民，完成简易的开放式问卷调查以了解当地居民对该地区小城镇建设的看法，以求能更全面准确地总结研究结论。具体的海外田野调查如下（图1—5）：

2014 年 7 月，赴日本九州地区大分县考察村镇建设，涉及国东市、佐伯市和日出町等。

2015 年 1 月，赴韩国南部考察村镇建设，涉及庆尚北道、庆尚南道、忠清北道等。

2015 年 7 月，赴日本中部地区的岐阜县、东北地区的山形县和北海道地区考察走访，涉及高山市（岐阜县）、下川町（北海道）、饭丰町（山形县）、余市町（北海道）和中津川市（岐阜县）等。

2016 年 1 月，赴韩国首尔和釜山地区考察近郊村镇建设。

2016 年 12 月，赴日本关东地区东京都近郊考察村镇建设，走访了瑞穗町、日出町、奥多摩町和檜原村。

2017 年 2 月，赴韩国釜山参加联合设计教学期间，赴周边地区考察村镇建设。

2017 年 5 月，赴中国台湾地区台北市考察村镇建设。

2017 年 8 月，赴日本九州大学参加联合设计，考察福冈周边地区的村镇建设；

2018 年 6 月，赴中国台湾地区考察村镇建设，走访了宜兰县罗东镇、头城镇，新竹县关西镇、竹东镇，新北市莺歌区，对当地居民进行简要访谈，并与竹东镇和关西镇乡镇公所的工作人员进行了简要的访谈，获取了一些相关财政、规划等一手资料。

2018 年 12 月，赴韩国釜山考察邑面建设，走访了庆尚南道二市一郡：金海市大东面，密阳市上外面、青岛面和陕川郡陕川邑、双书面，访谈了各个市郡的建设部门和各个邑面长，也为当地居民做了问卷调查，并获取了相关规划资料、财政数据、开发事业材料等。

2019 年 5 月赴中国台湾地区台中市考察村镇建设。

2019 年 7 月赴韩国釜山市和庆尚南道考察村镇建设。

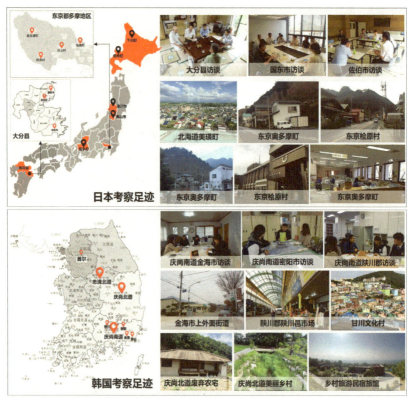

图 1-5　日本、韩国和台湾地区考察足迹

图片来源：作者自绘

第2章 经济社会背景与行政区划

本章对日本、韩国和中国台湾地区战后的经济社会发展历程进行了简要的回顾,并整理了三个国家和地区的小城镇数量、人口规模及行政区划演进历程,作为后续章节对其制度和社会政策进行比较的基础。

2.1 经济发展和城镇化进程

日本国土总面积 37.80 万平方公里,2019 年总人口 1.26 亿人,人口密度为 333 人 / 平方公里。2019 年 GDP 为 5.08 万亿美元,人均 GDP 为 4.03 万美元,2019 年城市化水平为 91.7%。

韩国国土面积约 10.03 万平方公里,2019 年人口 5171 万人,人口密度为 516 人 / 平方公里。2019 年 GDP 为 1.64 万亿美元,人均 GDP 约为 3.17 万美元,城镇化率 81.4%。

中国台湾地区总面积 3.62 万平方公里,2018 年人口 2357 万,人口密度为 663 人 / 平方公里。2019 年人均 GDP 为 2.59 万美元,城镇化率约为 88%。

相比之下,中国大陆 2019 年的人均 GDP 为 1.02 万美元,相当于日本 80 年代、韩国和中国台湾地区 90 年代的经济发展水平;中国大陆 2019 年城镇化率为 60.6%,相当于日本、韩国 80 年代和中国台湾地区 70 年代的城镇化水平(图 2–1;图 2–2;表 2–1,表 2–2)。

表2-1　与日本、韩国和中国（包括大陆和台湾）城镇化率（%）变化比较

时间	类别			
	日本	韩国	中国	
			大陆	台湾
1960	63.3	27.7	19.8	—
1970	71.9	40.7	17.4	53.5
1980	76.2	56.7	19.4	59.7
1990	77.3	73.8	26.4	73.5
2000	78.6	79.6	36.2	78.9
2010	90.8	81.9	49.9	87.2
2019	91.7	81.4	60.6	88

日本、韩国与中国大陆数据来源：世界银行，1960—2019

中国台湾地区数据：台湾经济建设主管部门都市及住宅发展处，2019

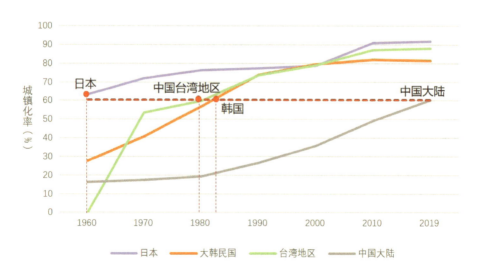

图2-1　日本、韩国和中国（包括大陆和台湾）城镇化率

图片来源：作者自绘

表 2-2　中国（包括大陆和台湾）与日本、韩国人均 GDP（美元）变化比较

研究对象		1960	1970	1980	1990	2000	2010	2017
日本		479	2038	9462	25361	38536	43440	44507
韩国		158	279	1704	6516	11947	22077	29748
中国	大陆	90	113	195	318	959	4560	8831
	台湾地区	156	393	2394	8325	14721	19269	25534

日本、韩国与中国大陆数据来源：世界银行，1960—2017

中国台湾地区数据：台湾地区统计主管部门，2019

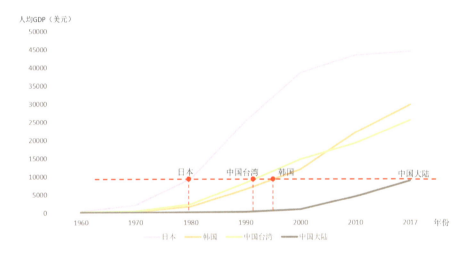

图 2-2　中国大陆 2017 年人均 GDP 对应日本、韩国和中国台湾地区
经济发展时期

图片来源：作者自绘

2.2　经济社会发展阶段划分

2.2.1 日本

战后日本的经济社会发展可以分为四个阶段。

第一阶段是战后恢复期（1945—1959 年），该阶段进行了一系列的战后恢复改革，主要任务是增产粮食，为日本经济、社会发展奠定了基础。在这期间，一是进行农地改革，实现农民平等化，形成了小自耕农生产制，改善了农民生

活，提升了农业生产率；二是（1946 年）解散财阀改革，给新兴企业增长提供机会；三是推行了劳动改革，制定了《劳动组合法》。改革后粮食产量提升，农民收入增加。

第二阶段是高速增长期（1960—1973 年），该阶段经济年均增长率超过10%，是以投资为主导的经济增长，产业以制造业为主，通过工业复兴促进大城市发展，形成了三大城市群，该格局一直延续至今。大城市发展的同时也带来了物价上涨、环境污染等问题。期间农村人口大量流入并定居大城市，致使农村急剧衰败，过疏化问题产生。1961 年日本颁布《农业基本法》，用于保护农民利益，关注町村地区的基础设施建设、土地利用和环境整治。为平衡持续扩大的区域发展差距，日本于 1962 年提出了第一次国土综合开发规划，于1970 提出《过疏化振兴法》以改善过疏化问题。

第三阶段是稳定增长时期（1974—1991 年），该时期经济年均增长率为 4%。1973 年的石油危机为日本的经济高速增长画上了句号，国内物价暴涨，投机盛行，日本政府采取的金融紧缩政策也使得经济增长减速。期间日本的工业以汽车和半导体制造业为主，工厂分散至农村各地，出现了农民兼业化的高潮。兼业化使农户收入稳定，劳动力流失减少，人口流动减缓，大城市人口趋于稳定。1985 年日、美贸易战争爆发，广场协议签署，强制美元贬值，日元升值，日本经济再次快速发展，但也催生了大量泡沫。日本居民不断购买土地，导致地价上涨。且由于日元本币价值过高影响了产品出口，大量工厂外迁至美国、中国等地，农民兼业化受到冲击，再次出现大量劳动力流入大城市的情境，日本出现了再城镇化。1991 年甚至出现"极限村落"，即人口减少和老龄化使得农村面临消亡。期间，日本政府进行了第二、三次国土综合开发规划，以提升地方的基础设施水平，特别是远离大城市的边远乡村，并注重居住环境的改善和整治。

第四阶段是低速增长期（1992 至今），该时期经济增长率低于 2%。1992 年泡沫经济崩塌，房价、股价暴跌，出现大量不良债权。农村地区老龄化问题加剧，65 岁以上的老人常常超过村庄人口的一半。2008 年全球金融危机，日本大量银行、证券公司倒闭，经济全球化不断推动大量工厂转向海外，国内经济持续低迷。日本政府陆续颁布了第四、五、六次国土综合开发规划，抑制东京一极化，形成多级分散化发展格局，以振兴地方发展，即从"量"的开发转向

"质"的提升阶段。在基本克服雷曼危机^①后,日本的经济增长率也仅为 1—2%,还面临总人口不断减少,且减少的速度在不断加快的问题。技术革新在 1990 年代后便逐渐停滞,逆都市化现象逐渐产生,老龄化、过疏化并存成为日本町村地区面临的主要问题。日本经济社会发展步入稳定期,面临的挑战也日益严峻。

2.2.2 韩国

韩国社会经济发展大致可分为五个阶段。

动荡与恢复阶段(1945—1960 年)。1948 年韩国政府成立,1950—1956 年经历三年战争时期和三年战后恢复期。1954 年实施"有偿征用"和"有偿分配"的农村土地所有制改革,即政府购买土地分配给农民,提高了农业的生产效率。该阶段农业的复苏为后续经济发展奠定了基础。

高速增长阶段(1961—1978 年)。在此期间韩国实行了六个五年经济计划,使得韩国经济高速发展。该阶段可分为 2 个时期:1)1960 年代的外向型经济形成时期。1961 年执行第一个五年经济计划,振兴出口、引进外资与技术;1967 年推行第二个五年计划,经济发展重心开始转向重工业;2)1970 年代的重工业化发展时期,该阶段韩国执行第三、四个五年计划,推进自立经济建设,解决发展不均衡问题。1970 年韩国推行了"新村运动",大大改变了农业生产和农村面貌,逐渐填补了城乡发展差距的鸿沟。1972 年实行第一次国土开发计划。1973 年发表"重化工业化宣言",并正式跻身"亚洲四小龙"。整个 70 年代韩国经济保持高速增长,产业结构进行了重大调整,1972—1978 年间韩国 GDP 的年增长率达到了 10.8%。

经济调整时期(1979—1992 年)。1979 年朴正熙总统遇刺,韩国经济陷入低谷,亟待进一步调整。1982 年提出"稳定、效率、均衡"方针,注重经济和社会发展,发挥市场机制,改善竞争秩序,侧重研发,促进出口,于 1986 年实现了贸易盈余。1986 年实施第六个五年计划,韩国进一步调整市场秩序,经济已逐步趋于稳健发展。

改革转型时期(1993—2002 年)。1992 年,韩国执行第七个五年计划。1993 年金泳三总统上台后实行新经济计划,掀起了轰轰烈烈的政治体制改革。进一步推动政府职能、产业结构和金融机构改革,重视信息产业,提高技术

---

① 2008 年,美国第四大投资银行雷曼兄弟由于投资失利,在谈判收购失败后宣布申请破产保护,引发了全球金融海啸。

附加值（潘志，2015）。1995 年韩国成为世界贸易组织（WTO）创始国之一，1996 年加入经济合作与发展组织，标志着韩国正式进入发达国家行列。1998 年韩国经受了金融危机的洗礼，进行了多方面的调整改革。该年总统金大中上任，继续推进金泳三的行政机构改革，裁减公务员数量，压缩政府机构，改善舆论氛围，恢复南北对话，处理不良金融机构，推进国营企业民营化等（冯立果，2019）。金泳三和金大中的十年改革，建立了韩国的经济新体制。1997—2002 韩国基本完成了产业结构升级，从要素投入型的发展中经济体逐步转化为创新驱动型的成熟经济体。

稳定发展时期（2003 年至今）。经历了漫长的改革后，韩国经济增长放缓，经济发展重点转向信息技术产业。2003 年卢武铉政府提出"科学技术第二次立国"和建立"以科技为中心的社会"两点政策方向，2009 年韩国宽带普及率和互联网人口百分比已经跃居世界前列。2011 年韩国 R&D（科技研发）费用占GDP 比重达到 4.03%。朴槿惠政府 2013 年提出了第三期《科学技术基本计划（2013—2017）》；文在寅政府 2018 年发布了第四期《科学技术基本计划（2018—2022）》（冯立果，2019）。

表 2-3　韩国七次经济开发五年计划（1962—1996）

计划名称	时间	主要措施	人均 GNP（美元）	成效和影响
第一次经济开发计划	1962—1966	振兴出口，引进外资和技术	125	初步摆脱对美国援助的依赖，实现经济自立
第二次经济开发计划	1967—1971	劳动密集型外向工业化，发展出口导向型经济	278	制造业产值大幅攀升，农业产值下降，人口向城市聚拢，农村萧条
第三次经济开发计划	1972—1976	重化工业发展时期，"各地区均衡发展""改善农村地区生活""划时代地扩大出口""加紧重化工业建设"	803	人口迅速向几个大城市聚集，跻身"亚洲四小龙"
第四次经济开发计划	1977—1981	注重民生均衡化发展	1734	改善了地区间、产业间的不平衡发展

计划名称	时间	主要措施	人均 GNP（美元）	成效和影响
第五次经济开发计划	1982—1986	提出"稳定、效率、均衡"的方针，发挥市场机制，改善竞争秩序，侧重研发，促进出口	2505	实现贸易盈余，出口增长速度放缓
第六次经济开发计划	1987—1991	进一步调整市场秩序	6757	经济趋于稳健发展
新经济五年计划	1993—1997	行政改革、金融改革、财政改革、经济意识四大改革，重视信息产业	10548	进入发达国家行列

资料来源：根据金相郁（2003）和潘志（2015）整理

2.2.3 中国台湾

中国台湾地区的经济社会发展历程可分为以下四个阶段。

经济恢复期（1945—1960 年）。战后，台湾地区生产力低下，各项物资短缺，人地矛盾突出，社会经济处于混乱之中。为快速提高生产力，恢复农业经济，台湾当局于 1949 年提出了第一次土地改革，即于 1949 年推行"三五七减租"[①]，1951 年推行"公地放领"[②]，1953 年推行"耕者有其田"[③]，并于 1948 年成立了中国农村复兴联合委员会（简称农复会），推行农业政策执行、培养教育农民进行农业生产。总而言之，经济恢复期台湾当局自上而下紧紧围绕农业以尽快恢复生产。在经济略有起色时，台湾当局以劳动密集型轻工业为主，经济重点开始从农业转为工业生产并逐步转向外部出口，但农业仍然主导经济发展。1953 年台湾地区开始推行"四年经济建设计划"，第一期（1953—1956 年）提出加强农工建设，第二期（1957—1960 年）提出加强工矿业发展，扩大出口贸易，确立经济社会基本规则制度。经济起步期大量农村劳动力向转移，经济建

---

①　"三五七减租"：规定佃农对地主缴纳的地租，以全年收获量的 37.5% 为上限，现有地租高于 37.5% 者须降至此标准，低于此标准者则不得提高。

②　规定将公有耕地所有权转为农民（承租公地之现耕农、雇农、佃农、半自耕农）所有，放领面积每户不超过水田二甲或旱田四甲，公有地承领人分期缴租十年即可取得土地所有权。

③　规定地主可保留中等水田 3 甲或旱田 6 甲的私有出租地，其余超过标准的租佃下的耕地均由官方征收，转放至现耕农民承领，价格以被征收地年收获产量的 2.5 倍计算，而财政给地主的补偿金以实物土地债券七成和公营事业股票三成配发，分十年偿还。

设步入正轨。

经济起飞期（1961—1972年）。这一时期经济重心已转向工业生产，鼓励拓展贸易市场，通过贸易拉动经济。实行了第三、四、五期四年经济建设计划，第三期四年计划使得工业飞速增长，甚至出现发展不均的现象；第四、五期经济计划开始扩大工业出口，改善工业结构，促进农业现代化发展。1963年二产产值首次超过一产，标志着台湾地区初步实现了工业化。1972年二产产值逼近三产，台湾地区的经济在工业化的带动下迅速发展。但过去二十多年台湾地区"以农养工"的政策导致农业问题越来越严重，乡村状况不容乐观。因此台湾当局采取措施以促进农村发展，于1968年推行乡村社区建设工作，但由于推动力不足，成效很小。

经济调整期（1973—1987年）。1973年第一次世界能源危机，台湾地区推出第六期经济建设计划，推行十项建设工程。1976年为应对经济萧条推出第七期经济建设计划，实行12项重大基础设施建设，进一步扩大内需。1982年面对台币升值、土地价格飙升、环保压力等一系列问题先后实施了第八期、第九期经济建设计划，重点发展高新技术产业，重工业迈向技术密集型产业发展。而此时，工业飞速发展，环境日趋恶劣，大量农村劳动力流出，城乡经济差距加大，1982年台湾当局实行了第二次农地改革，主要是为了推动土地流转，废除土地不可兼并的限制，促进农业生产机械化、标准化。并且加强了公共投资，提出一系列农村建设计划，着重进行农村地区基础生产环境建设，完善农村福利体系。

经济转型期（1988年至今），这一时期，台湾地区的经济开始走向国际化、自由化及制度化，积极发展策略性工业，鼓励科技生产，工业转型为以科技为主导的高新产业。1991年实施"促进产业升级条例"，开展六年建设计划。1993年促进产业升级，推动台湾地区成为亚太运营中心。1990年代初期，台湾地区城乡差距进一步扩大，为应对农村问题，大力推行休闲农业、新农业的发展，突出"自下而上"的建设机制，重视乡村本身的价值和村民的作用，实行"社区总体营造计划""农村再生计划"以及由此理念而来的一系列计划，例如社区规划师制度、新故乡计划等，乡村发展有了质的飞跃。

表 2-4　中国台湾地区九期四年经济建设计划

计划名称	时间	主要措施
第一期四年经济建设计划	1953—1956	加强农工建设；加大一二产投资，改善国际贸易收支
第二期四年经济建设计划	1957—1960	增加农业生产、加速工矿业发展、扩大出口贸易；稳定外汇市场，确立经济社会基本规则制度，完善财税体系建设
第三期四年经济建设计划	1961—1964	维持经济稳定、发展外销工业，扩大工业基础；外贸制度改进，提高出口能力
第四期四年经济建设计划	1965—1968	扩大工业出口，基础设施建设，发展现代农业技术
第五期四年经济建设计划	1969—1972	改善工业结构，促进农业现代化
第六期四年经济建设计划	1973—1976	十项建设工程
第七期四年经济建设计划	1977—1980	十二项重大基础设施建设
第八期四年经济建设计划	1982—1985	重点发展高新技术产业
第九期四年经济建设计划	1986—1989	重工业迈向技术密集的产业发展

资料来源：台湾地区（经济）建设计划沿革 .2008

2.3　行政区划

2.3.1 日本

截至 2017 年底，日本全国有 791 个市、744 个町和 183 个村，总计 1718 个市町村，町数量大于村。其中设市门槛为 3 万人，设町门槛为 5000 人，町村的人口数量基本在 2 万人以下。"过疏化"是日本町村目前面临的主要问题。据日本平成 27 年（2015 年）国势调查数据，其中人口少于 5 万的市及人口少于 5000 的町村的数量在增加（表 2-5），1419 个市町村（82.5%）的人口规模正在缩小，且有近一半（48.5%）的市町村人口减少规模超过 5%。

表 2-5　日本 2005—2015 年按人口数量划分的市町村数量

人口规模（万人）	平成 17 年（2005 年）市町村数量（个）		平成 22 年（2010 年）市町村数量（个）		平成 27 年（2015 年）市町村数量（个）	
	市	町村	市	町村	市	町村
<0.5	—	361	—	237	—	267
0.5—1	—	425	—	224	—	242
1—2	—	430	—	283	—	264
2—5	250	250	253	177	272	155
5—20	390	—	423	—	409	—
>20	111	—	111	—	110	—

资料来源：日本总务省统计局 2017 年国势调查数据：http://www.stat.go.jp/

从田野调查的东京都三町一村来看（图 2-3，），町村的的辖区面积差异较大。偏远地区的町村面积相对较大，为 100—200 平方公里（奥多摩町、檜原村），人口也相对较少；而靠近都市地区的町村辖区面积较小，在 50 平方公里以内（瑞穗町、日出町），但人口规模大。总体而言，日本的町数量大于村，人口规模主要在 2 万以下且在逐年减少，各町村辖区面积差异大。图 2-3，2-4，2-5 为笔者调研地区町村分布情况及街道风貌。

表 2-6　日本东京都多摩地区三町一村行政区域面积

	瑞穗町	日出町	奥多摩町	檜原村
人口规模（人）	33150	16693	5153	2194
面积（平方公里）	16.8	28.0	225.3	105.4
人口密度（人/平方公里）	1973.2	596.2	22.9	20.8

数据来源：瑞穗町政府网站：https://www.town.mizuho.tokyo.jp/；日出町政府网站：https://www.town.hiji.lg.jp/；奥多摩町政府网站：http://www.town.okutama.tokyo.jp/；檜原村政府网站：https://www.vill.hinohara.tokyo.jp/

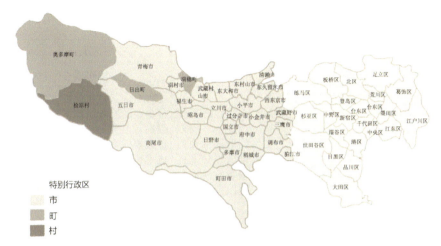

图 2-3　东京地区市町村分布图

图片来源：作者自绘

图 2-4　奥多摩町街道　　　　　图 2-5　檜原村街道

图片来源：作者自摄

　　日本经历了三次大型的市町村合并运动，分别是"明治大合并""昭和大合并"和"平成大合并"（表 2-7，图 2-6）。合并的主要原因是大城市的聚集效应使得町村地区人口流失，人口数量减少，加之小规模的町村已无法满足城镇化向町村地区蔓延对其社会治理提出的新要求。此外，日本也意图通过市町村合并来实现农村劳动力的就地转型，推进城镇化进程。

表 2-7　日本几次市町村大合并

	明治大合并	昭和大合并	平成大合并
时间	1889—1945	1953—1961	1970 至今
背景	建立现代地方自治制度，形成适合行政管理规模的町村组织	《地方自治法》颁布，规模小、财政支付能力弱的市町村难以应付拓宽的工作职责，故需调整规模以提高行政效率	①町村人口数量减少，需聚集人口提高政府行政效率；②町村依赖财政转移，自主行事能力差，扩大规模有助于在经费支出上形成规模效应；③交通圈、信息圈的扩大使公共服务设施产生了跨市町村区域边界的行政服务需求；④是政府的一系列鼓励引导政策，小规模町村难以适应需求。
合并标准	以一所小学校能服务的 300—500 户的规模为町村设立的标准	以一所初级中学服务的约 8000 人规模为标准进行合并	"关于市町村合并特例的法律"
市町村数量变化	1888：71314 个 1889：15820 个 1945：10820 个	1953：3975 个 1961：3472 个	1970：3280 个 2000：3229 个 2010：1727 个 2018：1719 个

市町村数量变化数据来源：日本农林水产省网站，2017

http://www.maff.go.jp/index.html

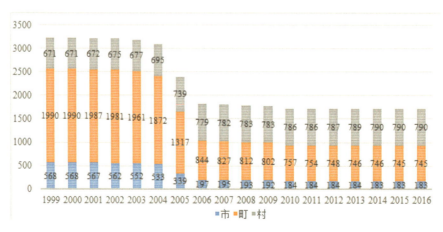

图 2-6　日本 1999 年至 2016 年市町村数量变化趋势

资料来源：日本农林水产省网站，2017

http://www.maff.go.jp/index.html

日本的几次市町村大合并为市町村的发展带来了一系列影响。明成大合并后，町、村成为现代上意义上的地方公共团体，可以行使征税、教育、基础设施建设等职能；昭和大合并扩大了町、村的自治规模，增加了消防、警察、社会福利与医疗卫生等自治事务；平成大合并持续时间最长，影响也最深远。其正面影响包括：①适应了定居圈的扩大需求，提高了各类公共服务设施的利用率，也实现了行政服务的广域化；②推进了地区城镇化进程，提升了农村城镇化水平，实现以城带乡，城乡一体化；③扩大了市町村财源，政府能够集中财力从事地方建设，使得公共服务水平提高，资源得以合理配置；④激发居民协助地方自治的热情。也有一些负面影响：①市町村的合并影响了农村地区的历史文化传承；②抑制了一些被合并的町村的发展，出现了发展不平衡的问题（王月东，2002；张立，2016）。

2.3.2 韩国

截至 2018 年，韩国共有 1404 个邑面，其中邑 226 个，面 1178 个，面数量远超邑，邑主要是郡县政府驻地。面邑的平均人口规模 6828 人，其中邑的平均人口规模为 21521 人，面的平均人口规模为 4009 人。由此可见，韩国邑面人口规模相差非常大，邑人口规模主要在 1—5 万人之间，而面人口规模主要在 5000 人以下，非常小，相当于农村地区。从笔者调研的陕川郡和密阳市的邑和面来看，韩国邑面的辖区面积差异不大，都在 30—50 平方公里左右，但邑的人口规模远大于面。总体上看，韩国的面数量多，邑和面的地域规模差异不大，但人口规模相差很大。图 2-7，2-8 为笔者调研地区邑面分布情况及街道风貌。

表 2-8　韩国邑面人口规模及数量

人口规模（万人）	邑面总数（个）	邑个数（个）	面个数（个）
<0.5	957	13	944
0.5—1	222	53	169
1—2	122	67	55
2—5	84	74	10
>5	19	19	0

数据来源：韩国国家统计处，2018，http://kostat.go.kr

表2-9　2018年田野调查的韩国邑面

	陕川郡陕川邑	陕川郡双书面	密阳市上外面	密阳市青岛面
人口规模（人）	11713	1499	2919	1832
面积（平方公里）	53.0	39.6	35.4	57.4
人口密度（人/平方公里）	221.0	37.9	82.5	31.9

数据来源：陕川邑政府网站：http://www.hc.go.kr/town/main/?tw=hc；

双书面政府网站：http://www.hc.go.kr/town/main/?tw=sc；

上外面政府网站：http://www.miryang.go.kr/station/main/?sk_id=sanoe；

青岛面政府网站：http://www.miryang.go.kr/station/main/?sk_id=cheongdo

图2-7　庆尚南道陕川郡（左）；陕川郡内各邑面（右）

图片来源：作者自绘

图2-8　陕川郡陕川邑街道（左）　陕川郡双书面街道（右）

图片来源：作者自摄

韩国的行政区划亦经历了一系列调整。1983 年釜山脱离庆尚南道成为直辖市；1987 年大邱、仁川脱离庆尚北道和京畿道成为直辖市；1986 年光州脱离全罗南道成为直辖市；1989 年大田脱离忠清南道成为直辖市；1995 年各直辖市行政区划增大，改为广域市；1997 年蔚山脱离庆尚南道成为广域市。至此，韩国广域自治体的数量从 10 个增至 16 个，使得国土面积只有 10 万平方公里的韩国形成了层次多、类型复杂的行政区划体系（金次荣，2012）。

韩国行政区划调整产生了多个新中心城市，形成了多元发展的趋势，有效改善了韩国都市区过分集中的现象，有助于韩国形成平衡、开发、富裕、绿色和统一的国土。

截至 2018 年韩国有 1 个特别市（首尔）、1 个特别自治市（世宗）、6 个广域市、9 个道（其中 1 个特别自治道）合计 17 个市道，第二层级有 73 个自治市、86 个郡、69 个自治区合计 228 个市郡区。尽管在市郡以上层次经历了多次区划变动，但面邑层面的区划一直延续至今。

2.3.3 中国台湾

中国台湾地区的行政区划与大陆类似，2018 年，市下辖区（170 区）、县下辖市、镇和乡（14 个县辖市、38 个镇和 146 个乡），共 366 乡、镇、市和区。乡和镇的平均人口规模是 24920 人，平均乡镇域面积为 128 平方公里。其中，乡的平均人口规模是 19774 人，平均乡域面积 140 平方公里，但各乡的辖区面积相差极大。镇的平均人口规模为 44690 人，平均镇域面积 77 平方公里。总体而言，台湾地区的镇人口规模较乡要大，镇人口规模普遍在 2—5 万之间。乡的人口规模存在一定的差异，但基本都小于 5 万。

表 2-10　中国台湾地区的乡镇人口规模及数量

人口数量（万人）	乡镇总数（个）	镇个数（个）	乡个数（个）
<1	48	1	47
1—2	48	4	44
2—5	69	21	48
5—8	12	6	6
>8	7	6	1

数据来源：台湾地区户政主管部门 2018 年数据

表 2-11 中国台湾地区 38 个镇镇域面积统计

镇域面积（km²）	个数	比例（%）
<50	17	44.7
50—100	11	28.9
100—200	8	21.1
>200	2	5.3

数据来源：作者通过查询台湾地区各镇政府网站收集

中国台湾地区的行政区划经历了一系列的变革，乡镇的行政级别和数量也随之发生了多次变化。1950 年后随着乡镇市合并的推进，乡镇数量在不断减少，区划面积也相应增加（表 2-12，图 2-9）。

表 2-12 中国台湾地区几次行政区划改变

	战前	战后改制	行政区划重划	后期
年份	1895—1945	1945—1949	1950	1951—1990
行政区划制度	五州三厅："州厅"、"郡市（支厅）"、"街庄（区）"三级制	州厅被改为县，郡被改为区，街被改为镇，庄被改为乡，乡镇以下为村里	废止了县辖区的行政单位层级，县被细分化，数量增多，行政区划变小	经历了一系列的县市升级：省辖市升级；县升级为省辖市，市下辖乡镇改为区
各级数量	五州三厅之下辖 11 市 51 郡 2 支厅，全郡、支厅之下辖 67 街 264 庄	五州三厅变成了 8 县，11 个州厅市变成了 9 个省辖市和 2 个县辖市	5 个省辖市和 16 个县，省辖市下辖区，县下辖乡镇，	县改区导致乡镇市合并，乡镇数量逐渐减少，市、区数量逐渐增加
乡镇等级	"街庄"与现今乡镇对应，为地方公共团体，处于第四等级	处于第四等级	乡镇直接隶属于县，处于第三等级	数量减少，处于第三等级

来源：作者整理

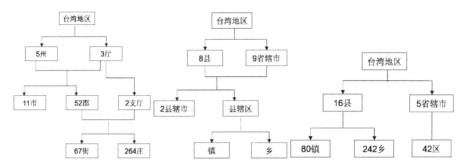

1945 年以前行政等级示意图 1945 年战后改制行政等级示意图　1950 年行政等级示意图

图 2-9　中国台湾地区几次行政区划改革行政等级变化示意图

图片来源：作者自绘

2.4　小结

2.4.1 相似的经济社会发展历程

1950 年代以来，日本、韩国和中国台湾地区均经历了相似的社会经济发展历程。在发展阶段上，战后都经历了恢复时期、高速增长时期、调整时期和缓慢发展或衰退时期，城乡关系都经历了从不平衡到不断均衡发展的过程。

在产业结构上，经济恢复时期，均从农业起步逐渐恢复生产，而后转向重工业并进入经济高速增长时期。此时首先以劳动密集型产业为主，并注重出口贸易。在高速增长时期的后期，经历产业结构转型，转向高新技术型产业，并注重农业的现代化发展。

在城乡关系的演进上，虽然在经济恢复期以农业发展作为突破口，但在进入经济高速发展时期，日本、韩国和中国台湾地区都出现了城乡发展不均的状况，尤其是日本和韩国，出现一极化或多极化现象，人口集中于大城市，且出现一系列诸如地价上涨、环境污染等问题，乡村发展显著滞后，乡村人口加速流失。在经济高速增长的后期和转型调整期，日韩和中国台湾地区均采取了一系列措施以解决城乡发展不均衡的问题。

目前，日本、韩国和中国台湾地区均进入了经济社会的平稳发展时期，均为高人口密度、高城镇化率，且人均 GDP 均超过 2.5 万美元，位于世界前列。

从经济社会发展历程上来看，中国大陆也可划分为四个发展阶段，目前仍处于高速发展阶段，但总体发展水平滞后于日本、韩国和中国台湾地区，大体相当于日本的 1980 年代，韩国和中国台湾地区的 1990 年代。因此，学习三者的小城镇发展和建设经验，总结其成败得失，有利于中国大陆更好地选择适合自身条件的小城镇发展路径，并设计相应的社会政策。

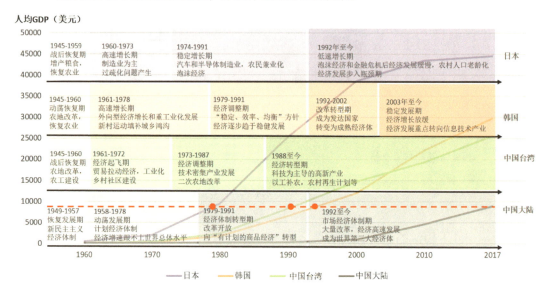

图 2-10　日本、韩国、中国（包括大陆和台湾）经济社会发展历程

资料来源：作者自绘

2.4.2 差异化的小城镇数量与规模

在小城镇的数量上（表 2-13），韩国的邑面在总量上最多，且小规模的面数量远超规模相对较大的邑；而日本的町村总量虽然也较多，但町村规模差异相对较少，且与韩国相反，规模相对较大的町在总量上较规模相对较小的村多；而中国台湾地区的乡镇数量最少，且小规模的乡数量也远多于大规模的镇。可见韩国小城镇分布最密最广，日本次之，台湾地区最少。

在行政区划调整方面，与日本、中国台湾地区通过行政区划合并以适应城镇化进程及行政管理需求不同，韩国是将行政区划变小以增加中心城市数量，从而实现均衡发展，这也是韩国的邑面数量最多的原因。

表 2-13　日本、韩国和中国台湾地区小城镇数量及规模

	土地面积（万平方公里）	总量（个）	町 / 邑 / 镇（个）	村 / 面 / 乡（个）
日本	37.80	928	744	184
韩国	10.03	1404	226	1178
中国台湾	3.62	184	38	146

表 2-14　日本、韩国和中国台湾地区小城镇辖区规模及人口规模、密度比较

人口规模 （人）	台湾镇 > 约4万	韩国邑 > 约2万	台湾乡 > 约2万	日本都市地区町村 > 1-3万	日本偏远町村 > 2000-5000	韩国面 4000
辖区规模 （km²）	日本偏远町村 > 100-200	台湾乡 > 140	台湾镇 > 77	韩国邑面 > 30-50	日本都市地区町村 30以内	
人口密度 （人/km²）	日本都市地区町村 > 2000左右	台湾镇 > 863	台湾乡 > 409	韩国邑 > 约200	韩国面 > 30-100	日本偏远町村 约20

来源：作者整理

　　在小城镇的人口规模上，日本町村间的规模差异最小，中国台湾地区的乡镇次之，韩国邑面之间的差异最大（邑平均人口规模为 2.5 万，而面却在 5000以下）。在平均人口规模上，中国台湾地区的镇的人口规模最大，日本町村的人口规模大多在 2 万以下，而韩国邑面的平均人口规模小于 1 万，最主要原因是邑面数量和规模上的差距所致（面数量多且规模小）。与人口规模相似，韩国的邑面辖区面积也较小，中国台湾地区乡镇次之，日本偏远地区町村最大，但都市地区的町村面积最小。在人口密度上，日本都市地区和偏远地区的人口密度差异大，都市地区町村人口密度在三个国家和地区中最高，其次是中国台湾地区乡镇，韩国邑面人口密度最低，但高于日本偏远地区的町村（即过疏化地区）。

第3章　行政管理体制

本章从上下关系、小城镇事权及小城镇内部行政组织架构三个方面对日本、韩国和中国台湾地区的小城镇行政管理体制进行阐释和比较。

3.1　小城镇行政管理体制

3.1.1 日本

（1）上下关系：三级政权体系，央地事权细分明确

日本政府组织架构分为中央政府、广域自治体、地方自治体三个层级。市町村是最低层级的地方自治体，都道府县作为广域自治体，对市町村起补充、支援作用，并承担跨市町村的管理职能。两种自治体不存在明确的上下级关系，但市町村制定的条例不能违背都道府县的条例。

日本的中央地方关系是集权融合型。目前中央与地方的事权划分如下：中央政府负责外交、国防和与公安；广域自治体负责港湾等，地方自治体负责与居民日常生活密切相关的事务。公路、卫生、社会福利、教育、劳动、工商、河流、农林行政等大多数行政事务则由中央与地方共同负责，并且将共同负责事务划分成许多细项，明确央地的责任范围，比如公路分为国道、都道府县道和市町村三个级别。在社会福利方面，中央负责各种保险金和年金的支出，市町村负责保险、卫生和养老金征收，其他的生活保障由都道府县负责。

（2）町村事权：负责处理都道府县事权外的所有事务，为居民提供综合服务

1947 年颁布的《地方自治法》规定：各地方公共团体具有管理财产、处理事务以及执行行政的权能，主要担负与居民日常生活密切相关的教育、福利、卫生、产业、土木、消防、警察等工作。市町村作为最低层级的地方公共团体，负责处理都道府县事权以外的所有事务，即"市町村优先原则"。

市町村政府的工作主要包括两类：一类属于市町村内部的事，另一类是国家委托事务。在 20 世纪 90 年代实行地方分权前，市町村的委任事务比例约 40—50%，地方分权改革尤其是第二次改革之后，权限从都道府县向市町村转移，扩大了市町村的自治权。

表 3-1　日本中央、地方事权分配

	中央	都道府县	市町村
国防、治安	外交、司法、国防	警察	消防、户籍、居民基本台账
基础设施建设	高速公路、国管国道、一级河道管理	非国管国道、县道、二级及非国管一级河道、港口、公营住宅、区域规划	城市规划、市级以下公路、灌溉河道、港口、住宅、下水道
教育	国立与私立大学	都道府县立大学、中小学教师工、特教学校、私立学校	市立大学、初中、小学、幼儿园
社保、医疗、卫生	社保、医师执照、医疗与药品许可、标准	救济（町村）、儿童与老人福利及保健、环境监管	救济（市区）、儿童福利、老人保健及护理、健康和护理保险、自来水、垃圾和污水处理
产业、经济	关税、货币、邮政、通信等	地区经济振兴、职业培训、中小企业指导	地区经济振兴、农地利用

资料来源：根据总务省网站（http://www.soumu.go.jp/），崔成（2015）整理

（3）町村组织架构：二元代表制 + 行政委员会

市町村组织机构实行的是市町村议会与市町村长的二元代表制，议会是决议机构，市町村长及各种行政委员是执行机构。市町村长和议会议员都由居民直接选举产生。

日本市町村议会和市町村长间的关系是相互制约，取得平衡。市町村政府主要由市町村长，助役（副市町村长），收入役（主要负责财务，辅助市町村长）三位负责人构成，设置民生、土木、劳动、建筑、卫生、商工、农林、水产等科室。议会最重要的作用是议决事项，需要决议的内容主要涉及条例制定、预算、诉讼、基本构想等（焦必方，2001），对市町村长有很强的牵制力、约束力。

另外还有一些行政委员会来促进町村政府相关功能的发挥和有关公共服务的组织，如选举管理委员会、监察委员会、农业委员会、教育委员会和审计委

员会等（图 3-1）。

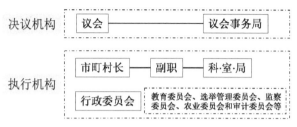

图 3-1　日本市町村政府组织架构

图片来源：作者自绘

（4）非政府组织：地方公共团体组合、町村会与农协

除政府机构、行政委员会之外，市町村内还有一些非政府组织来促进市町村的发展，并组织协调町村间的关系，起到共同促进的作用。

地方公共团体组合：分为普通地方公共团体和特别地方公共团体。市町村作为最基础的地方公共团体可以通过组合方式形成地方公共团体组合，有议决和执行机构。其中最主要的形式是若干个普通地方公共团体组合形成一部事务组合形式。据统计，平均一个市町村参与 8.7 个"一部事务组合"（焦必方，2001）。日本的市町村政府是非利益追求型的，组建"一部事务组合"有助于其完善基础设施，改善福利与卫生条件，振兴地方经济。

町村会：町村会是市政府下辖机构，设立若干个町村会管辖市内所有市町村，召集町村代表讨论町村事务，如税收、规划等。町村会的主要任务是：①协调各町村并沟通上下级；②在町村税收不足时向上级政府或国家申请财政援助；③为振兴地方产业开展调查活动；④防灾设施、福利设施、老人照顾等具体事务；⑤联系其他町村会，并向中央提有利于町村发展的建议与要求（徐素，2018）。

农业协同组合（简称农协）：农协覆盖整个日本农村，组织农民以"小规模所有、大规模经营"的方式促进效率提高，增加农业收入。为农民生产提供产、供、销等完整的帮助，对农业政策和全国性政治也有较大的影响力（殷静宜，2014）。

3.1.2 韩国

（1）央地关系：三级政权，中央政府主导

韩国的自治体系可分为广域自治体（包括特别市、特别自治市、广域市和道）和基础自治体（包括高级地方政府管辖的区、市、郡及其派出机构），分别对应高等级地方政府和低等级地方政府。根据韩国现行《宪法》和《地方自治法》，中央政府负责国家主权性权力和事务、全国统一治理的权力和事务、全国性公共事务、需要进行全国性协调的事务及其权力，以及地方难以承担的事务。韩国《宪法》指出：地方自治团体处理关于居民福利的事务，管理财产，并在法令的范围内制定关于自治的规定。

综合而言，地方事权主要包括六方面：行政管理、国民福利事业、行业发展、基础设施建设与环境保护、教育、文化体育事业和民防消防相关事务（李允熙，2017）。《地方自治法》规定，广域自治体须协调与中央政府和基础自治体政府的关系，在和基础自治体管理地方事务时不应产生权限的冲突。若管辖权出现冲突，基础自治体政府享有管理的优先权。这一规定使得基础自治体地方政府更能因地制宜地处理地方事务，在一定程度上保证了地方政府的行政效率（章孟迪，2017）。

表 3-2　韩国央地事务划分

国家担当事务	广域自治体负责事务	基础自治体负责事务
1）外交，国防，司法，国势等国家的存在所必需的事务； 2）物价、金融、进出口政策等全国需要统一的事务； 3）农、林、畜、水产业及谷物的供给调节和进出口等全国范围的事务； 4）国家综合开发计划，河川，国有林，国土综合开发计划，制定海港、高速公路、一般国道、国立公园等全国范围或类似范围的事务； 5）劳动标准、测量单位等全国范围或者类似范围的事务； 6）要求高度技术的检查、实验、研究、航空管理、气象行政、原子能开发等凭地方自治团体的技术及财政能力无法胜任的事务。	1）协调有关中央政府与低级地方政府之间关系的事务； 2）涉及范围较大（涉及两个及以上低级地方政府）的事务； 3）低级地方政府无法独立完成或在财政、技术上难以完成的事务，如适合于两个以上低级地方政府共同参与的公共设施的管理和建设事务； 4）具有高级地方政府范围内统一标准性质的事务。	1）制订市郡和实施地方经济社会发展计划； 2）促进地方经济（特别是农村经济多元化）发展； 3）加强地方公共设施建设； 4）改善农业生产条件，保护自然环境和发展旅游事业； 5）提高居民的经济收入和社会福利，提高人民文化教育和身体健康； 6）防灾减灾和救助贫困居民； 7）满足当地人民群众的合理要求，保证社会和谐稳定和良好秩序等。

资料来源：根据翁鸣（2013）整理

（2）基础自治团体——市郡事权：享受管理优先权，服务地方居民，但受限于上级政府

基础自治体地方政府负责管理广域自治体地方政府负责外的所有地方事务，通过行政机构 (非自治区、洞、邑、面) 为当地居民提供服务。市郡守由本市郡居民选举产生，市郡政府与上级政府是协调关系，不存在行政管理的上下级关系。所以，郡政府作为地方行政机关的最高层级，其负责事务包括一切满足当地居民生产、生活要求、促进社会和谐稳定的公共性事务 (金松兰，2015)。市郡事务分为自治事务和国家委托事务，其中国家和上级委托事务占比基本都超过 50% (本研究调研的陕川郡占比约 80%，金海市约 50%)。过多的国家和上级委托事务限制了地方自主权限 (董连伊，2007)。

（3）邑面行政机构事权：无自主财政权和决策权，由居民自治中心协助市郡完成对邑面的基本管理工作，存在业务重复和延迟

市郡是韩国最低一级自治体，其下的邑面是没有自主权利的行政派出机构。邑面作为市长、郡守的地区辅助机关，实际上是地方自治团体在行政渗透过程中单位最小的一线行政机关。邑面长由市长和郡守指定，并由市道知事批准，邑面的职员也多为市郡政府指派。1999—2001 年，韩国政府对邑面的事权进行了改革，将与居民生活密切相关的信访功能、居民管理及保护功能、社会福利功能保留在邑面洞，并将原本带有广域、综合性质的事务和相关人力转移到市郡厅。邑面自治功能缩减后在当地设立了"居民自治中心"。

功能转换以前，邑面作为一线综合行政派出机关，主要负责与地区居民相关的生活信访、福利、居民管理等业务。因此，它是邑面生活环境的向心体，不仅综合执行一线行政业务，还为该地区的发展和提高居民生活质量提供服务。而目前，邑面机构主要协助市郡处理一些一般行政事务，例如婚姻、户口登记和日常环境建设、社会福利等的指导工作，并且协助市郡完成其指派的事务，例如小城镇培育事业、中心地开发事业的实施管理工作 (表 3–3)。邑面行政机构主要履行地方行政政策传达、现场出差、管制等以现场为主的行政执行工作，以及对非行政单位 (统、里、班) 的管辖职责。

邑面机构虽只是作为市郡的派出机构存在，但与处理居民相关业务密切联系，有重要作用，并向上级反馈居民的意见，是连接当地居民和市郡政府的桥梁纽带。实行邑面功能的转换大大缩减了邑面的自治职能，大量公务人员调配到市郡政府。这种多层行政结构，导致居民信访反馈渠道缩小，信息传达链加

长和传达歪曲现象加剧，造成业务重复性和延迟性，从而降低了行政效率，是受指责和需要改革的对象（董连伊，2007）。

表 3-3　韩国邑面主要负责业务

职务	业务
邑面长	协调邑面内各项事务处理等
总务	会计，处理行政事务，管辖人口等
出纳	负责财务与税收等级与管理等
建设管理	工业、农业、林业建设指导等
环境发展	指导环境开发事业，住宅环境改善，防灾、环卫管理等
社会福利	儿童、老人、残障人士福利，居民一般福利，基本生活保障等
民政	居民登记，投诉，民防等

资料来源：陕川邑政府网站 http://www.hc.go.kr/town/main/?tw=hc

（4）邑面居民自治中心：以计划开发方式开展邑面建设，专业性不高

邑面"居民自治中心"由委员长、副委员长、顾问、干事等人组成。为实现居民自治委员会的顺利运营，可以设立各领域的分科委员会，由委员长和副委员长在内的 30 人以内的委员和顾问（3 人以内）组成。邑面长是在该邑面洞辖区内居住或工作单位的代表，或者是团体的代表，委托服务精神透彻或具备运营居民自治中心所必需的专业知识的人担任委员。

目前居民自治中心不论地区类型，均以计划开发的方式开展邑面建设，而负责的公务员和居民自治委员的专业性尚不高，往往造成开发的不合理性现象（尹宰孙，金泳太，2018）。

3.1.3 中国台湾

（1）上下关系：垂直分权体系，采用均权制，但受台湾当局宏观管理

1999 年台湾地区有关规定明定"省政府"为"行政院"派出机关，即所谓的"精省政策"，省变成虚级机关，并规定市、县（市）与乡（镇、市）等皆为地方自治团体，按照垂直分权，均设有行政机关及立法机关。村、里仅为编组单位，不具独立的行政权和立法权。

台湾地区宪制性规定台湾当局与地方的事权划分采用均权制度，并结合地

方制度法对台湾当局与地方的权限进一步明细划分为三种类别：①台湾当局专属权——凡属台湾当局权力、全省范围内性质事项均由台湾当局立法与执行；②台湾当局与地方执行权——科教文卫、水利、交通等公共事务由台湾当局立法但可视事务性质交由县市执行，具有较大弹性；③地方专属权——省以下政府立法并执行自治项目。乡镇市作为第三层级的自治团体，自治权与市、县有很大不同，为县市的依附或派出之权力，相当于附庸单位，接受县市指导监督。

表3-4　中国台湾地区自治体系自治事项

行政机关	自治事项分类	事项内容
县（市）与乡（镇、市）共有自治事项	行政管理事项	公职人员选举、罢免；组织设立管理、新闻行政
	财政事项	财务收支及管理、税捐、公共债务、财产经营及处分
	社会服务	社会福利、公益慈善事业及社会救助、殡葬设施之设置及管理、调解业务
	教育文化及体育事项	社会教育之办法及管理、艺文体育活动、礼仪民俗等
	卫生及环境保护事项	卫生管理、环境保护（县市）废弃物处理（乡镇）等
	公共安全	灾害防救规划与执行、民防实施等
	事业经营与管理事项	公用及公营事业、公共造厂事业、其他地方自治团体合办之事业
县级其他自治事项	劳工行政	劳资关系、劳工安全卫生
	都市计划及营建事项	都市计划拟定、审议及执行、建筑管理、住宅业务等
	经济服务事项	农林渔牧业辅导及管理、自然保育、工商辅导等
	水利事项	河川整治、集水区保育、防洪排水等
乡（镇、市）其他自治事项	营建、交通及观光事项	道路建设管理、公园绿地、交通规划、营建及管理、观光事业

资料来源：作者整理

（2）乡镇事权：自治权弱，核心职能为"乡民福利"与"乡村建设"

乡镇市根据相关法律的规定，享有"立法权"及以法律规定应由地方自治团体办理的事务。与市、县相比，乡镇市的自治事项要少很多，自治权相对较弱。同时，乡镇市根据上级法规或规章规定，还须执行上级机关交付办理的非自治事项的任务并接受上级机关的监督。

其自治事项分为固有事项和委任事项。固有事项即为乡镇市公所自身应办事项；委任事项为基于相关规定授权，由乡镇市公所在授权范围内全权处理。自治事项主要有：行政管理、财政管理、社会服务、教育文化及体育事业、环境卫生事业、营建、交通及观光事业、公共安全、社会服务等；但公共安全事务则由县政府派出的警察分局处理。

乡镇市政府的核心职能为"乡民福利"与"乡村建设"。乡镇市长日常工作主要围绕选民的实际需求和公共福利进行。主要包括三个方面：服务广大乡民（红白喜事活动，了解选民实际需求，慰问居民，参加各种民间活动）、领导公所工作（制定辖区内年度发展规划，督促各单位落实各类事项，了解各课室业务进度）以及向上级政府争取政策、资源方面的支持。

（3）组织架构：二元权力分立，相互监督与制衡

乡镇市政权采取的是"公所—代表会"的结构形式，设置议事机构以行使立法职能，设置政府机构以行使地方行政职能。各机构地位平等，各司其职，互补统属。

乡镇市公所及其职能：乡镇市长由选举产生，由其任命公所内部各课室官员及附属机构负责人。乡镇市公所一般设四课三室，"课"是对外的职能部门，负责履行某一专门事项；"室"是内部部门，负责公所日常管理。乡镇市公所的对内职能主要是执行决议和命令、管理内部组织及财政运作；对外职能为提供乡镇居民所需的公共服务，如教育、文化、环境卫生服务等。此外，乡镇市公所也承担促进乡镇经济发展、提高居民生活水平以及推动社会事业发展等重任。另外台湾乡镇市公所还有一定的立法职能，可根据本地实际情况，制定仅适用于本地区的自治规则，但不能与上级部门的相关规则冲突。

乡镇市代表会及其权限：乡镇市代表会也由选民选举后产生，设秘书 1 人负责相关事务，1 名主席和 1 名副主席主持代表会的各种会议。负责监督乡镇市公所的工作，旨在使乡镇市政权拥有更巩固的民意基础和利用立法职能对行政职能进行有效的监督，体现一种政治制衡的原理（图 3–2）。

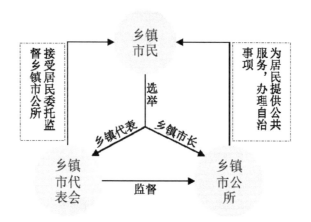

图 3-2　中国台湾地区乡镇市公所与乡镇市代表会的关系

图片来源：作者自绘

中国台湾地区的乡镇地区不是行政强力控制型的社会，机关是民选、民管的，各种力量相对均衡（项继权，2010）。但在乡镇市公所与议会之间，存在许多外在因素的干扰，主要为派系、黑道和利益团体。他们会造成所会之间的冲突，造成基层政治的黑金化与金权化现象严重（王继琴，2012），这也是台湾地区地方自治被诟病之处。

3.2　小城镇行政管理体制比较

3.2.1　政权体系

日本、韩国和中国治理地区均呈现集权特征，但在垂直体系上有差异，且事权划分的明确程度不同。

在政权体系上，日本、韩国和中国台湾地区都是集权体系。而在地方层面，三者存在一定差异。日本和韩国的地方政府间虽有行政区划上的层级划分，但无明确的上下级关系，中间层级的广域自治体具有协调中央与地方的关系的作用，而最低层级的地方（基础）自治体在条例不与上一层级自治体冲突的情况下享有管理的优先权。而中国台湾地区是典型的垂直分权体系，县市、"直辖市"与乡镇之间存在明显的上下级关系。

在上下事权划分上，日本、韩国和中国台湾地区均较为统一地将涉及全国性（全地区）的重大事务交于中央（地区当局），主要涉及防务、外事及（地区）范围的事务；与居民日常生活密切相关的事务交于地方。

　　中央（地区当局）与地方共同承担事务在三个研究对象间存在差异。日本将中央与地方之间的共同承担事务划分成更细的分项，有较为明确的事权划分；相比之下，韩国和中国台湾地区在共同承担事务上没有更为细致的划分，也因此间接导致乡镇（面邑）层面的工作经常较为被动，影响行政效率。

3.2.2 事权分配

　　日本小城镇比中国台湾地区小城镇有更大的自治权限，韩国小城镇无自主权。

　　在自治权上，日本和中国台湾地区的"小城镇"均有立法和行政职能，是最基层的地方自治团体，而韩国的"小城镇"（邑面）是上级政府的派出机构，属于行政派出机构，无自主权。在自治权限范围上，日本、中国台湾地区的"小城镇"均需执行上级委托事项和自治事项。相比之下，日本的町村地区有更大的管理优先权，并随着分权改革的实施，权力下放力度加大，町村的自治权限上升，权责相对统一；中国台湾地区乡镇自治权限远不及上级县市政府，更像是上级政府的附属单位，权责不够统一。

　　在具体自治事项上，韩国邑面地区没有自主权限，故只需执行上级委派事务，其自治事项主要为最基本的行政事务。日本和中国台湾地区在具体自治事项上有些类似。相比之下，日本市町村地区的自治权限较大，比如：日本市町村地区有编制城市规划的权限，而中国台湾地区乡镇的规划由上级政府组织编制，乡镇负责营建与管理；教育层面，日本市町村在学校的设立上相对有更大的权限；等。

表 3-5　日本、中国台湾地区"小城镇"自治事项比较

自治事项	日本市町村	中国台湾地区乡镇
对外防务、治安	消防、户籍、居民基本台账	灾害防救规划与执行、民防实施等
基础设施建设	城市规划、市级以下公路、灌溉河道、港口、公营住宅、下水道	道路建设管理、公园绿地、交通规划、营建及管理、观光事业
教育	市立大学、初中、小学、幼儿园	社会教育之办法及管理、艺文体育活动、礼仪民俗等

自治事项	日本市町村	中国台湾地区乡镇
社会服务及福利、医疗及卫生	救济（市区）、儿童福利、老人保健及护理、健康和护理保险	社会福利、公益慈善事业及社会救助、殡葬设施之设置及管理、调解业务、卫生管理
环境保护	自来水、垃圾和污水处理	环境保护（县市）废弃物处理（乡镇）等
产业、经济	地区经济振兴、农地利用	公用及公营事业、公共造厂事业、其他地方自治团体合办之事业

资料来源：作者整理

3.2.3 政府组织架构

日本和台湾地区均为行政—立法职能分立，日本町村政府与非政府组织在职能上更为全面，韩国邑面职能压缩影响行政效率。

日本和台湾地区的小城镇政府均为"立法—行政"分立制，其町村长与乡镇长都是居民选举产生，议会与政府相互监督，相互制衡。而韩国的邑面长由上级指定。在议会与政府的关系上，虽然均为监督与牵制关系，但相比之下，日本的议会对市町村长的控制力强于中国台湾地区。

在政府职能上，日本町村政府的课室划分较细，与各项事权相对应，以对外职能为主。相比之下，中国台湾地区课室设立对内与对外职能各半。另外，日本还设置其他行政委员会来协助和促进相关政府职能的发挥，行政执行职能更为全面。韩国的面邑不是一级政府，仅是政府派出机构，通过"居民自治组织"完成地方自治，职能较为简单，执行一般行政职能并承担简单的环境建设、社会福利工作，以协助上级管理为主。但也因职能的压缩导致邑面事务的延迟性和重复性，影响行政效率。

表3-6　日本、中国台湾地区"小城镇"政府课室设立比较

日本町村课室	民生	劳动	卫生	商工	农林	水产	土木	建筑
中国台湾地区乡镇课室	民政	兵役	建设	财政	人事	政风	主计	—

资料来源：作者整理

在非政府组织方面，日本和中国台湾地区均有非政府组织来协助小城镇事务。其中较为一致的是农会（农协）来协助小城镇的农业经济发展，且与政府组织在职能方面有明确的分工。相较之下，日本还有诸如町村会类的非政府组织来协调各个町村间的关系，促进町村并进。中国台湾地区则存在隐形的民间力量——即派系、黑道、利益团体等影响着乡镇的自治。

3.3　小结

日本、韩国和中国台湾地区的行政管理体制的整体结构较为一致，即统一的中央（地区当局）集权制、央地（上下）根据事务性质划分事权以及统一的"行政—立法"二元分立的行政组织架构。但落实在小城镇层面，存在较大的差异。

日本町村的行政管理体制更有利于地方政府实现自治职能。即较大的自主权限，明晰的事权划分和全面的组织架构。相比之下，韩国邑面缺乏自主权限，中国台湾地区乡镇受县市制约自主权限小，在事权的划分上权责统一度不足，内部组织架构分工较为明确。但总体而言，日本、中国台湾地区的小城镇以及韩国邑面均一定程度上受限于上级市郡委托事项，在分权体系下处于相对弱势地位。这是集权制的特点，有利于集中权力宏观调控重大事务，但也一定程度上"抑制"了小城镇的发展。

第4章　财税制度

　　本章将分别从财税分配制度、财政收支情况两个方面对三者进行比较，阐述日本、韩国及中国台湾地区小城镇的财税体制。首先是对其宏观的财政分配制度进行解析，探讨在国家（地区）的财政分配制度下小城镇所处的地位，其次是从微观的财政收支状况角度分析了三个研究对象的小城镇财政收入和支出的特点。因韩国邑面无财政自主权，本文主要介绍其上级自治体——市郡的财政状况及其对邑面的影响。

4.1　小城镇财税分配制度

4.1.1 日本

（1）财税管理体制：分税制，管理层次清晰，中央在税收方面占绝对优势

　　在税收体制方面，日本实行财政立法权集中、执行权分散、不设共享税和同税源的分税制体系。

　　税收构成上，日本税收由中央税（国税）和地方税构成，按中央、都道府县、市町村三级征收，征收税目如下表4-1。日本的税政管理层次清晰，《国税通则法》《地方税法》分别规定了国税和地方税的征管内容。国会拥有税收立法权，中央政府集中了主要税种管理权，地方政府有税率确定和减免权。三级政府均设有税务机构，各自征收本级税收。地方政府可在《地方税法》框架内独立管理地方税种。但中央在税源分配、税收数量上占绝对优势，从而确保对地方经济的宏观调控和引导作用（崔成，2015）。2014年中央税收占比60.1%，都道府县占比16.7%，市町村占比23.2%。

表 4-1　日本现行税收体系

	所得税	消费税	财产税等
国税	所得税、法人税、地方法人特别税、复兴特殊法人税、地方法人税	遗产赠与税、登陆免许费、印花税	消费税、酒税、烟草税、烟草特别税、汽油税、地方汽油税、石油燃气税、汽车重量税、航空燃料税、石油煤炭税、电力开发促进税、国际旅游旅客税、关税、税收消费税、特别税
都道府县税	都道府县民税	事业税、房地产购置税、地方消费税	汽车购置税、都道府县烟草税、轻油购买税、汽车税
市町村税	市町村民税	都市计划税，固定资产税	市町村烟草税

资料来源：日本财务省网站，https://www.mof.go.jp/

（2）转移支付制度：收入适度集中中央，支出适度下放地方

日本财政转移支付主要有地方交付税和国库支出金两种形式。其中地方交付税是一般转移支付，不指定用途，由个人所得税与酒税的 32%、法人税的 34%、消费税的 22.3%、烟税的 25% 估算构成，2014 年占地方财政总收入的 17% 左右（崔成，2015）。地方交付税分为普通交付税和特别交付税，普通交付税按客观标准计算各地方财政收入不足额后再进行分配，故其金额在市町村财源中并不一致，约占地方交付税总额 94%，而特别交付税是用于突发事件，占地方交付税的 6%。国库支出金是用于特定政策实施的财政补贴（类似中国的专项资金），对其使用会进行监督，分为国库负担金[①]（约占 60%）和国库补助金[②]（约占 40%），2012 年约占地方财政的 15%，主要来源为地方道路税与消费让与税，主要用于教育、就业、灾害救济等方面（王朝才，2005）。其中国库补助金是市町村等基础自治团体的重要财源，其使用进行受国家管理和监督检查。中央政府直接分配地方交付税给都道府县和市町村，一般都道府县和市町村各得

[①]　日本国库负担金是地方经费负担的事项中，内容涉及国家的利害关系，从而应由国家全部或部分负担的费用（如义务教育费、生活保护费、预防接种费、路川新设改良费、公营住宅建设费、灾害恢复费等）。

[②]　日本国库补助金往往采取奖励金或财政援助的方式，促使某一事项的实施或完成，是市町村等的重要财源，但其使用对象、目的及检查，均在国家管理之下。

一半。此外还有地方让与税 ①，是中央补充地方建设财源而征收的税种，征后返还地方，但其金额较少（2012 年占地方财政 2% 左右），无法起到均衡财政的作用。此外还有都道府县支出金，是都道府县根据一定的目的和条件制定的给市町村的特定支出。

　　日本财政分配呈现收入适度集中中央，支出适度下放地方的特点。以 2014 年为例，中央税收占比 60.1%，地方占比 39.9%，其中道府县 16.7%，市町村 23.2%。地方交付税调整后央地收入比为 43.7:56.3，地方让与税调整后央地收入比为 39:61，即转移支付后央地收入比从 3:2 变成了 2:3。可见转移支付约占地方财政收入的三分之一，且市町村分配税额大于都道府县税额，说明税额的分配上向基础自治团体倾斜。

表 4-2　日本中央财政转移支付方式

转移支付方式	性质	类别	占地方财政比例
地方交付税	不指定用途的一般性转移支付	普通交付税：94%	约 20%
		特别交付税：6%，用于突发事件	
国库支出金	用于特定政策实施的财政补贴，中央对其使用进行监督	国库负担金：60%，用于一般行政	约 15%
		国库补助金：40%，用于地方公共投资，是市町村的重要财源	
地方让与税	中央补充地方建设财源而征收的税种，征后返还地方	地方道路税的 100%	约 2%
		石油天然气税的 50%	
		航空燃料税的 15%	
		机动车辆税的 25%	
		特别吨位税的 100%	
都道府县支出金	都道府县根据一定目的和条件给市町村的特定支出	无	约 6.7%

比例数据来源：崔成，2015

----

　　① 日本地方让与税是国家为提高征税效率和合理税收入使用，以国税方式征收，或全额或按定比例返回市町村等自治体。

4.1.2 韩国

（1）财税管理体制：分级预算管理制，国税地税分配比例不均，低级地方政府财税收入低

韩国的财税管理体制是建立在分税制基础上的，属于分级预算管理体制 [①]。在税收构成上，分中央政府、高级地方政府（包括特别市、特别自治市、广域市和道，即广域自治体）、低级地方政府（包括高级地方政府管辖的区、市、郡及其派出机构，即基础自治体）三级征税。税收管理方面，《地方税法》和《地方税法实施条例》对高级地方政府和低级地方政府的税收要素进行了详尽的规定（表4–3）。税收立法权、征收权和管理权高度集中于中央，而地方政府拥有的税收权力非常有限，仅有部分税收管理权。国税和地方税的分配比例失衡，地方税占国家总税收的比重不高，不足 25%，但在 2006—2015 年间呈上升趋势（图 4–1）。在经过转移支付调整后，中央政府、高级地方政府、低级地方政府的财政收入比重大概稳定在 5.5:2.5:2.0（图 4–2），可见地方政府依赖中央政府财政拨款，且低级地方政府在财政收入上处于弱势。

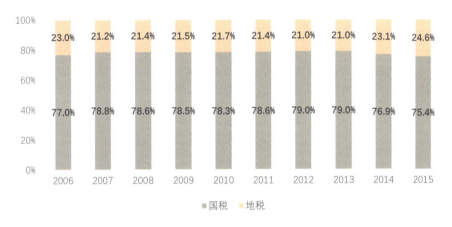

图 4–1　韩国 2006—2015 年国税与地税占比

数据来源：韩国国家统计局，http://kostat.go.kr/

---

① 中央预算和地方预算相互独立，即国家立法机构只批准中央预算，不批准地方预算；各级地方预算由各级地方立法机构审批和监督，具有独立性。

图 4-2　韩国 2006—2015 年各级政府财政收入占比

数据来源：韩国国家统计局，http://kostat.go.kr/

表 4-3　韩国央地财政收入构成

	税收收入		其他收入	
	税种	占比	收入类别	占比
中央	国内税：关税、国防税、交通·能源·环境税、教育税、农村发展特别税、综合房地产税	66.4%	税外收入：企业特别会计账户中的营业收入、财产收入、经常性转移、商品与服务销售收入、进口附加、公共财产销售收益、融资与贷款、借款和盈余基金、跨年度收入、政府内部收入及其他	33.6%
地方	道税：购置税、登记执照税、休闲税、地方消费税、区域资源设施税、地方教育税	21.2%	税外收入： 1.经常性税外收入：财产租赁收入、使用费收入、手续费收入、事业收入、征收交付金收入、利息收入 2.临时性税外收入：财产出售收入、罚款收入、负担金收入、其他收入、跨年度收入	8.9%
			地方债	2.2%
	市郡税：居民税、地方所得税、财产税、车辆税、烟草消费税、城市规划税		保全收入及内部转移	19.9%
			转移支付收入： 地方交付税、调整交付金及财政保全金、补助金	44.8%

数据来源：韩国内政部：《Summary of Financial Implementation for Financial》，2015a

参考文献增加：Ministry of Strategy and Finance in Korea（MOSF）. Summary of Financial Implementation for Financial Year，2015: 12–13

（2）转移支付制度：比重高，依赖性强，对地方的财政自主有影响

财政转移支付制度在扩充地方财政方面起着重要作用。2005 年后韩国财政分配导向开始由税收调节导向转向财政转移支付制度导向（林圣日，张和安等，2011）。《地方财政法》和《地方交付税法》对中央与地方之间以及地方与地方之间的转移支付制度进行了规范。韩国的转移支付方式包括地方交付税、调整交付金及财政保全金、补助金（表4–4）。

地方交付税是通过计算各地方政府标准财政需求额与标准财政收入额的差额，中央政府以该差额为基础进行分配。若财政收入额大于财政需求额，则无需拨付地方交付税。地方交付税分为普通交付税和特别交付税。普通交付税占比一般大于 80%，不指定用途；特别交付税主要用于支持区域经费不足事务、落实政策的事务需求以及应对灾害。

调整交付金及财政保全金是高级地方政府对下辖低级地方政府的转移支付，分为调整交付金和财政保全金两种。调整交付金是高级地方政府拨付给下辖区的转移支付。财政保全金是高级地方政府拨付给下辖市、郡的转移支付。

补助金包括国库补助金和市道补助金，以国库补助金为主，主要用于中央委托事务、地方事务经费、地方政府特定事业。国库补助金主要用于企业更新企业设备、促进试验研究、提高技术水平、灾后恢复等。市道补助金是道级政府对郡级政府进行的转移支付。

表 4–4　韩国财政转移支付方式

转移支付方式	性质	类别	用途	占地方财政比例
地方交付税	财政需求额与财政收入额的差额，由中央拨付	普通交付税：80%	不指定	11.8%
		特别交付税：20%	指定	
调整交付金及财政保全金	高级地方政府对下辖的低级地方政府的转移支付	调整交付金：45%，下拨给下辖区	不指定	3.4%
		财政保全金：55%，下拨给下辖市、郡	部分指定	

转移支付方式	性质	类别	用途	占地方财政比例
补助金	主要用于中央委托事务、地方事务经费、地方政府特定事业	国库补助金：85%	指定	29.7%
		市道补助金：15%，下拨给郡级政府	指定	

比例数据来源：韩国内政部：《Summary of Financial Implementation for Financial》，2015b

中央对地方的转移支付由地方交付税和国库补助金构成，高级地方政府对低级地方政府的转移支付由调整交付金、财政保全金和市道补助金构成。2015年地方财政收入中转移支付占比接近50%，说明地方政府对转移支付有很强的依赖性，而自身财力有限。转移支付制度虽在一定程度上减轻了地方财政负担，实现了总量平衡，但同时也影响了地方促进税收的动力，尤其是大量的指定用途资金的下拨，限制了地方财政的灵活性和自主性。此外，还存在资金使用的透明性等问题，尤其在一些高风险和不确定性的项目上容易花费大量资金（王丽娟，2017）。

4.1.3 中国台湾

（1）财政管理体制：分税制，"当局"集权明显，重上层、轻基层

中国台湾地区也实行分税制财政管理体制，税收分为地区当局税收和县市税两种。收支系统可划分为四部分、三个等级，四部分为台湾地区、"直辖市"、县市和乡镇市区，三个等级即台湾地区——"直辖市"、县市——乡镇及县辖市。其中，税收弹性大、征收范围广的税种多划归台湾地区政府（如所得税、关税、货物税等），而税收弹性小、征收范围窄的税种为地方财政征收，乡镇市没有独立的税收来源，税种均为县市税，税收收入由县市征收后返还（表4-5）。在收税分配上，也形成一个倒金字塔的结构。台湾地区层面的税收收入占比稳定在71%左右，"直辖市"的税收收入占比逐年升高，稳定在21%左右，县市及乡镇的税收收入占比逐年下降，县市占比稳定在6%，乡镇稳定在2%左右。即71%（台湾当局）：21%（"直辖市"）：6%（县市）：2%（乡镇、县辖市）（图4-3）。可见台湾地区财税制度存在明显的地区当局集权特征，且"重上层、轻基层"。乡镇市虽然享有自主财政权，但这样的税制特点造成了基层乡镇市财源不足，对上级有很强的财政依附性，自治效果不明显（高瑜，2013）。

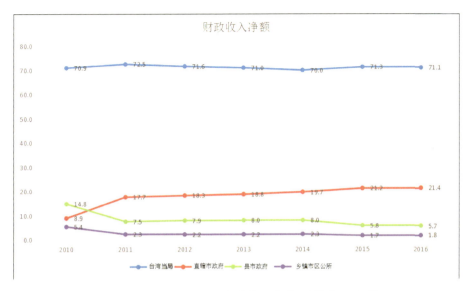

图 4-3　2010—2016 台湾地区各年财税收入净额

数据来源：台湾地区审计主管部门 2016 年度地方决算审核结果年报，2016a

表4-5 中国台湾地区各级税收划分

税种	税课名称	政府间分成			备注
		台湾当局	县市	乡镇市	
地区当局税	关税	100%			地区当局独享税
	证券交易税	100%			地区当局独享税
	期货交易税	100%			地区当局独享税
	矿区税	100%			地区当局独享税
	遗产与赠与税	50%	50%（市）		该税在乡镇市征税的数额按地区当局与乡镇市2:8的比例分成，以此类推
		20%	80%（"直辖市"）		
		20%		80%	
	烟酒税	80%	18%		2%由金门、连江享有
	营业税	60%	40%（由地区当局统筹给地方）		地区当局独享与统筹税
	所得税	90%	10%（由地区当局统筹给地方）		地区当局独享与统筹税
	货物税	90%	10%（由地区当局统筹给地方）		地区当局独享与统筹税
县市税	使用牌照税		100%		县市独享税
	印花税		100%		县市独享税
	田赋			100%	由县征收，全额返还
	娱乐税			100%	由县征收，全额返还
	土地增值税		80%		20%由地区当局统筹给县市
	地价税		50%	30%	20%由县统筹给乡镇市
	契税			80%	20%由县统筹给乡镇市
	房屋税		40%	40%	20%由县统筹给乡镇市
	特别课税		娱乐税		—

资料来源：袁方成，2014

（2）转移支付制度：乡镇市转移支付额度小，对上级依赖性强，统筹分配呈现"倒金字塔"型

　　根据台湾地区税收分配体系，转移支付分为特别统筹分配税和普通统筹分配税。普通统筹分配税不指定用途，部分由省按一定比例统筹分配给县市和乡镇市，另一部分由县统筹分配给乡镇市，均属于县市和乡镇市的税课收入。而特别统筹分配税主要是用于支付应对各地方办理紧急事项，具有特殊用途。"直辖市"获得 61.76% 的地区当局统筹分配，各市分配额度与营利事业营业额、辖区人口数、土地面积和财政能力相关；县市获得 20% 的县市土地增值税和 24% 的地区当局统筹分配，各县市分配额度与基准财政需要额、营利事业营业额相关；乡镇市获得 8.24% 地区当局统筹分配，各乡镇分配额度与辖区人口数和土地面积相关（图 4–4）。从统筹分配体系看，呈现"倒金字塔"型结构，乡镇市所获份额最少。这样的统筹分配模式加剧了地区、城乡之间财政资源不平衡，也导致了各地区、城乡公共服务水平品质的千差万别（袁方成，2014）。

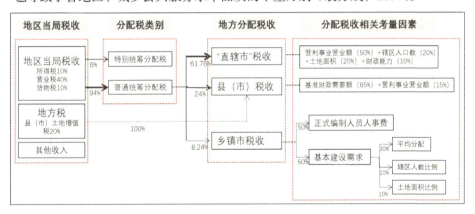

图 4–4　中国台湾地区当局与地方税课收入分配方式

资料来源：根据台湾地区统筹分配税款分配办法整理

　　"直辖市"、县市及乡镇市的转移支付收入主要为统筹分配税收入和辅助及协助收入。从 2016 年财政数据（表 4–6）来看，无论是"直辖市"、县市和乡镇市都对转移支付有较高的依赖性，尤其是县市，其次是乡镇市。其中县市主要依赖辅助及协助收入，即具有特定用途的转移支付，而乡镇市则更依赖统筹分配税收入，但因其财政支出总额不大，故转移支付占比看起来较高。

表 4-6　中国台湾地区 2016 年"直辖市"、县市及乡镇市
转移支付占财政收入比重

	转移支付收入占比	统筹分配税收入占比	辅助及协助收入占比
"直辖市"	42.63%	23.62%	19.02%
县市	73.04%	23.94%	49.10%
乡镇市	65.27%	44.04%	21.23%

数据来源：台湾地区审计主管部门：《2016 年度直辖市及县市地方决算审核结果年报》、《2016 年度乡镇县辖市财务审核结果年报》，2016

4.2　小城镇财政收支

4.2.1 日本

（1）财政收入：小规模町村对财政转移的依存度高，不同町村间差异大

日本地方财政收入主要有 8 种来源：地方税、地方让与税、地方特别交付税、地方交付税、国库支出金、都道府县支出金、地方债及其他来源。其中根据来源可分为自主财源（地方税、其他）和依存财源（地方交付税、地方特别交付税、地方让与税、国库支出金、都道府县支出金和地方债），也可分为一般财源（地方税、地方交付税、地方特别交付税和地方让与税）和特定财源（国库支出金、都道府县支出金和地方债）。

日本 2015 年都道府县财政收入总金额为 4702 亿美元，市町村财政收入总金额为 5304 亿美元（日本总务省《地方财政白皮书（2017 年）》），高于都道府县总财政收入。从财政收入比重来看，市町村的税收收入和一般财源比重都较低，相对依赖国家和上级支出。主要收入来源为地方税、国库支出金及地方交付税（表 4-7），转移支付（地方让与税、地方交付税、国库支出金和都道府县支出金）比重为 37.2%。从市町村的税收收入看，其税收种类较少，市町村民税和固定资产税为主要税收来源（表 4-8）。

从图 4-5 看，规模越小的市町村，地方税收越少，地方交付税比重越高，尤其是小规模的町村地区，即日本町村地区对转移支付的依赖性较高（约 30—40%），且规模越小，依赖性越高。

表 4-7　2015 年日本市町村财政收入构成表

税种		都道府县比例（%）	市町村比例（%）
全部财政收入		100	100
一般财源		60.1	52.9
其中：	地方税	38.7	32.3
	地方让与税	4.3	0.7
	地方特别交付金^①	0.1	0.1
	地方交付税	17	14.5
	其他	—	5.3
特定财源		22.7	30.8
其中：	国库支出金	12.1	15.3
	都道府县支出金	—	6.7
	地方债	10.6	8.8
其他		17.2	16.3

数据来源：日本总务省《地方财政白皮书（2017 年）》（2015 年决算），2017a

表 4-8　2015 年日本市町村税收收入构成表

税种	占比（%）
市町村民税	45.3
固定资产税	41.5
都市计划税	5.9
烟草税	4.4
其他	2.8

数据来源：日本总务省《地方财政白皮书（2017 年）》（2015 年决算），2017b

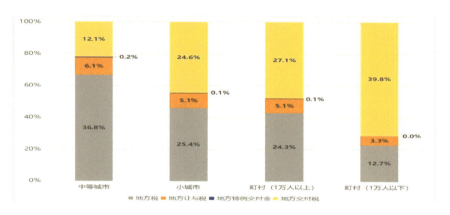

图 4-5 市町村收入总额中一般财源的百分比

注：中等城市：人口超过 10 万的市；小城市：人口小于 10 万的市

数据来源：日本总务省《地方财政白皮书（2017 年）》（2015 年决算），2017c

案例：奥多摩町与檜原村财政收入

以东京都奥多摩町和檜原村为例（表 4-9），其人口规模分别为 5372 人和 2323 人，这两个案例町村的税收收入主要由都道府县支出金和地方交付税构成，占比高达 70—80%。因地方经济发展水平和地方税收收入水平的差异，不同町村的各类财政收入比例也有较大差异。日本通过转移支付来平衡各地区的财政差异，但由于受到横向分配的制约，不同地区在税金承担和行政服务责任方面都存在着不对称的关系（殷静宜，2014）。

表 4-9 东京都奥多摩町和檜原村 2015 年财政收入构成表

财源	奥多摩町比例（%）	檜原村比例（%）
地方税	11.1	5.7
地方让与税	0.4	0.3
地方交付税	26.2	36.6
国库支出金	3.6	4.5
都支出金	44.6	42.5
地方债	2.4	2.0
其他	11.6	8.4

数据来源：奥多摩町政府官网：http://www.town.okutama.tokyo.jp/；

檜原村政府官网：https://www.vill.hinohara.tokyo.jp/

（2）财政支出：以民生费为主，偏重居民生活服务，财权与事权相匹配

日本中央和地方事权划分明晰，支出责任根据事权确定。在中央和地方的支出责任上，中央财政支出重点是养老金、国防费和地方财政费。地方财政支出重点主要是卫生费、民生费和教育费等。这实际上反映出，地方财政支出主要在民生方面。2015 年中央支出总额占比为 42%，地方为 58%（图 4-6）。

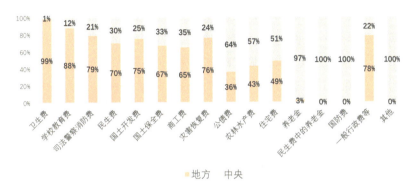

图 4-6　国家和地方的主要支出项及百分比

数据来源：日本总务省《地方财政白皮书（2017 年）》（2015 年决算），2017d

在地方财政支出上，市町村支出以民生费为主，其次是总务费、土木费。与都道府县支出相比，两者的支出大体呈现平行关系，其中市町村在总务费及卫生费支出比例相对较高，在教育费和商工费上的支出比例相对较低，即都道府县偏重地方经济服务，市町村偏重居民生活服务（图 4-7）。在支出总额上，2015 年都道府县支出总额为 4583 亿美元，市町村支出总额为 5107 亿美元，略高于都道府县。总体而言，市町村的支出责任与其事权基本匹配。

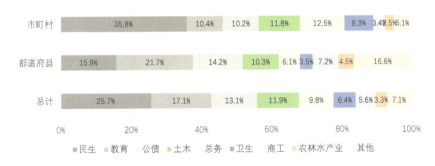

图 4-7　2015 年日本财政支出构成图

数据来源：日本总务省《地方财政白皮书（2017 年）》（2015 年决算），2017e

4.2.2 韩国

（1）财政收入

市郡政府：对转移支付依赖性强，且依赖度越高，自主性越弱

韩国地方政府的财政收入可以分为地方税收收入、地方税外收入、转移支付收入、地方债、保全收入及内部转移收入五大类，前两类收入属于地方自身财政收入。其中，地方税外收入是一种自筹经费的收入。地方交付税、调整交付金及财政保全金、补助金为转移支付收入。2015年韩国地方政府的财政收入总额为2641亿美元，其中高级地方政府财政收入总额为1296亿美元，低级地方政府收入总额为1345亿美元（约占总额的51%）。低级地方政府收入币，市政府占54%，郡政府占26%，区政府占20%。由表4-10可见，韩国市郡政府对转移支付的依赖程度很高，尤其是郡政府，高达62%，而其自身的税收收入很低，只有6%，即对转移支付依赖性强。

表4-10　2015年韩国地方财政收入构成

		高级地方政府	低级地方政府		
			市	郡	区
税收收入		34.3%	18.1%	5.8%	15.7%
税外收入		7.2%	13.5%	6.1%	8.5%
转移支付收入		36.2%	45.4%	61.9%	62.8%
其中	地方交付税	6.8%	14.9%	31.2%	2.1%
	调整交付金及财富保全金	—	5.5%	2.9%	14.6%
	补助金	29.4%	25.0%	27.8%	46.1%
地方债券		4.0%	0.7%	0.2%	0.1%
保全收入及内部转移		18.3%	22.3%	26.0%	12.9%

数据来源：韩国内政部：《Summary of Financial Implementation for Financial》，2015c

市郡政府对财政转移支付都存在一定程度的依赖，且依赖度越高，其建设的自由度越低。

案例市郡财政收入比较：本级收入越高，转移支付依赖度越低，财政自主性越强

笔者调研了庆尚南道陕川郡和金海市，陕川郡财政收入中上级转移支付的

比重约在 80% 左右，而地方税收收入仅占 8% 左右。郡领导反映，虽财政资金充足，但因税收收入低，财政自由度也较低，只有 10%（约 600 亿）的财政收入能自由支配，其他必须按照国家的要求进行支配，即投入到国家指定的事业中去，因此转移支付比例较高的市郡政府更像是国家事业的执行者。

对于一些城市而言，若本级收入能达到 30—50% 左右，财政的自由度会相对增加，事务上会有更多的主动权。如金海市 2018 年财政收入中地方税收占比为 32%，转移支付占比 55%，其中以补助金为主，必须用于国家指定项目，另外有 19% 的地方交付税和调整交付金可自由支配，即有 51% 的收入有自主权，财政自由度就相对较高。

表 4-11　陕川郡 2018 年财政收入情况

收入来源	金额（亿韩元）	比重（%）
总收入	6314	100
自筹财源	447.3	7.56
上级转移支付	4990.6	79.04
其他来源	846.1	13.4

注：1 万韩元 =61.5 元人民币

数据来源：居昌郡 2018 年财政报表（作者赴韩调研当地政府提供）

表 4-12　金海市 2018 年财政收入情况

收入来源		金额（亿韩元）	比重（%）
总收入		11711	100
地方税收收入		3684	32
转移支付收入	地方交付税	1439	12
	调整交付金	840	7
	补助金	4227	36
税外收入		565	5
地方债		210	2
保全收入		746	6

注：1 万韩元 =61.5 元人民币

数据来源：金海市市政府官网：http://www.gimhae.go.kr/main/，2018

邑面政府：无财政自主权，无税收，一般多为市郡直接拨款实施项目

处于行政阶层的邑面不是自治体，不自主征税，也没有财政自主权，财政支配由上一级市郡政府完成。邑面的项目由邑面长上报得到批准后执行，但大部分为市郡直接下拨经费，由邑面开展建设。因此，市郡政府的财政能力直接决定了各个邑面的财政状况。

（2）财政支出：以地区开发事业和社会福利事业为主，重视乡镇开发，财权和事权不够匹配

韩国根据政府的事权划分支出责任。中央政府的支出责任最大，并且需要进行转移支付；高级地方政府主要负责协调各政府间横向与纵向的关系，支出责任最小；低级地方政府的支出责任则介于两者之间。2015 年，中央政府总支出 2842 亿美元，扣除转移支付后净支出 2506 亿美元。高级地方地方政府净支出 562 亿美元，低级地方政府净支出 997 亿美元。中央政府、高级地方政府和低级地方政府的财政支出比例约为 6.2:1.4:2.4。

从中央和地方的支出比重来看，中央支出主要偏重行政、安全、国防、教育等方面，而地方支出主要在文化与观光、环境保护及社会福利等涉及地方开发与民生事业上，低级地方政府重点支出项是社会福利、环境保护及医疗健康等民生方面。从各级地方政府的支出重点看，2015 年韩国高级地方政府和低级地方政府的财政支出基本相当。而在低级地方政府中，市政府的支出所占比例最大，其次是郡政府，最后是区政府（表 4-13）。

表 4-13　2015 年各级地方政府各项支出比重

	高级地方政府（%）	市（%）	郡（%）	区（%）
一般公共行政	18.8%	6.0%	5.8%	5.9%
公共秩序与安全	2.0	1.3	2.5	0.8
教育	8.1	1.6	0.9	1.4
文化与观光	4.1	5.8	6.7	2.8
环境保护	6.2	13.8	12.6	3.9
社会福利	30.3	27.5	18.4	53.4
医疗健康	5.6	7.3	19.6	0.7
农林渔业	1.5	1.7	1.8	2.9

续表

	高级地方政府（%）	市（%）	郡（%）	区（%）
产业与中小企业	2.1	2.5	2.0	0.8
交通运输	9.3	10.6	4.8	3.9
国土与区域开发	5.6	8.9	11.4	3.3
科学技术	0.3	0.0	0.0	0.0
预备金	0.0	0.0	0.0	0.0
其他	6.0	13.0	13.6	20.2

数据来源：韩国内政部：《Summary of Financial Implementation for Financial》，2015d

一般公共行政支出、教育支出和科学技术支出大部分由高级地方政府承担，而大部分的环境保护支出、国土与区域开发以及其他支出均由低级地方政府承担。在低级地方政府方面，一般公共行政支出、教育支出、文化与观光支出、环境保护支出、产业与中小企业支出、交通运输支出和科学技术支出主要由市政府承担，公共秩序与安全支出、医疗健康支出、国土与区域开发支出主要由市政府和郡政府承担，而社会福利支出、农林渔业支出和其他支出则主要由市政府和区政府承担（图4-8）。

图 4-8 2015 年韩国中央与各级地方政府财政支出比重

数据来源：韩国内政部：《Summary of Financial Implementation for Financial》，2015e

2015 年韩国三级政府的收入比是 56%：26%：15%，而支出比是 60%：
15%：25%，可见韩国的低级地方政府尤其是市政府和区政府，承担了超过自
身财力的支出责任，主要表现在社会福利支出负担上，而这些支出责任基本上
是由中央政府转嫁的（章孟迪，2015）。即韩国中央政府与地方政府的财权和事
权并没有很好的匹配，在一定程度上损害了低级地方政府的自主性和责任性。

市郡政府财政支出案例：主要用于地区开发、农渔林事业以及社会福利事
业，重视乡镇开发

从陕川郡的财政支出看，市郡地区的财政支出主要在三大方面，分别是地
区开发事业、农渔林事业以及社会福利事业，分别占总支出的 21%、19% 和
15%，其中地区开发事业多为上级拨款的全国性任务，多集中于邑面和里层面。
从金海市的财政支出看，社会福利事业支出占较大比例。可见韩国政府在乡镇
农村层面的财政支出比重还是很大的，全国对于发展较为落后的乡镇地区较为
重视。另外，韩国对地方的福利事业也有很高的重视度。

表 4-14　陕川郡财政支出情况

支出项	金额（亿韩元）	比例（%）
合计	6314	100
工资薪金（行政经费）	477.9	7.57
教育文化	531.8	8.42
医疗卫生	90.0	1.42
社会福利	962.8	15.25
环境保护	573.2	9.08
商品与服务	65.3	1.03
农渔林	1222.1	19.36
地区开发	1307.0	20.70
债务	0	0
其他	1083.9	17.17

注：1 万韩元 =61.5 元人民币

数据来源：陕川郡政府官网：http://www.hc.go.kr/main/

表 4-15　金海市财政支出情况

支出项	金额（亿韩元）	比例（%）
行政、安全事业	953	8
教育	342	3
文化观光	719	6
环保	685	6
社会福利	4467	38
农林	658	6
产业与中小企业	264	2
道路交通	1434	12
国土与地区开发	661	6
预备费及其他	1528	13

注：1 万韩元 =61.5 元人民币

数据来源：金海市政府官网：http://www.gimhae.go.kr/main/

4.2.3 中国台湾

（1）财政收入：低度自主、高度依附，但自主性在增强

中国台湾地区的乡镇市享有一定的自主财政权。从 2012—2016 年乡镇市财政收入变化情况来看，乡镇市的税收收入在逐年增加，辅助及协助收入的比重在逐年降低（图 4-9），可见其自主性在不断增强（其中税课收入中包含税收收入、税外收入及不指定用途的统筹分配税，税外收入包含工程收益费收入、规费及罚款收入、信托管理收入、财产收入、营业盈余及事业收入、捐献及赠与收入等）。

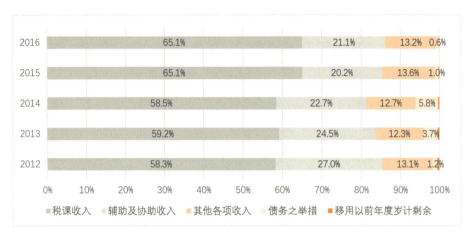

图 4-9　2012—2016 年中国台湾地区乡镇市各项财政收入来源比例

数据来源：台湾地区审计主管部门：《2016 年度乡镇县辖市财务审核结果年报》，2016a

注：2015 年桃园县改为桃园市，乡镇市数量从 211 个减少为 198 个

虽然其自主性在增强，但目前乡镇市依然普遍存在财政收入结构失衡，仰赖统筹分配和上级的辅助收入的情况。2016 年 80% 以上乡镇市自筹财政的比率未及收入决算的 50%，三分之二的镇自筹财源比例低于 30%（表 4-16）。2016年乡镇市自筹财源和非自筹财源的比值接近 1:2，其中乡镇市的自由税课收入仅占 21.5%，而转移支付收入高达 65.3%。

表 4-16　2016 年台湾地区乡镇市不同自筹财源比例个数

自筹财源所占比例 (%)	乡镇市个数	比例（%）
<10	47	23.7
10—30	83	41.9
30—50	35	17.7
>50	33	16.7

数据来源：台湾地区审计主管部门：《2016 年度乡镇县辖市财务审核结果年报》，2016b

2016 年中国台湾地区乡镇市财政收入总额为 189.8 亿美元，乡镇市财政收入主要来源是统筹分配税收入，其次是自由税课收入和辅助及协助收入（表4-17）。台湾地区乡镇市对上级的财政依赖给予了上级参与其基层自治的空间，造成其自主权受限制，不利于地方自治的长远发展（高瑜，2013）。

表 4-17 2016 年中国台湾地区乡镇市财政来源决算比率

财政收入来源		金额（亿台币）	比例（%）
合计		5835.4	100
一、自有财源		2026.9	34.7
其中	自有税课收入	1253.9	21.5
	工程收益费收入	0.2	0.0
	规费及罚款收入	220.0	3.8
	信托管理收入	0.05	0.0
	财产收入	105.6	1.8
	营业盈余及事业收入	84.8	1.4
	捐款及赠与收入	164.9	2.8
	其他收入	197.4	3.4
二、非自筹财源		3808.5	65.3
其中	统筹分配税收入	2569.9	44.1
	辅助及协助收入	1238.6	21.2

数据来源：台湾地区审计主管部门：《2016 年度乡镇县辖市财务审核结果年报》，2016c

另外，中国台湾地区乡镇市还存在其他方面的因素影响乡镇市征税。如在乡镇市长选举中，候选人会出于笼络选民的考虑，免去各类税收费用，使得税收征收难度进一步加大，自有财源进一步缩减，产生多种税收收入为零的现象。这导致地方财政收支严重失衡，形成财政赤字严重恶化之局（陈建朝，2009）。

（2）财政支出：人事费用的支出占自有财源一半以上，其他方面的公共财物支出相对较小

2016 年中国台湾地区乡镇市的支出总额为 172.3 亿美元，逐年缓慢增多。台湾当局的支出重点主要在教育科学文化及社会福利支出上，县市和"直辖市"的支出重点主要在教育科学文化支出及退休抚恤支出，而乡镇市支出中政务支出比重最高，所占比例超过 1/3（图 4-10），这一比例是县市、"直辖市"及省政府的近 3 倍（图 4-11），且在逐年增多。其次主要是经济发展（逐年减少）、社区发展与环境保护支出（逐年增多），福利性支出（教育科学文化支出和退休

抚恤支出）不足。政务支出主要为乡镇市公所的人事费用支出，支出比重的过大严重挤压了其他方面——尤其是公共服务方面的供给。

表 4-18　2016 年中国台湾地区乡镇市财政支出决算比率

财政支出项	金额（亿台币）	比例（%）
合计	5296.9	100
一般政务支出	1802.2	34.0
教育科学文化支出	374.3	7.1
经济发展支出	1471.0	27.8
社会福利支出	377.7	7.1
社区发展及环境保护支出	870.0	16.4
退休抚恤支出	331.4	6.3
债务支出	1.0	0.0
其他支出	69.3	1.3

来源：台湾地区审计主管部门：《2016 年度乡镇县辖市财务审核结果年报》，2016d

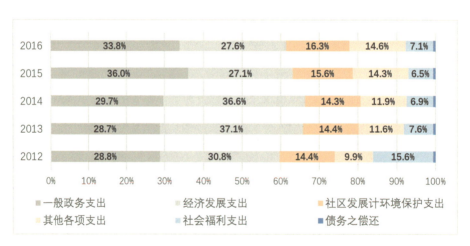

图 4-10　2012—2016 年中国台湾地区乡镇市各项财政支出比例

数据来源：台湾地区审计主管部门：《2016 年度乡镇县辖市财务审核结果年报》，2016e

注：2015 年桃园县改为桃园市，乡镇市数量从 211 个减少为 198 个

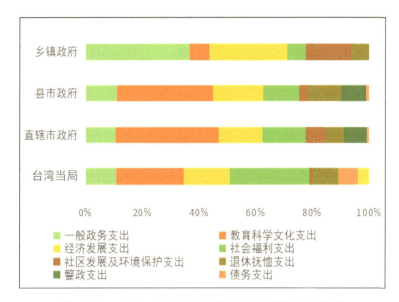

图 4-11　2016 年中国台湾地区各级财政支出分配

数据来源：台湾地区财政主管部门财政统计年报，2016

4.3　小城镇财税制度比较

4.3.1 财税分配制度

（1）财政管理体制：均为分税制，中国台湾地区设地区当局与地方共享税种

从财政管理体制来看，日本、韩国和中国台湾地区均属于分税制财政管理体制。其中日本和韩国不设共享和同源税，中国台湾地区存在当局独享税、统筹税、县市独享税及地区当局与地方共享税。

（2）税收构成：均分为"国税"和地税，韩国和中国台湾地区的"中央（当局）"集权明显，低层级自治体财政收入相对较少

在税收构成方面，日本、韩国均设置国税和地税，均分为三级征税，最低层级的自治体也有自主的税种。而中国台湾地区分二级征税，乡镇市无独立税收来源，靠上级征收后返还。

从税收分配来看，在转移支付前，韩国和中国台湾地区"中央（当局）"税收收入比重较高，存在明显的"中央（当局）"集权特征，且最低层级的自治体的财政收入很低，处于明显劣势，而日本则相对较为均衡。

表4-19　日本、韩国和中国台湾地区各级转移支付后财政收入比比较

	转移支付前三级财政收入比	转移支付后三级财政收入比
日本	中央：都道府县：市町村 =60%：17%：23%	中央：都道府县：市町村 =48%：24%：28%
韩国	中央：高级地方政府：低级地方政府 =75%：17.5%：7.5%	中央：高级地方政府：低级地方政府 =56%：26%：18%
台湾地区	当局：县市、"直辖市"：乡镇市区 =71%：27%：2%	当局：县市、"直辖市"：乡镇市区 =54%：29%：17%

资料来源：作者整理

（3）税政管理：管理均较为明确，日本央地税权均衡，韩国、中国台湾地区"中央（当局）"集权明显

在税政管理上，日本、韩国和中国台湾地区均有法律体系或相关规定对各级政府的税收权力及征管内容做了明确的规定。在税收权力分配上，日本的税收权下放较多，央地税权划分均衡。而韩国和中国台湾地区的税权主要集中于"中央（地区当局）"，地方权力弱，尤其是中国台湾地区。

表4-20　日本、韩国和中国台湾地区税收管理体制比较

权力分配	日本	韩国	中国台湾地区
国会	税收立法权	—	—
中央（地区当局）	主要税种管理权	立法、管理与征收权高度集中	税收弹性大、征收范围广的税种管理与征收权
地方	税率确定和减免权，可独立管理地方税种	部分税收管理权	税收弹性小、征收范围窄的税种管理与征收权；乡镇市政府无征收权

资料来源：作者整理

（4）转移支付制度：韩国和中国台湾地区的地方对转移支付依赖性更强，韩国对转移支付财政收入的使用限制更强

日本、韩国和中国台湾地区的地方均对转移支付都存在一定程度的依赖。从上表4-19可看出，韩国、中国台湾地区的转移支付力度相对较大，且转移支

付后不均衡现象虽得到改善，但低级地方财政收入依旧较低，而日本则相对较为均衡。此外，在转移支付收入的限制上，日本和中国台湾地区乡镇市的限制相对较小，韩国地方政府和中国台湾地区县市、"直辖市"的限制性相对较大，影响财政自主性和灵活性。

表 4-21　日本、韩国和中国台湾地区转移支付占地方财政比重

研究对象	转移支付占地方财政比重
日本	指定用途：20% 不指定用途：22%
韩国（市郡层面）	指定用途：33% 不指定用途：17%
中国台湾地区	指定用途：49%（县市、"直辖市"），21%（乡镇市） 不指定用途：24%（县市、"直辖市"），40%（乡镇市）

资料来源：作者整理

4.3.2 财政收支

（1）财政收入：韩国、中国台湾地区小城镇财政收入相对较低，且对转移支付依赖性强

从税种来看，日本市町村政府的税种相对较多，韩国市郡区政府次之，而中国台湾地区乡镇市政府因无本级征税，故全为"当局"统筹分配税和县市返还税。

从表 4-24 可看出，日本各级政府的财政收入最高，中国台湾地区最低。且日本地方政府的财政收入分配较均衡，而韩国、中国台湾地区最低层级地方财政收入相对较低。从最低层级地方财政收入构成来看，中国台湾地区小城镇对转移支付的依赖程度最强，韩国次之，日本最弱。

表 4-22 日本、韩国和中国台湾地区最低层级地方税种比较

日本	韩国（市郡层面）	中国台湾地区
普通税：市町村民税，固定资产税，轻型汽车税，市町村烟草税，矿产税，土地所有特别税 目的税：沐浴税，营业税，城市规划税	居民税、地方所得税、财产税、车辆税、烟草消费税、城市规划税	地区当局统筹分配税：遗产与赠与税、营业税、所得税、货物税 县市返还税：田赋、娱乐税、地价税、契税、房屋税

资料来源：作者整理

表 4-23 日本、韩国和中国台湾地区三级财政收入金额及比重比较

	三级行政机构	财政收入金额（亿美元）	财政收入比重（%）
日本	中央	9208	48
	都道府县	4702	24
	市町村	5304	28
韩国	中央	2791	56
	高级地方政府	1296	26
	低级地方政府（市郡层面）	1345	18
台湾地区	当局	617	54
	县市、"直辖市"	330	29
	乡镇市	190	17

资料来源：作者整理

表 4-24 日本、韩国和中国台湾地区最低层级地方财政构成情况比较

	财政收入来源	占财政总额比重（%）	财政收入特点
日本	税收收入	32.3	规模越小的町村，税收收入越小，对转移支付依赖性越强
	转移支付收入	37.2	
韩国（市郡层面）	税收收入	14.4	本级税收比重越少，财政自由度越低；市郡政府财政能力直接决定邑面财政状况
	转移支付收入	53.2	

续表

	财政收入来源	占财政总额比重（%）	财政收入特点
台湾地区	税收收入	21.5	低度自治，高度依附，财政收入受政治影响
	转移支付收入	65.3	

资料来源：作者整理

（2）财政支出：韩国低级地方政府承担了较大的支出负担，且最为注重民生事业

从三级财政支出来看，日本、韩国和中国台湾地区最低层级自治体的财政支出均略小于财政收入，总体不存在赤字现象。其中日本市町村的财政支出最多，韩国和中国台湾地区相对较少。从支出负担看，韩国低级地方政府承担了远高于其收入比重的支出负担，日本和中国台湾地区相对均衡，日本市町村支出比重略高于收入比重，而中国台湾地区乡镇市则是支出比重略低于收入比重（表 4–25）。

表 4–25　日本、韩国和中国台湾地区 2015 年三级财政支出金额及比重比较

	三级政府	财政收入金额（亿美元）	财政支出金额（亿美元）	财政收入比重（%）	财政支出比重（%）
日本	中央	9208	7017	48	42
	都道府县	4702	4583	24	27
	市町村	5304	5107	28	31
韩国	中央	2791	2506	56	62
	高级地方政府	1296	562	28	14
	低级地方政府（市郡层面）	1345	997	18	24
中国台湾	台湾地区	617	631	54	56
	县市、"直辖市"	330	330	29	29
	乡镇市	190	172	17	15

资料来源：作者整理

从最低层级地方的重点支出项来看，日本、韩国和中国台湾地区的小城镇政府均对民生有较大的支出投入。总体而言，韩国小城镇在民生方面的支出投

入最多，且非常注重社会福利。中国台湾地区小城镇在政务上投入了过多支出，而日本则重点关注民生，也兼顾地方建设。

表 4-26　日本、韩国和中国台湾地区 2015 年最低层级地方支出重点及比重比较

	支出重点项	支出金额（亿美元）	支出比重（%）
日本	民生费	1828	35.8
	总务费	638	12.5
	土木费	603	11.8
韩国（市郡层面）	社会福利	308	30.9
	环境保护	114	11.4
	医疗健康	89	8.9
中国台湾	一般政务	58	34.0
	经济发展	48	27.8
	社区发展与环境保护	28	16.4

资料来源：作者整理

4.4　小结

　　总体而言，从财权来看，日本町村在财权上更为自由，且财政收入较高。而韩国低级地方政府（市郡层面）的财政收入较少，且因限定用途的转移支付在财政自主性和灵活性上较差，财权和事权的匹配度较低。中国台湾地区和韩国相似，基层乡镇市的财源不足，虽然名义上是自治，但效果相对较差，财权和事权不匹配，且导致城乡资源分配不均等现象滋生。财权的自由度与行政管理体制息息相关，日本自治权限的下放也一定程度上扩大了町村的财权；韩国因权限下放较少，低级地方政府（市郡层面）的财政灵活性相对较低，而邑面作为派出机构无自主财权；中国台湾地区垂直分权体系造成乡镇在财权上受限。

　　从财政收支上看，三个国家和地区的小城镇均对转移支付存在较大的依赖。日本町村财政收入较韩国、中国台湾地区高。财政支出上，三个研究对象的小城镇均较为重视民生支出，其中韩国的市郡政府支出责任较大，中国台湾地区乡镇在政务上支出比例过高，挤压了公共事业方面的支出。

第 5 章　土地利用及规划比较

本章从日本、韩国、中国台湾地区的政策和规划两个层面对其土地利用与规划进行比较。政策层面主要从土地开发制度、国土综合开发计划（日本和韩国）及土地政策三方面来比较三个研究对象的土地利用背景及土地利用中对于小城镇的定位及重点关注的内容。规划层面主要从土地利用规划体系方面来比较三个研究对象小城镇的地位、职能及其规划重点。

5.1　小城镇土地利用政策

日本和韩国都经历了一系列的国土综合开发，形成了各自的国土利用特点，奠定了小城镇土地开发利用的政策基础。此外，日本、韩国和中国台湾地区都经历了土地利用改革，尤其农地改革，对小城镇的土地利用产生了关键性的影响。

5.1.1 日本

（1）土地开发制度：土地优先服务于公共福利，一定程度上限制土地开发和土地交易

日本的《土地基本法》规定土地要优先用于公共福利。在土地征用方面，国家只有出于"公共目的"才能行使土地征收权，也可根据具体情况将征用权授予一些公共事业团体或事业主体，征用后给予原土地权利人一定的经济补偿。

日本实行开发许可制度。一切的开发行为都必须上报相关部门办理相关手续才能进行开发。虽然土地是私有的，私人财产权不可侵犯，但未经许可的土地开发是不允许的，土地开发权是被管制的（汲铮，2015）。

此外，日本将新城区土地开发权赋予地方政府公共团体。《新住宅市街地开

发法》规定"新市街地开发事业由地方公共团体以及地方住宅供给公社等符合本法规定的公共团体实施。"

日本也在一定程度上限制土地交易。即都道府县政府确定其行政范围内的"限制区域"，时效5年。5年内该区域内的土地交易面积若超过一定标准需得到政府批准，且土地交易价格和使用必须通过政府审查才能签订交易合同。

（2）国土综合开发规划：从开发到形成，从建设到保护，一直致力于消除过疏过密问题，均衡城乡发展

20世纪中期因三大城市群的形成，日本城乡差距逐步拉大，产业和人口向大都市集中，人口"过疏"、经济萧条现象日趋严重，一些偏远地区、乡村地区的生产、生活难以维持。为平衡城乡发展，日本于1962年首次提出国土综合开发规划，并在此之后，又相继提出六次国土综合开发规划。

表5-1　日本七次国土综合开发规划内容

	时间	背景	目标	实施策略	对町村影响
第一次	1962—1970	1. 经济快速发展阶段 2. 城乡差距涌现	1. 实现地区间均衡发展 2. 提高资源利用率 3. 实现资源合理地域配置	1. 工业分散：工业过密地区、整治地区和开发地区 2. 农村"据点开发"：15个农村工业据点、6个工业整治特别区和97个工业开发区	农村"开发据点"的设立促进了农民兼业化，减少大城市人口过于集中，从而促进中小城市发展
第二次	1969—1985	1. 经济高速发展阶段 2. 人口、产业向大都市集中 3. 环境恶化	1. 提高地方基础设施水平，促进区域均衡发展，并关注边远乡村 2. 人与自然和谐	1. 规划并实施大规模大型工程项目 2. 通过发挥地方特色进行开发建设	对边远乡村的关注成效不佳，人口集中趋势虽有缓和，但因其向县府城市聚集而形成新的不平衡点

	时间	背景	目标	实施策略	对町村影响
第三次	1977—1987	1.经济增长稳定期 2.人口和产业出现向地方分散的征兆	1.重点振兴农村,增强农村活力 2.解决过密与过疏化问题 3.均衡利用国土	1.统一整治中心城市周围的农村、山村和渔村,推出"一村一品" 2.建立"广域生活圈",把城市功能扩散到周边 4."定住圈"构想:在全国设立44个定住圈以振兴城市、农渔村发展,关注人居环境和社会福祉,并建设工业团地	1.振兴地方、解决过疏过密问题,"一村一品"运动对町村地区的特色化发展起到了较强的促进作用 2.定住圈构想:充分利用当地自然资源,增设生活设施,构建舒适的居住区,增强了町村地区的经济实力
第四次	1987—2000	东京一极化	"多极分散型"的国土开发战略,建立多个增长极,完善安全、高质的国土环境	1.建设地方新产业城市,发展"高技术工业聚集区"、提出"高科技园区构想" 2.推进有创意的地区整治 3.后进地区建设工业开发区	改正东京一极过分集中,提高地方活力
第五次	1998—2010	1.经济全球化 2.人口减少、老龄化时代 3.经济放缓的后工业化和后城镇化时代	1.保护和利用国土,从国土开发转向国土管理 2.重构"多轴型国土","充分发挥地域特色,提供多样可选择的生活方式" 3.提高区域竞争力	1.创造自然丰富的居住地区(小城市、乡村·山村·渔村·山峦中间地带等) 2.包含大都市空间的修复、更新、有效再利用在内的大都市整修 3.地域合作轴的形成与扩展(四条日本国土轴) 4.形成广泛的国际交流圈	营造落后地区自然丰富的人居环境,终止"开发主义"的国土规划,将关注点转向市民社会

续表

	时间	背景	目标	实施策略	对町村影响
第六次	2008	人口减少、老龄化、全球化、信息化	"美丽国土"管理，推进广域地区自立协作发展	1. 与东亚的交流和合作 2. 地域的可持续发展 3. 以新型公共主体对国土进行全民化管理	日本经济社会发展从"量的开发"转向"质的提升"
第七次	2015	1. 人口减少，地域消失危机 2. 老龄化高峰 3. 全球化进程加快 4. 资源和环境问题	形成对流促进型国土，正面应对人口减少的社会问题，打造世界第一超级区域联合体	1. "紧凑型＋互联网"：利用先进的互联网技术搭建城市间的互联互通平台 2. "文化特色＋文化协作"，留住形成对流促进型国土 3. 构建小型中心社区，串起二线城市圈，以留住二三线城市人口 4. 实现"旅游立国"	通过农业六次产业化实现转型升级，改变人口和资源向东京单极集中，给与三线的小城镇发展机会

资料来源：张松，2002；王丽娟，2017；姜雅等，2017

日本前四次国土综合开发规划注重资源开发、经济发展和生活基础设施建设，"三全综"时注重环境保护和宜居城市的建设，提出"定居构想开发模式"，"五全综"标志着日本大规模国土开发时代的结束，从国土开发向国土形成转变。"六全综"时期，日本推进"广域区自立发展"模式，即10个"广域经济圈"和若干个"生活圈域"共同构成两个层次的"广域生活圈"①，以优化资源配置，促进均衡发展。而"七全综"是首次针对持续多年的人口减少问题正面采取措施，并在"六全综"的基础上更加重视地域文化特色，倡导"广域生活圈"之间独立自主和互助合作（姜雅等，2017）。

纵观几次国土综合开发规划，日本一直在致力于消除"过密"和"过疏"问题，努力缩小大都市与地方的经济发展差异，以均衡城乡发展。这对町村的发展也起到了持续的影响作用。最初因城乡发展差异而逐步开始重视农村地区，后视线转移至落后地区，边远地区及城镇地区，并通过"开发据点"、"定住圈"构想、"一村一品"运动、构建小城镇及乡村丰富的人居环境、六次产业转型升

① 10个广域经济圈形成了独立发展又相互连带的国土结构。生活圈域是将人口在30万左右、交通距离在一个小时左右的区域构成统一的生活圈域，并以此为单位组织各中小城市进行分工协作。

级等一系列措施促进町村的基础设施建设、人居环境改善、人口回流以及特色化建设。

（3）土地政策：放宽土地流转和占有权限，提高农地利用率，但依旧未解决町村地区过疏化问题

除去几次国土综合开发规划外，日本在土地利用方面的几次土地改良政策对町村发展也产生了一定影响，主要是针对农地的改革。

表 5-2　日本农地改革政策历程与内容

时间	法律法规	内容
1952	《农地法》确认自耕农制度	自耕农制度阻碍了工业化和城镇化发展，故又放宽土地所有权流转限制，提倡土地转让和相对集中，鼓励扩大土地占有规模
1961	《农业基本法》	放宽对农地占有面积限制，鼓励农地适当集中，有步骤地推动土地流转，以此来实现农业的规模化经营
1962	《农业基本法》修正	允许农地委托合作社代耕，且必须从事农业生产，使在农民减少的情况下仍然维持农业生产
1970	《农地法》修正	明确取消对购租农地的面积限制，完全放宽了土地流转制度
1971	《农村地区工业引进促进法》	工业引向农村，扩大农村就业机会；建立土地耕种的小规模家庭经营方式，之后放宽土地流转限制，实现土地利用向大规模集中经营和非农化利用的转型
1992	"新农政"	通过农地流动使土地集中和规模扩大，农业生产主体以公司形式组建，耕种自由或租赁的土地，实现规模经营和多样化经营

资料来源：陈汉平，2014

一系列土地政策的推行旨在逐步放宽土地流转权限和农地面积占有限制，实现农地的规模化和多样化经营，提高农地利用率。其中《农村地区工业引进促进法》推动了日本的工业化和城镇化，也促进了工业向乡村扩散，奠定了城镇化的基础。但在"新农政"实施后，农户数量和耕地均在不断减少，大量非农建设用地占用农地。而大都市人口过疏化和部分町村地区人口过疏化还在持续，国土近一半地区人口过疏。

5.1.2 韩国

（1）土地开发制度：许可审批制，征收具有严格的目的性和强制性

韩国也是土地私有制的国家。在土地征收方面，设中央和地方两级土地征收委员会。土地交易实行严格的许可审批制。《土地征收法》明确规定，国家实行土地征收权的目的在于增进公共福利与私有财产权的调节，并促进国有土地的利用、开发合理化与产业的发展（欧海若，1999）。国家因公共需求而要占用私人土地时，根据《土地征收法》的规定，可先与土地所有者协议，协议成功可取得土地，但若不成功也可未经土地所有者同意强制进行土地征收。此外，被指定的政府投资机构和公共团体出于公益事业的需求也可与指定的征购方进行土地的征购协商。因此，韩国的土地征收有严格的目的性和强制性。

韩国宪法规定"对于私有财产，因公共目的而予以收用或使用时，应当予以正当补偿"。补偿范围很广，有地价补偿、残余地的补偿、迁移费用补偿及其它损失补偿，充分保障原土地所有者的权益。

（2）国土综合开发规划：从开发到保护，从"量"到"质"，提升乡村地区发展水平，落实城乡"一体化"

和日本相似，韩国也经历了五次国土综合开发规划。以十年为期，与五年一次的经济发展计划相辅相成，建立长期和中期相协调的计划。

在国土开发计划制定前，韩国已形成以首尔（汉城）、釜山为核心的国土空间结构，区域差距、城乡差距矛盾明显。前三次国土综合开发规划，建成了一批高速公路、工业团地、水库大坝等大规模基础设施，但实施效果不够理想。后启动了"落后地区开发事业"，旨在促进国土均衡发展。"四全综"的推行和《国土基本法》的颁布标志国土规划从强调"开发"向强调"环境保护"转型。"四全综"鼓励"自下而上"的建设，引导地方自主发展地区经济，并鼓励民间资本参与地区经济建设。"五全综"增加"文化和福利丰富的国土"这一目标，表明国土开发战略由"量"向"质"的转变。

在整个国土综合开发过程中，韩国一直强调城乡均衡发展。1970年代提出"各地区均衡发展""改善农村地区生活""划时代地扩大出口""加紧重化工业建设"，以改善地区和产业间发展的不平衡。1970年代初期开展新村运动，并积极推动乡村空间规划与开发。1982年第二次国土开发计划，建设大型工业综合体和大型基础设施网络，以激发落后地区的发展，注重乡村空间功能价值的实现。这一时期培育了一大批工业基地，防止人口持续流入大城市，但效果并

不理想。1990 年代末，通过建设卫星城，继续缓解汉城人口急剧增长、压力过大的问题。该阶段乡村的文化、防灾和休闲等公益功能得到重视，城市的郊区化趋势开始出现。2000 年进行了第四次国土综合规划，并颁布了《国土规划法》，标志着韩国进入城乡"一元化"管理新格局，但人口向首尔集中的趋势并未明显改变。均衡城乡发展的举措从未停止，但大都市人口过度集中以及邑面和农村地区人口流失的现象依旧没有改善。总体而言，邑面地区的基础设施、经济建设等在这一系列举措后得以明显改善。

表 5-3 韩国国土综合开发规划

	时间	基本目标	发展战略	对邑面（乡镇）地区的影响
第一次	1972—1981	有效使用和管理国土；建设关键性的基础设施；改善公众生活环境	建设大型的工业综合体；更新交通、通讯、水和能源供给网络；开发激活落后地区	1. 开展的"新村运动"使韩国乡村经济开始起飞，人民生活质量显著提高 2. 积极展开邑面空间规划与开发，韩国邑面空间规划进入快速发展阶段
第二次	1982—1991	建设大型的工业综合体；更新交通、通讯、水和能源供给网络；开发激活落后地区	创建多核心的国土结构；控制和管理首都地区的增长；延伸交通和通讯基础设施；加快工业落后地区的开发	开始注重邑面空间功能价值的实现，在邑面空间规划设计中融入了邑面公共设施建设以及邑面综合开发等功能
第三次	1992—2001	创建扩散型的国土空间结构；提高公共服务和保护环境；为国家统一奠定基础	加快各省发展的同时抑制向首都地区的集中；建设新的产业空间和产业结构升级；建设一体化的高速交通网络；扩大宜居和环境保护的投资；加强南北朝鲜边境地区的管理	1. 重点放在培育西海岸工业空间和地方城市国土开发的分散化层面 2. 乡村的文化、防灾和休闲等公益功能得到重视，城市郊区化出现
第四次	2000—2020	均衡的国土；可持续的国土；开放的国土；统一的国土	创建一体化的开放的国土空间发展轴；提升区域竞争力；建设健康的愉快的环境；建设高速交通和信息网络；奠定南北交流合作的基础	开始打破传统的城乡"二元化"管理模式，以《国土基本法》为基础的《关于国土计划及利用的法律》（简称《国土规划法》）的颁布实施，标志着韩国进入城乡"一元化"管理新格局

	时间	基本目标	发展战略	对邑面（乡镇）地区的影响
第五次	2011—2020	绿色增长的国土；一体化的国土；开放的国土；文化和福利丰富的国土	建设具有国际竞争力的区域开发基地；推进河流、山脉、海洋相协调的绿色国土空间的建设；建设绿色文化城市和提高生活环境的品质；创建高度发达的交通和物流设施；体现全球化的海洋国土空间；创建南北朝鲜以及欧亚—太平洋地区的合作系统	全面提升城乡空间质量

资料来源：根据金相郁（2003）、雷国雄（2004）、王丽娟（2017）相关论文整理

（3）农地政策：放宽土地流转以扩大土地经营规模，促进农村现代化

针对农村的建设用地，韩国政府放宽了其流转限制，只要满足一定要求就可自由流转，且可流转给城市居民。包括农村居住用地、工矿用地、基础设施用地、公共服务设施用地、休闲娱乐用地等。这满足了城市用地向农村扩张的需要，也让农民享受其自有农村土地的资产价值，满足了农转非、非转农的需求，促进了韩国农村的现代化。

韩国曾采取一系列政策来扩大土地经营规模，发展现代农业：①通过农协组织小规模的农户进行规模化生产经营；②1994年制定了《农地基本法规》，取消对农地获得、出售及租赁的限制，放宽了土地买卖，鼓励规模化经营；③推行"农民退休支付计划"，即65岁以上的农民若出售土地给专业农民或出租5年以上，可获得2580美元/公顷的补贴。但长期以来，农地的经营规模过小的问题一直未得到很好的解决（杜学振等，2010）。

5.1.3 中国台湾

（1）土地开发制度：采用多种征收方式，多方参与开发，开发管制力度不强

中国台湾地区也实行土地私有制，土地资源分都市土地和非都市土地两种。在分开管制方面，除采用土地分区使用管制外，还实行土地开发许可制，在开

发土地前必须进行评估，并缴纳回馈金或捐赠一部分土地作为公共设施使用，即将开发造成的外部成本内部化（张孟秋，2017）。在对都市地区进行土地开发时，采用一般征收、市地重划和区段征收三种征收方式征收私有土地。

①一般征收：即先对土地进行规划，将农地转化为建设用地，官方主要负责道路和公共服务设施的建设，这是中国台湾地区新增建设用地最主要的获得方式。但容易导致道路和公共服务设施供给不足的现象（戴雄赐，2013）。

②市地重划：市地重划即是将区域内零散不整的土地进行重新整合，使土地更为整体以利于开发利用。在重新整合土地的同时，也对其产权进行重新分配，且重划区域内的产权所有者无需缴纳土地税款，以提高其参与意愿。市地重划改变了无序的土地利用状态，提高了土地利用率，是一种自偿性的土地开发方式（张孟秋，2017）。但市地重划产生了抵付政府重划费用的抵费地（因重划后私有土地所有者按照原有土地位置进行分配而产生），零散的抵费地对公共设施的兴建和保留造成了一定的障碍。

③区段征收：区段征收即官方将一定区域进行强制性拆迁，补偿原有土地所有者一定的金钱或抵价地，土地产权归官方所有，官方开发完成后再租售土地。区段征收的公共服务设施由官方提供，区别于市地重划。因区段征收的方式是强制性的，因而其开发效率优于市地重划，但在实际建设过程中亦存在开发缓慢，公共服务设施闲置浪费的现象。

此外，亦有针对已建设用地的开发，即城市更新。城市更新主要是为了盘活老旧社区的城市建设用地，主要是由需更新地区内的土地产权所有者、建筑业主、他项权利人及实施更新的开发公司共同参与，提供土地、房屋、他项权利及资金（张孟秋，2017）。这与市地重划和区段征收不同的是，该项政策是公私共同参与，利用提高容积率来吸引开发商进行旧城开发，目的是营造更宜人的居住环境，吸引更多人定居。然而，公共服务设施建设常常无法跟上人口迁移的速度，违背了更新的初衷。

针对非都市地区，变更土地用途分两种情况，一是变更为其他非都市土地用途时（如将农业区变更为乡村区进行住宅建设或变更为工业区发展产业）须进行申请，通过后方可变更；二是变更为都市计划区时，必须大于 50 公顷，并重新修定都市计划且通过后才可变更。与城市更新相似，非都市地区通过"社区营造"或"农村再生"进行更新。

（2）地区综合开发计划：最上位法定计划，指导城乡有序发展中国台湾地区于 1979 年制定"台湾地区综合开发计划"后经历了两次计划调整，分别为 1996 年的"'国土'综合开发计划"和目前实行的"'国土'空间发展策略计划"。1993 年，台湾地区开始编订所谓的"'国土'计划法"，历经 20 多年的审核修改于 2015 年通过。自此，"'国土'空间发展策略计划"成为彼时最上位的法定计划，在此之前该计划因无法律支撑而缺乏有效的规范和指导作用。2016 年台湾地区通过"'国土'计划法"，2018 年 4 月公布"'全国（省）国土'计划"，作为今后地方政府拟定直辖市、县市"国土计划"及"国土功能"分区的上位指导原则。从几次综合开发计划来看，台湾地区逐步重视生态永续发展，生活圈的构建以及区域整合等，以促进城乡有序发展。

表 5-4　中国台湾地区"国土"开发计划

年份	计划名称	计划特征	计划内容
1979	"台湾地区综合开发计划"	· 综合型、蓝图型的实质建设构想 · 拟定部门建设需求及"国土"空间区位与数量	提出农业、工业、都市住宅、运输通信、水、能源、观光、保育八部门开发构想、建设项目、处数等
1996	"'国土'综合开发计划"	· 提出永续发展概念 · 土地使用制度调整 · 部门发展政策方向	· 生态、生产、生活三生永续发展 · 提出"一心二周三都会带二十生活圈" · 提出土地经营管理制度、建立规划及执行体系
2009	"'国土'空间发展策略计划"	· 在地区总体经济目标中长程趋势下之空间发展战略 · 规划范围不限于台湾是开放型系统 · 属原则性及指导性的策略方向 · 跨区域整合发展与治理，动态之规划	· 提出一点、三周一环离岛、三大城市区域、七个区域生活圈 · 提出问题导向的空间发展战略 · 从土地、资金、组织、法令、治理等五大方面构思可行之政策与策略

资料来源：台湾地区行政管理部门，"国土空间发展策略计划（核定本）"，2008

（3）土地政策：促进农业规模化经营，放开农地使用，推出农地市场机制

中华人民共和国成立后，中国台湾地区推行了农村土地改革。官方将土地划分为都市土地和农业用地，明确改革对象为特定农业区及一般农业区内的田

地和旱地。台湾地区的土地制度改革大致可分为三个阶段：

① 扶持自耕农阶段

1949 年推行"三七五"减租，1951 年实施"公地放领"，1953 年实行"耕者有其田"的政策。中国台湾地区通过这三项改革，将无地或少地的佃农转变成自耕农，解决了长期以来土地地权分配不均的问题。虽然这一系列的改革解决了农地产权分配的问题，为"以农培工"做了大量贡献。但农地规模普遍偏小，导致生产效率不高，且土地权属关系在人际继承后变得愈发复杂。

② 推动规模化经营阶段

1982 年台湾当局在农地重划基础上推动了第二阶段农地改革，即扩大农场经营规模，提高农场经营效率，进而推动农业专业化、企业化和机械化，提升农业产值，提高农地利用率和生产效率。第二次农地改革将土地化零为整，并推广合作经营模式，推动"大农业"的发展。

这次土地改革允许农地自由流转，提高了土地利用率。但由于老龄化和人口减少，大量农地休耕，导致农业资源浪费，也阻碍了资金、技术向农业部门流动以及农业生产的技术创新（张弛，2013）。

③ 农地释放阶段

在 1990 年代末，为了应对大量农地休耕浪费的现象，台湾当局推行了第三次土地改革，主要是放宽农地自由买卖和耕地分割限制，释放农地市场，先后出台了"农地释出方案（1995）"[①]、"放宽农地农有、落实农地农用（1995—1999）"[②]、"开放农地买卖自由（1997）"[③]、"小地主大佃农（2000）"[④] 等政策。这些政策主要是放开农地使用，从而引进新市场和新技术参与农村经营带动农业升级。

此次改革将农地流转从传统管制转化为市场化的管理模式，逐步推出农地市场机制。转变"农地农有农用"为"农地农用"是此次改革的最大突破。但在这样的情况下，出现了部分农地转为他用，私炒土地等现象，土地细分问题

[①]　调整农业用地分区、扩大农地变更渠道、放宽农地变更限制、简化审查程序，允许民间（企业、财团）申请办理农地变更等。

[②]　开放农地自由买卖、放宽耕地分割限制、放宽农地特许农民个别兴建农舍或集体兴建农舍、农地农用奖励享有土地税赋减免优惠等。

[③]　制定包括特定农业区在内的所有农地自由买卖配套措施，农民住宅用地将另行规划。

[④]　鼓励老年或无营业意愿的农民出租或出售农地，并引进青年农民或农企业以承租方式扩大经营规模。

也更为严峻，亟待在总体土地使用布局与农地管理上进行优化（廖安定，2012；施昱年，2016）。

5.2 小城镇土地利用规划比较

5.2.1 日本

（1）日本国土规划体系：多规并行，分区分类明确，法律体系完善

日本规划体系有三个明显的特征。一是多规并行，多横多纵的网络式规划体系（李亚洲，2018）。日本国土规划体系分为国土利用规划和国土形成规划层面（谭纵波 高浩歌，2018），且各个层面都有不同的层级划分（图5–1）。国土利用规划体系分为国土利用规划和土地利用基本规划。国土利用规划和行政组织相一致，分为国家、都道府县和市町三级，上级规划对下级规划有纲领性作用，上级政府对下级政府有规划建议权，市町村有很强的自治性。国土利用规划是土地利用基本计划的编制基础，土地利用基本计划由都道府县政府划定五类土地利用边界，并制定基本框架。国土形成规划分为全国规划和广域规划，全国规划指引广域规划的编制，且广域规划必须通过中央政府的批准。

二是分区分类制定并实施规划。日本在全国国土利用规划中将土地划分为农田、森林、原野、水域、道路、住宅等11类用地，都道府县以国土利用规划为基础编制土地利用基本规划，将土地划分为5个区：都市区、农业区、森林区、自然公园区及自然保护区，各个区域设置相应部门编制部门土地利用规划。其中城市区被划分为市街化区域和市街化调整区，市街化区域层面又将土地用途划分为13类土地使用分区，并在此基本区划外，另有设置了16种"其他特别用途区"，包括高度控制区、火灾设防区、历史文化保护地区等；

此外，为了防止用途的混合存在，日本在居住、商业、工业等分区大框架的土地利用基础上还划分了13种用途地域（表5–5），并且根据《城市规划法》规定每5年重新讨论用途地域。指定用途地域后，建筑物种类、建筑覆盖率、容积率、限高、道路斜线、日照等一系列指标就得以确定，图5–2为各类用途地域上的可建设与限制建设规定。此外，规定还将进行用途限制地区称为"特别用途地区"，地方公共团体可以自由决定"特别用途地区"种类。

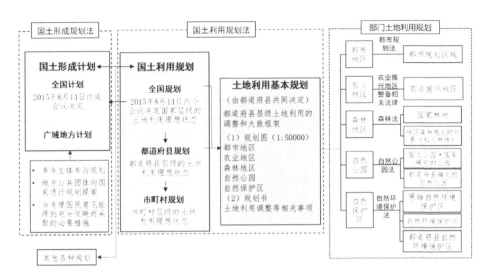

图 5-1　日本国土规划体系

资料来源：日本国土交通省网站

http://www.mlit.go.jp/kokudoseisaku/kokudokeikaku_tk3_000008.html

表 5-5　用途地域种类及释义

所属类别	用途地域名称	释义
居住地域	第一种低层居住专用地域	为了保护低层住宅良好居住环境的地区。(总占地面积)为 50 ㎡ 的住宅，兼具一定条件的店铺、小规模公共设施、中小学校、诊所等
	第二种低层居住专用地域	为了保护低层住宅良好居住环境的地区。150 ㎡ 的住宅，兼具一定条件的店铺
	第一种中高层居住专用地域	为维护中高层住宅良好居住环境的地区。500 ㎡ 以内可建设一定条件店铺、中等规模的公共设施、医院、大学等
	第二种中高层居住专用地域	维护中高层住宅良好居住环境的地区。1500 ㎡ 以内可建设一定条件店铺和事务所等
	第一种居住地域	为了保护居住环境的地区。3000 ㎡ 以内可建设一定条件的店铺、事务所、酒店等以及环境影响小的小规模的工厂
	第二种居住地域	为了保护居住环境的地区。10000 ㎡ 以内可建设一定条件的店铺、事务所、酒店、弹子机店、卡拉 ok 包房等，以及环境影响较小的小规模工厂

续表

所属类别	用途地域名称	释义
居住地域	准居住地域	在道路的沿街等地，为了保护与汽车相关设施等居住环境协调的地区。10000 ㎡以内可建设一定条件的店铺、事务所、酒店、弹子房、卡拉 ok 包房等，以及小规模的电影院、车库、仓库，环境影响较小的小规模工厂
	田园居住地区	与农地、农业相关设施等相协调，保护低层住宅良好居住环境的地区。除了塑料大棚等农产品生产设施和农产品、农业生产材料仓库外，可建设可销售 500 ㎡以内地区生产的农产品的店铺
商业地域	邻近商业地域	附近居民购买日用品的店铺，增进业务便利的地区。除了大部分的商业设施、事务所之外，住宅、店铺、酒店、弹珠店、卡拉 ok 等，还有电影院、车库、仓库、小规模的工厂
	商业地域	增进商业等业务便利的地区。除了大部分的商业设施、事务所、住宅、店铺、酒店、弹子房、卡拉 ok 等电影院、车库、仓库、小规模工厂外，还将建立广义的色情业及性色情业相关的特殊营业相关设施
工业地域	准工业地域	轻工业的工厂等，对环境影响较小的工厂的地区。也可以建造住宅和商店。但是，危险性、破坏环境的可能性大的烟花工厂和石油联合企业等不能建设
	工业地区	增进工业业务便利的地区。可建设任何工厂。可建设住宅、店铺。不可建设学校、医院、宾馆等。
	工业专用地域	增进工业业务便利的地区。可建设任何工厂。不可建设额住宅、物品销售店铺、饮食店、学校、医院、酒店、福利设施（养老院等）等。也是唯一不能建设住宅的地区。是石油联合企业和制铁所等破坏环境可能性较大的设备设立的地区。另外，烟花工厂等危险性极大的工厂也将在该地区建设。

资料来源：维基百科，2019

	居住地域								商业地域		工业地域		
	低层居住专用		中高层居住专用		居住		准住居	田园住居	近邻商业	商业	准工业	工业	工业专用
	第一种	第二种	第一种	第二种	第一种	第二种							
住宅	√	√	√	√	√	√	√	√	√	√	√	√	×
公共设施	√	√	√	√	√	√	√	√	√	√	√	√	√
店铺　物品贩卖商店		√	√					只和农业有关	√	√	√	×	×
店铺　餐厅	×	×	√						√	√	√	×	×
店铺　其他		×	×					×			√	√	
娱乐　保龄球场					√	√	√		√	√	√	√	
娱乐　卡拉ok、弹珠机等					×	√	√		√		√	只唱卡拉OK	
娱乐　电影院、夜总会等	×		×		×	√	√		√	√	√	×	
娱乐　夜总会等					×		√		√		√	×	
旅馆	×	×	×	√	√	√	√	×	√	√	√	×	
事务所	×	×	×	√	√	√	√	×	√	√	√	√	√
工业　面包店,自行车店		√	√	√				√					
工业　独立车库		×	×					×					
工业　自家用仓库	×							只和农业有关					
工业　仓储业仓库		×	×	×				只和农业有关					
工业　工厂		×	×	×				只和农业有关					
工业　危险物品的贮存和处理		×	×	√	√			×					

图 5-2　用途地域可利用情况参照表

资料来源：维基百科，2019

三是建立了不同尺度的体系和标准，有完善的法律法规体系支撑（表5-6）。日本与土地有关的法律有上百部，庞大而精密，对土地的各方面都做了详细的规定，法律条文具体、明确，且这些法律的制定、颁布和实施都是全国统一的。

总体而言，日本的国土利用规划体系偏重于建设管控，国土形成规划体系偏重于区域发展的指引。两个规划体系各司其职。

表 5-6　日本国土规划的法律保障体系

规划		法律
国土规划	全国层面	国土综合开发法；国土利用规划法；土地基本法等
	都市区域	都市计划法等
	农村地域	农地法；町村合并推进法；土地收用法；农业振兴地域整备法；公有地扩大推进法；自然环境保全法；自然公园法；森林法；农地利用促进法等

	规划	法律
广域规划	都市圈 （城市＋农村）	首都圈整备法；近畿圈整备法；中部圈开发建设规划法等
	地方圈 （城市＋农村）	北海道开发法；东北开发促进法；九州地方开发促进法；四国地方开发促进法；北陆地方开发促进法；冲绳振兴开发特别措施法等
	特殊地域 （以农村为主）	产炭地域振兴临时措施法；低开发地域工业开发促进法；农村地域工业导入促进法；山村振兴法；过疏地域振兴特别措施法等
	据点（城市或农村）	工业整备特别地域整备促进法；新产业都市建设促进法等
都市计划	市街化地区	都市计划法；建筑基准法；停车场法；港湾法；城市绿地保护法；生产绿地法；文物保护法；城市再开发法；土地区划整备法；新住宅地区开发法；新城市基础设施建设法；道路法；铁路工程项目法；轨道法；停车场法等
	市街化调整区	都市计划法；聚落地域整备法；建筑基准法；文物保护法；道路法；河流法；运河法；批发市场法；屠宰场法等

资料来源：唐相龙，2010

（2）市町村规划及其职能：城市规划编制主体，主要职责是"定方案"

市町村基本不涉及国土形成规划。

在国土利用规划编制和实施方面，日本各级政府分工明确，权责明晰。国家主要负责制定全国土地利用规划，审批都道府县土地利用规划以及指导下级规划。都道府县的职能相对复杂，起到承上启下的作用，除编制本级土地利用规划及城市规划，还需对上下级规划提出意见和诉求。市町村主要负责本级相关规划事务，具体职能如下表5-7：

表5-7 日本各级政府的规划编制职能

	国家	都道府县	市町村
制定规划	1. 全国国土利用规划 2. 国土形成规划 3. 跨都道府县区域的都市计划	1. 都道府县国土利用规划 2. 土地利用基本规划 3. 跨市町村区域的都市计划	1. 市町村国土利用规划 2. 市町村总体规划 3. 市町村都市计划

	国家	都道府县	市町村
主要职能	1. 编制审批国土形成规划、全国层面规划 2. 定方向，提战略 3. 审批都道府县土地利用规划 4. 为下级规划提供政策、管制和技术导则	1. 编制审批都道府县规划、土地利用基本规划 2. 可提议修编全国规划 3. 听取市町村国土利用规划报告，提出意见或劝告	1. 编制审批市町村规划 2. 可提议修编广域规划 3. 对都道府县土地利用基本规划提出意见 4. 城市规划的编制主体

资料来源：根据李亚洲（2018）、蔡玉梅（2018）整理

市町村主要负责编制当地的国土利用规划和都市计划。其中都市计划包括都市总体规划和都市计划两个尺度。都道府县编制都市计划主要通过"划线"（将都市区域划分为市街化区域和市街化调整区）和"分区"（将市街化区域分为 13 种土地用途）对城市土地进行管理，而市町村则是城市规划编制实施的主体，主要职责是"定方案"，即以都市计划等实施性规划为手段，主导地方国土资源的开发建设和保护利用（蔡玉梅等，2018）。即都道府县主要负责战略性的城市规划，而市町村主要负责实施性的城市规划。表 5-8 为市町村主要负责编制的市町村国土利用规划及都市计划的主要内容和特点。其中，在都市计划中，市町村负责用途分区（地域地区、促进地区、闲置土地转换为利用促进地区、灾后重建推进市街地域、都市设施、市街地区开发事业、市街地开发事业预定地区以及地区计划等）、公共设施建设以及城市开发项目，表 5-9 为在都市计划中市町村具体决定权限细分表。

表 5-8　市町村负责编制的各项规划的主要内容与特点

	基本内容	法律依据	与其他规划关系
国土利用规划	土地利用的基本构想、目标、规模以及实施措施	国土利用规划法	以都道府县国土利用规划为基础
都市计划	都市总体规划：从战略层面对城市前景和政策做出安排	都市计划法	遵循国土利用规划和土地利用基本规划
	都市计划：主要包括用途分区、公共设施建设以及城市开发项目		

资料来源：根据李亚洲（2018）、蔡玉梅（2018）整理

表 5-9　日本都市计划主要决定权限细分表

都市计划内容			市町村决定	县市决定
都市计划区域				√
都市计划区域的整备、开发及保全的方针				√
区域区分				√
都市再开发方针等				√
地域地区	用途地域		√	
	特别用途地区		√	
	高度地区 / 高度利用地区		√	
	特定街区		√	
	风景区	10公顷以上 2个以上市町村地区		√
		10公顷以上 其他	√	
		10公顷以下	√	
	景观地区		√	
	防火地区		√	
	停车场整备地区		√	
	流通业务地区			√
	生产绿地		√	

续表

城市设施		汽车专用道		√
		一般国道		√
		都道府县道		√
		其他道路	√	
	公园绿地	10公顷以上		√
		10公顷以下	√	
	下水道	公共下水道		√
		流域下水道		√
		其他	√	
	污水处理厂、垃圾处理设施	工业废弃物处理设施		√
		其他		
	河流	一、二级河流		√
		备用河流	√	
	图书馆、其他教育文化设施		√	
市街地开发实业	土地区划整理事业	50公顷以上	国家或县实行	√
			其他	√
		50公顷以下	√	
	市街地再开发事业	3公顷以上	国家或县实行	√
			其他	√
		3公顷以下	√	
	地区计划等		√	

资料来源：根据日本地方政府相关文件整理

　　此外，都市区域被划分为市街化区和市街化调整区。在市街化调整区的农村地区以及农振地区要制定农村整治规划和农业振兴地域整治规划。

　　在规划编制过程中，市町村规划遵循上一层级规划的指导，听取上级政府的意见。市町村国土利用规划要以都道府县国土利用规划为基础，都市规划则要遵循国土利用计划和土地利用基本规划。

　　（3）市町村用地布局：区域差异大，以住宅、商业、工业和公共用地为主，

　　以东京都西多摩地区的三町一村（瑞穗町、日出町、奥多摩町和檜原村）为例（图5-3），分别位于多摩都市部（瑞穗町、日出町）和多摩山村部（奥多摩町、

檜原村），山村部的町村辖区面积是都市部的近 10 倍。总体而言，町村的土地利用以宅地和森林用地为主，尤其在山村部，其森林用地占据极大比例（表 5-10）。

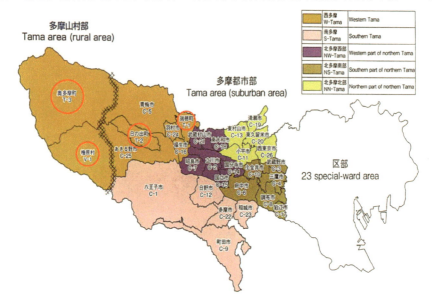

图 5-3　东京都地域行政区划图

资料来源：东京都都市整备局都市政策部土地利用计划课：《东京土地利用——平成 24 年多摩·岛屿地区》，2012a

表 5-10　东京都 3 町 1 村土地利用情况

	瑞穗町	日出町	檜原村	奥多摩町
人口规模（人）	33150	16693	2194	5153
总面积（公顷）	1683.8	2805.1	10537.9	22534.3
宅地	30.8%	11.7%	0.9%	0.8%
其他用地	17.7%	3.0%	0.4%	0.7%
公园、运动场用地	2.3%	1.2%	0.0%	0.1%
未利用地	2.5%	1.7%	0.1%	0.1%
道路用地	10.0%	3.9%	0.8%	0.7%
农用地	16.6%	5.0%	1.5%	0.4%
水面、河川等	0.3%	0.9%	0.5%	2.2%
森林	19.3%	70.7%	95.1%	94.8%

	瑞穗町	日出町	檜原村	奥多摩町
原野	0.5%	2.0%	0.6%	0.2%

注：宅地、其他用地、公园用地、未利用地和道路为城市区域，农用地、水面、森林、原野为非城市区域

数据来源：东京都都市整备局都市政策部土地利用计划课：《东京土地利用——平成 24 年多摩·岛屿地区》，2012b

人口规模数据来源于各町村政府网站

宅地是城市区域的主要组成部分。宅地的规模与人口规模相关，山村部人均宅地面积较都市部大（表 5–11）。在宅地利用上，三町一村的组成相似，均以住宅用地为主（40—60%），其次是公共用地、商业工地和工业用地。其中都市部的宅地面积较山村部大，故各类用地面积均较山村部大，尤其是住宅用地和工业用地尤为明显。相比之下，村以住宅用地为主，公共用地、商业用地即工业用地面积均较町小很多（表 5–12）。图 5–4 为笔者调研町村街道风貌。

表 5–11　东京都 3 町 1 村人均宅地面积

	瑞穗町	日出町	檜原村	奥多摩町
人口规模（人）	33150	16693	2194	5153
宅地面积（公顷）	518.6	328.2	94.8	180.3
人均宅地面积（平方米/人）	156.4	196.6	432.1	349.9

数据来源：东京都都市整备局都市政策部土地利用计划课：《东京土地利用——平成 24 年多摩·岛屿地区》，2012c

表 5–12　东京都 3 町 1 村宅地利用情况

	瑞穗町		日出町		檜原村		奥多摩町	
	面积（公顷）	比例（%）	面积（公顷）	比例（%）	面积（公顷）	比例（%）	面积（公顷）	比例（%）
宅地总面积	518.6	100.0	328.2	100.0	94.8	100.0	180.3	100.0
公共用地	43.0	8.3	74.5	22.7	12.5	13.2	32.8	18.2
商业用地	68.5	13.2	29.9	9.1	14.7	15.5	21.5	11.9

	瑞穗町		日出町		檜原村		奥多摩町	
	面积（公顷）	比例（%）	面积（公顷）	比例（%）	面积（公顷）	比例（%）	面积（公顷）	比例（%）
住宅用地	224.6	43.3	154.9	47.2	63.0	66.5	108.9	60.4
工业用地	154.0	29.7	50.9	15.5	4.0	4.2	14.6	8.1
农业用地	28.5	5.5	18.1	5.5	0.6	0.6	2.5	1.4

数据来源：东京都都市整备局都市政策部土地利用计划课:《东京土地利用——平成 24 年多摩·岛屿地区》，2012d

图 5-4　奥多摩町（左、中）和檜原村（右）街道现状

图片来源：作者自摄

此外，日本市町村除编制都市计划外，还会编制当地的综合计划，以指导町村发展和建设。町村长期综合计划由町村政府编制，充分与当地居民沟通，相较都市计划更综合、灵活，偏重政策引导、综合提升和町村社会构建。

奥多摩町长期综合计划

以笔者调研的东京都奥多摩町为例，该町每隔 10 年编制一次长期综合计划，最近一次为 2015—2024 年长期综合计划，由基本构想、基本计划（前 5 年）和实施计划（后 5 年）构成。

基本构想内容包括：①计划蓝图。包括计划理念、人口预测、城市建设总体目标，并定期对居民的幸福要素指标进行评价；土地利用计划理念、基本方向及为促进定居化的土地利用方针；②"奥多摩创造计划"，即持续居住的城市建设和"奥多摩创造"事业；③城市建设的基本方针和政策体系。

基本方针包括五点：①听取居民意见，抓住当前建设热点；②构建和谐的人与自然环境；③加强町村教育体系；④鼓励并带动居民大力发展旅游产业；⑤构建居民和政府共同体，建设理想中的奥多摩町。并根据基本方针制定主要的实施方向和具体的实施项目（多达 65 项）。

5.2.2 韩国

（1）土地利用规划体系：城乡一元化管理，用地分类明确，严格控制农业区及保护区域的开发

韩国的土地利用规划可以分为国土规划体系和国土利用计划体系。其中，国土规划体系分为三个层级两个部门：三个层级分别是和行政组织相对应的国土综合规划、道综合规划和市郡综合计划，两个部门分别是地域计划和部门计划。国土利用计划通过都市利用计划和都市管理计划将国土分为"用途地区"和"用途地域"，用途地区分为四个地区：城市地区、管理地区、农林地区、自然环境保护地区，其中后三个地区为非城市区域，四种土地利用类型界线明确，互不重合。用途地域分为三个地域：城市化用地、城市化预备用地和保存用地。并严格控制非农村区域中的农林区、自然环境保护区和管理区中的保存管理区、生产管理区转为建设用地（元东日等，2012），有效保护各类受保护用地的开发（图 5–5，表 5–13）。

韩国《国土规划法》规定，韩国的都市规划需覆盖整个行政区域，根据《都市管理规划》划定用地用途性质，即全国的土地规划都以《国土规划法》为基准，实现城乡一元化管理，解决了农村地区多个部门分散管理、无序开发的现象。

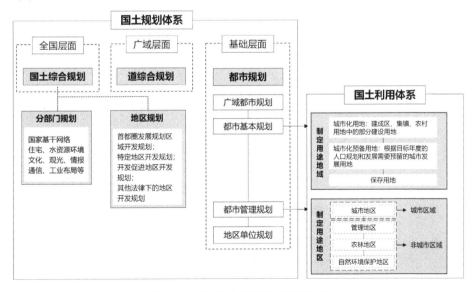

图 5–5　韩国土地利用规划体系

资料来源：作者自绘

表 5-13　韩国国土规划体系

层次	类型	法律依据	编制部门
国土规划 ①	国土综合规划	国土基本法	国家
	道综合规划	国土基本法	道政府
	市郡综合规划	国土基本法	市、郡政府
特地区域规划	首都圈整备规划	都市圈整备规划法	国家
都市规划 ②	广域都市规划 ③	国土规划法	相关市政府
	都市基本规划 ④	国土规划法	市政府
	都市管理规划 ⑤	国土规划法	市政府
	地区单位规划 ⑥	国土规划法	市政府或民间

资料来源：根据元东日（2012）的研究整理

（2）邑面规划职能：邑面无规划权，上级市郡政府受到国土开发计划的引导和限制

韩国在市郡范围内实行一张规划蓝图全覆盖，即在市郡层面规划覆盖城市和农村地区，"市郡管理规划"作为决定土地利用、开发方向和限制国土利用的直接手段（冯旭，2014）。

国土开发计划对市郡层面的规划有一定的引导作用，也有限制性。财政依赖度高的市郡政府在做规划时必须紧紧围绕国家的计划进行。例如陕川郡的规划定位是：环境清洁的农业观光市，因此各方面建设都必须与其相关，围绕这个主题开展，并提交给国家审核。市郡的规划权也并不多，主要为市郡综合规划和都市规划，一般是 10 年进行一次修编。目前陕川郡的规划也是在庆尚南道规划的管控下进行编制。

---

① 国土规划是结合经济发展计划集经济、文化、产业、人口、建设等融为一体的全方位国土利用战略性、约束性规划，起最高层次指导性作用。

② 都市规划是根据上述规划具体落实各行政区内战略发展及空间安排的规划。

③ 广域都市规划是在城市连绵区或产业化、城镇化高度发展地区由两个或两个以上行政区域打破"行政壁垒"，整体编制统一规划的战略性规划。

④ 都市基本规划是根据上位规划统筹安排本行政区域的战略及发展目标的战略性规划。

⑤ 都市管理规划是根据都市基本规划具体落实空间布局，并确定具体的人口布局，市政基础设施布局，土地利用强度等的具有法律约束力的规划。

⑥ 地区单位规划是根据需要和发展重点细化和深化都市管理规划的城市设计范畴的控制性规划。

邑面层面无法定规划，也无自主规划权力，均由市郡统一规划实施。市郡在邑面层面制定的规划也是将所有邑面作为整体形成一个体系规划，每个邑面有不同的导向和重点，类似中国的镇村体系规划。

（3）邑面用地布局：非城市用地占极大比重，城市用地以居住用地和绿地为主

在市郡层面，城市用地占比小，而邑面则主要以非城市用地为主，城市用地以居住用地与绿地为主。

案例邑面——陕川邑用地规划情况

以陕川郡为例，它是一个农业郡，其城市用地仅占 2.4%，主要以居住用地和绿地为主，而非城市用地占了 97.6%，农林用地占了总用地的 58%。可见在一般的农业郡，其城市土地开发强度相对较低。陕川郡内部的陕川邑（相当于驻地镇），总人口 11713 人，城市用地占比为 11.5%，也是以居住用地和绿地为主，非城市用地占比 88.5%，农林地区占总用地的 60.6%（图 5—6）。图 5—7为笔者调研时所摄的陕川邑街道风貌及其集市。

表 5-14　陕川郡和陕川邑 2017 年土地利用情况

			陕川郡		陕川邑	
			面积（公顷）	比重（%）	面积（公顷）	比重（%）
合计			98342.0	100	5303.4	100
城市地区		小计	2354.6	2.4	609.5	11.5
		居住用地	328.0	0.3	135.5	2.6
		商业用地	30.4	0	12.8	0.2
		工业用地	—	—	—	—
		绿地地区	1996.2	2.1	461.1	8.7
非城市用地		小计	95987.4	97.6	4693.9	88.5
		管理地区	32205.9	32.7	1481.1	27.9
		农林地区	56915.6	57.9	3212.8	60.6
		自然环境保护区	6865.9	7.0	—	—

数据来源：陕川郡政府提供

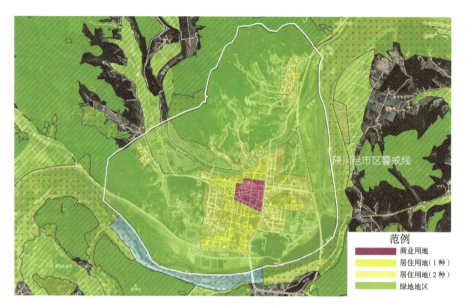

图 5-6　陕川郡用地图

资料来源：陕川郡政府提供

图 5-7　陕川邑街道（左）陕川邑集市（右）

图片来源：作者自摄

5.2.3 中国台湾

（1）土地利用规划体系：三个层级、两大板块相互作用、相互制约

2016 年中国台湾地区新出台所谓的"国土计划法"，并预计于 2022 年全面执行，而原先的"区域计划法"沿用至 2022 年后停止适用，形成中国台湾地区"三个层次、两大板块"的空间规划体系，法律体系由所谓的"国土计划法"

（现仍执行"区域计划法"）、"都市计划法"、"国家公园法"构成。三个层次即全地区空间计划、"直辖市"及市县空间计划、都市计划与非都市土地使用计划，上位规划指导下位规划。其中全地区空间计划为最上位法定计划，主要规范内容为土地利用基本原则并兼具指导都市计划及省域公园计划，以及协调各部门计划等功能，属政策计划性质。"直辖市"、县（市）空间计划根据全地区空间计划指导，进行实质土地规划，属实质计划性质。

辖区分为两大板块，即都市土地和非都市土地（图 5-8）。都市土地编订都市计划，按地方性质分为市（镇）计划、乡街计划及特定区计划；按规划程序又可分为主要计划、细部计划和土地使用分区管制。其中主要计划相当于中国大陆的总体规划阶段，细部计划相当于详细规划阶段，而土地使用分区管制借鉴日本市街化地区 13 种用途分类，将都市土地分为共 9 种使用分区和 19 种用地类型，并提出限制条件。非都市土地实行非都市土地分区使用计划，共分为11 种使用分区和 22 种用地类型（表 5-15）。

都市计划区又分为"都市发展区"和"非都市发展区"，以防止城市无序蔓延。都市计划的编订需向民众公布并听取意见。中国台湾地区的土地利用受到了较为严格的管制，城市内住宅、商业及工业区等仅占"都市计划区"建设用地的 20% 左右，使得住宅与商业区不断提高容积率并存在混合使用的情况。

因原台湾地区非都市土地采用一致性编订管制，无法反映地方特性，"国土计划法"的出台，目的之一是落实地方自治精神，赋予县市更大的自主与弹性空间。即①县市可制定自有土地计划；②由县市政府主导划设土地功能分区，包括"国土保育地区"（细分为 4 类土地使用分区）、"海洋资源地区"（细分为 3 类土地使用分区）、"农业发展地区"（细分为 5 类土地使用分区）及"城乡发展地区"（细分为 4 类土地使用分区）；③县市政府可因地制宜制定专属土地使用管制规划，以反映地方特性。

住宅用地、商业用地、工业用地、矿业用地、农业用地、农业设施用地、林业用地、水利用地、学校用地、机关用地、游憩用地、保育用地、交通用地、风景用地、宗教用地、绿地用地、海域用地、公共设施用地、环保设施用地、能源设施用地、殡葬设施用地、文化设施用地	甲种建筑用地、乙种建筑用地、丙种建筑用地、丁种建筑用地、农牧用地、林业用地、养殖用地、盐业用地、矿业用地、窑业用地、交通用地、水利用地、游憩用地、估计保存用地、生态保护用地、土地安保用地、特定目的事业用地、殡葬用地、海域用地

资料来源：作者整理

（2）乡镇市的规划职能：无编制权，配合都市计划实施

中国台湾地区的地方空间规划由市县政府负责，乡镇市没有编制都市计划的权力，只能进行交通规划、灾害防救规划，主要负责配合都市计划的实施。规划体系中仅在都市计划层面有涉及乡镇市的规划。

（3）乡镇用地布局：各镇的"都市计划面积"接近，以公共设施用地和住宅区为主

中国台湾地区目前共有都市计划区面积约 48 万公顷，非都市土地面积约312 万公顷（包含"国家公园"陆域面积约 31 万公顷），分别占地区总面积的12.3% 及 86.7%。即非都市土地占极大比例。

乡镇层面都市计划的主要内容为人口、人口密度规划，都市发展用地面积规划，非都市土地面积及土地用途分区编订。

案例镇——罗东镇和头城镇都市计划

罗东镇是全台湾地区面积最小的乡镇，位于宜兰县 12 乡镇的中心位置，为宜兰地区的中心商务区。2018 年户籍人口 72485 人，面积 11 平方公里，人口密度 6385 人 / 平方公里。都市计划面积 550 公顷，约占全镇面积 50.0%，以住宅区（37.1%）和公共设施用地（40.5%）为主，非都市计划区面积 550 公顷，占全镇面积 50.0%，主要为特定农业区、乡村区和工业区，特定农业区比例最高（图 5-9）。

图 5-9　罗东镇

图片来源：百度图片（左），作者自摄（右）

头城镇位于宜兰县最北端，2018 年户籍人口 29320 人，面积 101 平方公里，人口密度 291 人／平方公里。都市计划面积 473 公顷，约占全镇面积 4.7%，以住宅区（31.4%）和公共设施用地（43.4%）为主，都市发展用地面积 333 公顷，占都市计划区 70.5%。非都市计划区面积 96 平方公里，占全镇面积 95.3%（图5-10）。

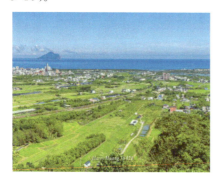

图 5-10　头城镇

图片来源：百度图片（左），作者自摄（右）

由此可见，台湾地区各镇面积差异大，但都市计划面积较接近，且以公共设施用地和住宅用地为主。

表 5-16　中国台湾地区罗东镇、头城镇都市计划用地表

用地分类	罗东镇		头城镇	
	计划面积（公顷）	占都市都市计划区比（%）	计划面积（公顷）	占都市计划区比（%）
住宅区	166.5	30.2	104.79	22.2
商业区	46.04	8.4	11.16	2.4
工业区	57.92	10.5	45.71	9.7
旅游服务专用区	—	—	2.55	0.6
游乐区	—	—	23.62	5.0
农会专用区	—	—	0.66	0.14
保存区	—	—	0.2	0.04
渔会专用区	—	—	0.09	0.02
农业区	—	—	98.78	—
保护区	98.11	17.8	20.63	—
公共设施用地	181.89	33.1	164.94	34.9
都市计划区总面积	550.44	100	473.17	100
都市发展用地面积	448.72	—	333.45	—

资料来源：罗东镇镇公所网站：http://www.lotong.gov.tw/

头城镇镇公所网站：https://toucheng.e-land.gov.tw/Default.aspx

5.3　小城镇土地利用政策及规划比较

5.3.1 小城镇土地利用政策比较

三个国家和地区都实行土地私有制，在土地利用政策方面有着相同的背景，相似性较高，均对土地开发和交易进行一定程度限制，注重城乡均衡发展——尤其是乡村的土地利用，但也有不同侧重。

（1）土地开发制度：均为开发许可审批制，在土地开发建设上日本限制性最强

在土地开发制度层面，三个研究对象均采用开发审批许可制度，即土地开

发和交易都受到一定的法律限制与管制。在土地征收上,三者的土地征收权均为特有权。日本和韩国政府在土地征收上有较强的决定权,土地利用要为国家的公共需求让步。尤其是韩国,强制性程度更高。而不同的是,日本虽然以国家为主,但国家可将征收权授予其他公共团体;韩国则是中央和地方政府均有土地征收权;而中国台湾在土地开发上则为公私共同参与。

从对土地开发建设的管制上来看,相比之下,日本对其限制性最强,设置多种条件以限制土地开发与交易。而韩国和中国台湾地区在开发征收方面的管制相对较弱,韩国政府作为征收方有绝对优势,而中国台湾地区采用多种征收方式,使得土地开发建设相对容易。

(2)土地开发计划:从量的开发向质的形成转变,致力于均衡城乡发展

日本和韩国都经历了一系列的国土综合开发,在开发重点上,均从最开始的资源大规模开发利用、基础设施建设逐步转向环境保护,即从量的开发向质的形成转变。

开发过程中,日本和韩国均致力于消除一极化,以均衡城乡发展。日本通过构筑生活圈层去极化,并且通过农村地区、落后地区及边远城镇地区的人居环境建设、产业升级转型、特色化构建等来消除过疏化现象。韩国则采用多级分散化政策,促进乡村地区空间规划、基础设施建设及功能价值实现来升级农村地区,且通过规划层面的城乡"一体化"来缩小城乡差异。然而,两个国家虽都采取了一系列的措施,但最终效果均不理想。

相比之下,中国台湾地区的村镇建设问题很多,但城乡均衡性基础相对较好,土地开发计划变革少,更侧重永续发展和区域整合,总体上也以致力于城乡有序发展为目标。

(3)土地政策:放宽农地流转,释放农地市场,但农村土地问题依然棘手

日本、韩国和中国台湾地区在小城镇方面的土地政策主要集中体现在农地政策上。三个研究对象均在某一时期开始放宽农地流转,鼓励扩大农地规模,以期实现农业规模化经营,提高农地利用率促进农村地区发展。三个研究对象都逐步放宽农地市场,为农转非提供更多可能性,以促进农村现代化。但这一系列政策也起到了负面作用,日本农地——尤其耕地在不断减少,进一步助推了过疏化;而韩国土地小规模问题仍未得到良好的解决;中国台湾地区也面临农地减少、土地细分,以及农地被非农占用(农用房变相变居住功能)的问题。

5.3.2 小城镇土地利用规划比较

（1）土地规划体系：都是多层级的规划体系；日本在法律体系和分类分区上较为健全，町村是其中一个层级

日本、韩国和中国台湾地区均呈现多层级的规划体系，且与行政层级一致。相比之下，日本的规划体系呈现多横多纵的网络化形态，体系复杂但完备，韩国也有两套并行的规划体系，台湾地区则相对较为简单。

在规划法律体系上，日本的法律体系不仅涉及不同层级，同一层级在不同层面也配套多种法律法规，体系最为健全。韩国的规划法律虽相较日本在数量上略显不足，但也较为完备。韩国最具特色的是利用统一的《国土规划法》来实现城乡一元化的规划管理，从而均衡城乡发展。相比之下，中国台湾地区的法规体系较为单薄。

三个国家和地区均在不同的规划体系下对土地进行了分区和分类。相较之下，日本和韩国在不同层面上的分区较为全面。日本在都道府县区域层面和城市地区层面均设置分区，且各类用途划分细致，并对应相应的管制规则，规则细化至建筑层面；韩国则在都市计划层面设置两种分区方式；中国台湾地区借鉴日本的用途分区，新出台的"国土计划法"在全台湾设置四种功能分区，并在都市计划层面进一步设置土地分区，但现行空间规划在非都市土地层面缺乏使用分区指导使用管制的概念，整体细化程度不如日本（图 5–11）。

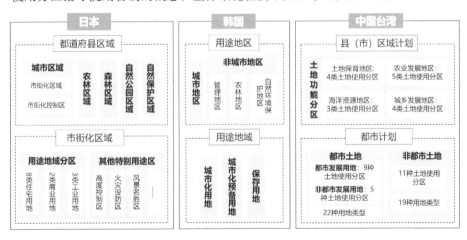

图 5–11　日本、韩国和中国台湾地区分区分类体系

图片来源：作者自绘

在和小城镇密切相关的都市计划层面，日本和中国台湾地区均区分促进区（发展区）和调整区（非发展区）以控制城市（镇）的无序蔓延。针对非都市地区，日本依各项规划对各类分区进行保护和建设指导；韩国在地区层面未设置具体规划，但明确界定了非都市地区的受保护地区；相比之下，中国台湾地区则基本未制定任何保护措施[①]。

在小城镇涉及的规划层面，日本市町村涉及多个规划体系和多个层级；韩国的邑面因为行政阶层不处于规划体系层级内，主要是遵从上级市郡政府的综合规划及都市计划；中国台湾地区的乡镇地区涉及的是最低层级的都市计划。

总体而言，三者中，日本有最系统的规划网络、最完备的法律体系和最全面的分类分区，小城镇在规划体系中的地位也相对最高；韩国则在规划网络和法律体系上次于日本，分类分区上相对较全面，但小城镇在规划体系中地位最低；中国台湾地区在规划网络、法规体系最为薄弱，在分类分区上正在改进，小城镇在规划体系中的地位次于日本。

（2）小城镇规划职能：日本市町村规划自主权最强，韩国邑面无规划权，中国台湾地区乡镇市无规划编制权，仅协助规划实施

从小城镇的规划职能来看，三者中，日本市町村的规划职能及权限最大。日本将规划编制权限下放地方，市町村在遵循上级规划的基础上可自行编制本级利益相关的规划，以实施性规划为主，且需听取上级意见。而韩国的邑面无规划权限，且其上级市郡政府的规划职能因财政原因受中央和上级政府牵制，自主权较弱。中国台湾地区的乡镇市虽然是一级独立政府，虽无规划编制权，但是在规划实施上有更多的自主能力。

（3）小城镇用地布局：城市建设用地构成相近，韩国集中建成区最小，中国台湾地区公共设施占地面积大，日本相对均衡

在非城市建设用地方面，日本远郊町村、韩国的邑面地区和中国台湾的乡镇地区非城市建设用地占比都非常高，均在80—90%左右，尤其是韩国的面，几乎100%为非城市用地（接近农村）。

在城市建设用地方面，日本町村和韩国邑面的人均建设用地均较大，尤其是日本过疏化的町村地区；中国台湾地区则相对较为紧凑。在城市建设用地构成上，日本和中国台湾地区小城镇的用地构成接近，主要由居住、商业、公共

---

① 台湾近年来在反思早期的乡村建设无序和无规划问题，所以出现了"社区营造"和"农村再生"等政府计划。

和工业用地构成，韩国邑面用地构成相对简单。三个研究对象的居住用地均占最大比例。

相比之下，韩国邑面的集中建成区面积小，中国台湾地区则是公共设施用地比重最大，即台湾乡镇地区在公共设施上有较多投入，日本则较均衡。这与笔者的实地踏勘印象一致。

表 5-17　日本、韩国和台湾地区小城镇城市用地构成比较

	日本日出町	日本奥多摩町	韩国陕川邑	中国台湾罗东镇	中国台湾头城镇
人口规模（人）	16693	5153	11713	72485	29320
城市用地面积（公顷）	603.1	540.9	609.5	488.7	353.7
人均城市用地面积（平方米/人）	361.3	1049.7（过疏化地区）	520.4	67.4	113.7
城市用地占比	21.5%	2.4%	11.5%	50.0%	4.7%
居住用地（公顷）	154.9	108.9	135.5	166.5	104.8
商业用地（公顷）	29.9	21.5	12.8	46.0	11.16
公共用地（公顷）	74.5	32.8	—	181.9	164.9
工业用地（公顷）	50.9	14.6	—	57.9	45.7
其他用地（公顷）	292.9	363.1	461.2（主要为绿地）	36.4	6.84

资料来源：作者整理

5.4　小结

日本、韩国和中国台湾地区的土地制度均为私有制，有着相似的土地利用政策。在土地开发制度上，采用开发许可审批制以规范土地开发利用，其中日本的土地开发与交易的限制性最强。国土开发计划是最上层的土地利用政策，奠定了小城镇的土地利用基础。日本和韩国近年来均致力于土地"质"的开发和城乡均衡发展，在开发利用上一定程度上向乡村和小城镇倾斜，中国台湾地区的综合开发计划更偏向于地域整合的永续发展。

在农地政策上，三个研究对象都通过放宽农地流转，释放农地市场以促进农业规模化经营，实现农村现代化。

在小城镇的规划层面，日本的规划结构体系和法律体系最为健全，小城镇在规划体系中的地位在三者中相对最高，有编制本级利益相关规划的权力。而韩国邑面无规划权限，中国台湾地区乡镇虽有协助实施的义务和自主性，但无规划编制权。

在小城镇的用地构成上，三个研究对象的小城镇的非建设用地占比均较高。城市用地的构成相近，主要由居住、商业、公共和工业用地构成，以居住用地为主。日本町村各类用地相对较均衡；韩国邑面的公共用地相对缺乏，建设也相对粗放；中国台湾地区的公共用地面积较大，且用地最为紧凑。

总体而言，相似的土地制度和政策背景使得三者在土地利用与规划上的差异不大。小城镇的土地利用与规划是小城镇"发展权"和"功能定位"的体现，而差异化的政治地位，使得小城镇在规划职能上有所不同。以及不同的职能定位也决定了小城镇在用地布局上的各有偏重。日本、韩国和中国台湾地区小城镇在土地利用规划上的差异也反映了其发展权和定位的差异。日本町村拥有较高的发展权，规划职能也更为广泛，在功能定位上町村间存在差异：近郊町村偏向城市，而偏远町村则更接近农村。中国台湾地区乡镇的发展权相较日本町村要弱一些，规划职能受限，而从其土地利用规划上来看，乡镇间也存在较大差异：即部分发达乡镇接近城市，部分落后乡镇接近乡村。概言之，中国台湾地区镇的城市属性更明显，而乡的乡村属性更强。相比之下，韩国邑面小城镇的发展权最弱，从土地利用与规划中也可看出，其更接近乡村地区。

第6章 社会政策

本章节通过对日本、韩国和中国台湾地区小城镇相关社会政策的梳理，从实施背景与目标、政策具体内容、投资情况、实施成效与问题四个方面展开比较。

6.1 日本小城镇的社会政策

目前，日本町村地区的最主要问题是人口流失，老龄化严重及因此引起的地区衰败，即"过疏化"，该现象在日本普遍存在，日本也针对此现象提出了一系列的相关振兴法律和政策措施。针对町村地区"过疏化"问题的解决重点是实施乡村振兴，但在政策落实上未对农村地区和城镇地区进行明显的区分。因此，本章着重梳理和町村整体发展相关的政策，而偏重农村农业发展的政策不予详细介绍。

6.1.1 过疏化地区振兴的相关法律及政策

（1）实施背景："过疏化"现象蔓延，町村人口流失，地区衰败现象严重

战后，日本经济发展两极化态势严重。人口和经济产业向三大城市群集中，而偏远地区人口减少、经济衰退，城乡两极分化。"过疏化"现象在町村地区、离岛的农林渔村地区最为典型，建成区人口以低密度形式扩张（王雷等，2016），和中国的"空心村"相似。2010 年修订的《过疏地域自立促进特别法》

（修订版）根据人口和财政条件定义了"过疏市町村^①"，其具体分布特征如下：

i. 远离中心城市的边远地区，町村过疏化现象普遍。2017 年，日本共有 817 个过疏市町村（279 个市，410 个町，128 个村），占全国市町村总数的 47.5%，总面积占日本国土面积的 59.7%，人口却仅占总人口的 8.6%。扣除市，从 2008—2017 年过疏化町村数量和比重来看，过疏化町村的比重在不断增加，2017 年超过半数町村存在过疏化现象。

表 6-1　日本 2008 年和 2014 年"过疏町村"数量及比例

年份	町村总数（个）	过疏町村数量（个）	过疏町村占比（%）
2008	1005	476	47.7
2014	927	523	56.4
2017	927	538	58.0

资料来源：日本全国过疏地域自立促进联盟：http://www.kaso-net.or.jp/publics/index/17/，2017

ii. 人口减少且分布不均，劳动力减少且高龄化，独居老人多。过疏化地区人口从社会性减少到自然性减少（因青壮年流出而出生率下降），导致这一现象的根本原因是人口集中于大城市圈或中心城的趋势未得到良好的改善。此外，过疏化地区的农业劳动力的高龄化现象很严重，农业生产"后继无人"。这也造成高龄单身家庭的增多，过多的独居老人增加了当地的经济和财政负担。

表 6-2　日本农业人口构成

年份	农业人口		65 岁以上		平均年龄
	数量	增减率（%）	数量	比重（%）	
2005	10467	-13.0	2645	31.6	63.2
2010	6503	-22.3	2231	34.3	65.8
2015	4880	-25.0	1883	38.6	66.4

资料来源：根据曹瑾（2017）改绘

---

① 一是人口条件：1970—2015 年人口减少率满足以下四个条件之一，即 1）人口减少率在 32% 以上；2）人口减少率在 27% 以上，且 2015 年高龄老人比例在 36% 以上；3）人口减少率在 27% 以上，且 2015 年年轻人比例在 11% 以下；4）1990—2015 年人口减少率在 21% 以上。二是财政能力：2013—2015 年平均财力指数在 0.5 以下。

iii. 财政自主能力极弱，小农经营，弃耕率上升，经济增长缓慢且缺乏产业支撑。2014 年过疏化地区的平均财力指数 ① 仅为 0.23（曹瑾，2017），自给能力低下，主要依靠国家转移支付。过疏化地区以小规模的农业生产为主。虽然近年来由于农地流转政策而有相对集中的趋势，但整体农业生产基础条件落后，抛荒严重，町村的经济增长缓慢甚至停止，缺乏产业支撑，人均收入低。

（2）实施内容：十年一政策，主要集中于产业振兴、交通设施及信息设施与地区交流和生活环境提升

日本从 1970 年开始实施《过疏地区振兴法》，并每十年进行一次修订，一直实施至今。先后于 1970 年发布《过疏化地区对策紧急措施法》，1980 年发布《过疏地区振兴特别措施法》，1990 年发布《过疏化地区活性化特别措施法》，2000 年发布《过疏地域自立促进特别措施法》，该法延续至今，分别在 2010、2014 和 2017 年进行过修订以延长使用时限。

从投资情况来看，1970—2017 年四次在过疏市町村地区总投资 57.55 万亿日元（约 5382 亿美元），投资额在逐次增加。从后三次的投资来看，投资主要集中于产业振兴、交通设施及信息设施与地区交流和生活环境提升，其中交通设施及信息设施与地区交流促进的投资比重最大，但是有减少的趋势。用于生活环境提升的投资比例在逐年增加。日本对过疏町村地区的生活环境重视度较高。从 2000—2016 年各年过疏化政策的投资总金额来看，呈现先减少后增多的趋势。且 2010 年后增加了在软件事业上的投资（主要为技术和服务支持）。此外，硬件上在教育和福利设施上的投资在逐渐增加，在交通及产业振兴方面的投资在逐渐减少（图 6–1）。可见，近年来，日本对过疏化地区的投入逐渐从物质空间建设转向精神文化建设。

---

① 平均财力指数等于标准财政收入额 / 标准财政支出额。平均财力指数越低，地方政府财政自给程度越低。

表 6-3 过疏化政策在过疏市町村地区投资分配归纳表（亿日元）

	产业振兴	交通及信息设施与地区交流促进	生活环境提升	老年人保健及福利	医疗保障	教育与文化振兴	集落整备	其他	总计
紧急措施法 (1970—1980)	7584	16488	8499		639	9399	190	1001	43739
	17.3%	37.7%	19.4%		1.5%	21.5%	0.4%	2.3%	100%
振兴法 (198—1990)	22061	35319	17173		1430	16263	402	1422	94070
	23.5%	37.5%	18.3%		1.5%	17.3%	0.4%	1.5%	100%
活性化法 (1990—2000)	48341	47332	53063	10437	3769	22579	744	4227	190492
	25.4%	24.8%	27.9%	5.5%	2.0%	11.9%	0.4%	2.2%	100%
自立促进法（2000—2017）	50054	54542	73170	21094	10485	31812	2137	3905	247199
	20.2%	22.1%	29.6%	8.5%	4.2%	12.8%	0.9%	1.6%	100%
合计	128040	153681	151904	31531	16323	79993	3473	10555	575500
	22.2%	26.7%	26.4%	5.5%	2.8%	13.9%	0.6%	1.8%	100%

资料来源：：日本总务省,《过疏对策的现状（平成 29 年）》, 2017a

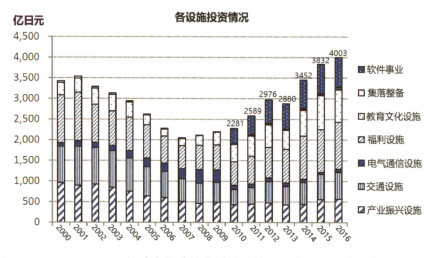

图 6-1 2000—2016 年过疏化政策在过疏化地区各类设施投资金额（亿日元）

资料来源：日本总务省,《过疏对策的现状（平成 29 年）》, 2017b

　　过疏化相关法律的政策重点主要集中在四个方面：①推动产业发展：工厂招商，开发本地特色化产品；②整顿交通：铺设汽车通行的柏油路，保证公交车数量；③公共设施的维持：保证医疗所及医生的数量，统合中小学，提供校车和宿舍；④农村重新编组：统合人口减少、规模变小的村落。

　　除此之外还有一些特色政策来促进过疏化地区的发展，如 2007 年实行的"故乡纳税"制：以"故乡"为名，鼓励居民向任意地区进行自愿"纳税"以抵扣个人所得税和住民税；捐款后，可得到当地的特产礼包，即实质上是以"纳税"的名义变相销售地方特产，拓展了地方物产的销路（王雷等，2016）。

　　（3）实施成效：过疏化地区生活环境得到改善，但产业薄弱，税源不足，过疏化问题依然存在

　　一系列的过疏化政策在一定程度上缓解了过疏化问题，对提高地区居民的生活质量以及改善过疏化地区生活设施起到了极大的促进作用。从 1970 年到 2014 年，市町村的改良率从 9% 上升到 54.2%，村道铺装率从 2.7% 上升到 70.5%，万人病床数从 78.1 床增加到 147.1 床，1995—2014 年污水处理率从 31.6% 上升到 74.2%，电话和宽带服务基本达 100% 覆盖，并形成了多处个性地域（总务省过疏对策室，2017）。

　　但是，过疏化地区振兴的相关法律政策在实施过程中也存在一些问题，主要为：①虽已逐渐重视产业振兴，但在落实中依旧将大量资金投入基础设施等生活环境方面的建设，在产业振兴方面投入不足，使得经济始终依赖公共事业投资；②资金主要依靠发行地方债，自身税源匮乏现象普遍，容易受到财政紧缩的影响，也会进一步影响当地居民的自主开发意识。

　　日本的过疏化问题存在已久，影响深远。由于在早期缺乏先导性措施，后期补救事倍功半。从图 6–2 可看出，过疏化市町村的数量在逐年增加，而过疏人口占比在逐年减少，可见过疏化现象的面在不断扩大，程度在不断加深，即过疏化问题并没有得到改善且在日益严峻，实现真正的城乡均衡任重道远。

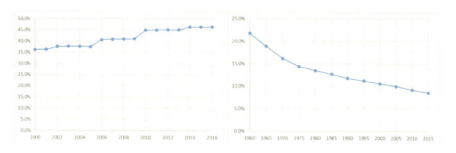

图 6-2　2000-2016 年过疏化市町村数量占比（左）；
1960-2015 年过疏地域人口占全国人口比重（右）

资料来源：笔者根据日本总务省《过疏对策的现状（平成 29 年）》（2017c）绘制

6.1.2 特色町村建设

过疏化地区振兴政策是日本自上而下实行的町村发展政策。因町村人口减少，劳动力流失，町村的农业和农村发展受到严重制约。日本居民自身也产生了强烈的町村崛起意识，希冀通过挖掘町村资源，实现特色化发展，推动町村依托特有资源形成个性地域。从 1980 年代开始实施"一村一品"，到 1990 年代创建个性町村，均取得了一定的成效。

（1）一村一品：因地制宜发展特色产品，但因竞争而逐渐失去成效

1970 年代日本进行了大规模自下而上的"造町运动"，"一村一品"是其中最为典型和成功的形式。"一村一品"起源于大分县小山村，通过生产高质量李子和栗子提升经济。小山村的一村一品运动经历了三个阶段的自我发展：首先是创造"1.5 次产业"推动农业发展，即对农产品进行加工以提升产业链；在此基础上逐步强调人力开发，加强农业学习以保证后续发展力；最后通过产业的复兴来提升人居环境，改善居民生活质量。

小山村的自我振兴方式被大分县知事修订为县级政策，于 1979 年在大分县内推行。该政策使大分县地方产业迅速发展，人均收入大幅提升。2015 年，大分县已经开发了 766 种不同的地方产品和服务（Mukai and Fujikura，2015），产品产值由 100 亿日元上升至 1400 亿日元以上。

"一村一品"运动注重因地制宜发展特色产品，创建优势产业基地。根据当地资源与自身优势，开创特色产品，既包括农产品，也包括特色文旅项目。政府通过财政补贴发展优势产业基地，以增加农民收入，并改善基础设施，提高

农业生产效率。此外，还对农户展开教育培训，以培养农业人才，形成了"政府主导、学校支持、农民参与"的模式（颜毓洁，2013）。政府建立了各种培训中心满足农民的各项学习需求，通过人才促进农村地区经济社会发展。

案例：大分县由布院町——温泉旅游开发

大分县的由布院町是开展"一村一品"运动成功的典型之一。町内拥有多处温泉（图 6-3），且交通相对发达，由布院町充分利用丰富其自由优势，发展特色旅游和、每年举办一次电影节和一场音乐会，此外还将旅游和贸易结合，每年举办烧烤会，以促进町内牛肉的销售。1982—1999 年该町的工业上市额从12.52 亿日元增值 93.21 亿日元，增长了 6.4 倍（杨书臣，2002）。"一村一品"建设大大带动了由布院町的经济增长。

图 6-3　大分县由布院町温泉

资料来源：http://www.yododo.com/area/news/0132A47DC5E61C48FF80808132A215D3

一村一品由居民自主发起，政府提供技术支持（建立农业技术中心，指导产品开发和分销等），不提供资金补贴。这样减少了该运动对政府的过度依赖，从而增强地方自立。然而，一村一品在传播过程中逐渐变得政治化，全国大量市町村竞争市场份额，使得该运动对地方经济发展的促进作用逐渐削弱。

后期的"一村一品"政策实施主要存在两个问题：①无法保证町村间产品或服务的不重叠，市场竞争激烈。县、町村两个层级对每个町村的产品进行协调和行政干预才能保证产品的独一性而减少竞争，然而干预的实际效果不尽理想。首先町村数量庞大无法做到完全不重叠，其次因其自主的性质，居民会因市场需求自主选择生产利益更高的产品；②竞争实力受到町村规模的影响。虽然一村一品运动的意图是在町村层级普及，但能够成功的町村需要有大规模的人口支持，故而"市"层级的成功概率大，许多町村因人口不足无法形成有效的振兴单位（王丽娟，2017）。

（2）个性地域创建：资源的极致化利用

1980年代日本政府开始推行个性地域的市町村建设。由都道府县推荐，再由日本政府进行指定117个市町村为个性地域。1990年代后又指定了22个市町村为个性地域市町村，他们在历史、地理、风土或文化等方面均有一定的特色。

日本政府指导町村特色化发展的思想是将地域资源进行极致化利用。立足于当地的资源开发，进行环境保护，创造就业机会，促进经济社会和谐发展。

上胜町：小小枫叶的极致化利用

上胜町位于日本德岛县，位置偏远，区域经济较落后，且交通不便利。而上胜町隐藏在群山中，交通条件差，总面积109.6km㎡，88.3%为山林，人口仅2000多人，老龄化率近50%，是全日本人口最少而老龄化程度最高的地区。上胜町居民曾经以柑橘、林业和建筑业为生，1981年的寒灾让该村面临灭亡的危机。1986年，农林技术指导员横石知二发现了上胜町的商机——枫叶（图6-4）。他通过大量试吃京都高级餐馆研究出了最受欢迎的枫叶以及每种枫叶出货的最佳时间，创立了品牌"彩"，专卖上胜町的枫叶，并非常注重品质的管理，要求相同种类的枫叶无论大小和颜色都要保持一致，这使得上胜町的枫叶在市场上赢得了较好的口碑。在上胜町枫叶达到一定的业务量后，村民们也加入了枫叶采集以获得报酬。2010年甚至和日本最大的移动设备运营商之一NTT合作，发明了老人们专用的平板电脑软件以查询如何采集枫叶。甚至与微软和日本的Docomo进行合作。

如今，上胜町的枫叶品种繁多，不仅用于日本餐厅，占据了日本装饰树叶市场80%的份额，甚至远销美国、法国和意大利等国。村内采摘的老年人平均年龄在70岁左右，靠采摘枫叶获得了可观的收入，年销售总额超过2亿万日元，不少老人一年就可创收千万日元。此外，横石还通过种植不同种类的树木改造了上胜町的面貌，从而吸引游客。2003年上胜町开启零垃圾行动，将垃圾进行详细分类以便资源再利用，2016年垃圾循环利用率达80%，被评为日本最干净的町。

图 6-4　上胜町风貌及枫叶装饰

资料来源：http://news.yuanlin.com/detail/201758/253905.htm

小山町：小小传说形象的极致化利用

小山町位于静冈县骏东郡，其西侧就是富士山。但小山町交通区位较差，无法与周边主打富士山旅游的市町村相匹敌，游客吸引力非常弱。面对此状况，小山町的居民抓住了一个契机——童谣《金太郎》（图 6-5）。金太郎是日本的相扑名将，讨伐鬼怪立下赫赫战功，该传说在日本家喻户晓。小山町以金太郎为旅游符号，挖掘传说故事背后更多的素材，出版图书和影音，将金太郎和小山町紧密联系在一起。并且修建了一条"金太郎漫步"旅游路线，包括神社、石头、树、池塘等等，将各类设施都尽量结合金太郎形象布置。此外，将金太郎传说打入儿童群体，生产金太郎西红柿、馒头等儿童食品；设置金太郎相关的儿童游戏体验；改造金太郎邮局让小朋友给金太郎写信等。小山町迎来了一批批的旅游和定居者。2011 年后，小山町实现了年 400 多万的游客量。

图 6-5　日本小山町"金太郎"

图片来源：http://www.rl-consult.com/html/zhiku_guandian_details.php?id=515

日本是动漫的生产和消费大国，其动漫文化被全球认知，动漫旅游业随之而来。将动漫与乡土文化结合，通过多种方式形成特殊的旅游模式——展馆式、乐园式、节会式等（蒋多，2014）。动漫旅游在不少町村盛行，通过动漫形象强化地方特色，来塑造品牌个性。因该产业的产业链长，综合性强，也为町村产生经济聚集效应提供良好的助推力。此外，动漫特色町村的旅游业也带动了当地的就业，增加了居民的收入。

北荣町："柯南"形象的极致利用

北荣町位于鸟取县中部，是知名漫画《名侦探柯南》作者青山刚昌的出生地。北荣町的大街小巷都是"柯南"，有一条"柯南大道"，且充满着柯南主题的标志牌、浮雕、铜像等。另外还有座"柯南大桥"，桥上处处都是柯南雕像。各类公共服务设施的门口、周边也都是柯南的铜像（图6-6）。北荣町是柯南迷的朝圣地。就连北荣町居民的户口本、居民卡上也都印有柯南形象。2007年北荣町建设了以青山刚昌动漫作品为主题的"青山刚昌故乡馆"，设施运营权全权交于北荣町。该馆每年约有游客13万以上，为北荣町带来了一笔可观的收益。

图6-6 北荣町柯南大道

资料来源：http://k.sina.com.cn/article_2998067174_pb2b2dfe602700c5gw.html

个性地域创建不仅需要町村自身的资源基础，也需要政府和居民拥有敏锐的洞察力，更需要制定有效、独特的挖掘、开发和运营方式，需要居民、政府、民间组织等协力合作。该项目一定程度上促进了一些町村地区的崛起，但普及性不高，也存在和一村一品运动相似的竞争隐患。

6.1.3 其他政策

除以上针对町村的特殊政策外，日本政府在全国性的公共投资、产业引导和规划政策等方面也对町村发展提供助力。

（1）政府公共投资：建设基础设施，投资教育事业，引导产业发展

国家出资进行町村的公共服务设施和基础设施建设，利用国家税收的转移支付来拉平城乡差异。

实施内容：1980 年代以来以农林补助金、税收减免和町村举债、农林水产预算中的公共事业费等作为资金来源，建设公共服务设施和基础设施（主要为町村间和町村内的道路设施和町村内部的公共设施）、投资教育事业、引导产业发展。

实施成效：①町村公共服务设施和基础设施逐步完善，居民生活质量有所提升；②基础设施的建设使大量企业迁入，促进人口增加和商业的繁荣，也促进了町村工商业资本的积累；③教育事业的发展，为町村提供了更多人才的可能；④此外还产生了大量的就业岗位，帮助解决就业问题。

（2）工业引导与调整：引导工业进入町村，缓和过疏现象

实施内容：1962 年第一次国土综合开发计划，日本实施工业分散政策，引导城市工业向町村扩散。首先是设立开发据点，设置了 15 个工业据点、6 个工业整备区和 97 个工业开发区，增加该地区的国库补贴来推动其工业发展从而带动周边发展。1960 年代末，将工业导入的范围扩大到远离城市的边远地区。中央政府在税收、资金、工业用地的征用、公共设施的建设以及对农民的职业训练方面予以支持，通过行政指导和财政手段促进工业布局调整（王月东等，2002）。针对"过疏化"推动工业反哺农业政策，1980 年代中后期町村基础设施基本达到了城市的配置水平。到 1990 年代中期，政府着手将大量工业引入町村地区，町村政府通过低价或无偿提供土地、减免地方税、实施各种补贴等优惠政策进行招商引资。此外，国家还出台了《向农村地区引入工业促进法》《关于促进地方中心小都市地区建设及产业业务设施重新布局》等法律法规，试图通过工业化引导农村人口向市町村集中。

实施成效：工业政策加快了町村经济结构形态的演变，初步缓和了町村的过疏化矛盾。工业取代农业成为支柱产业，一些专业化生产逐步形成，机械化普及到农业，市场竞争日益激烈，农民就地就业及建业机会增多，改变了就业结构。与此同时，町村财政收入增加，社会公共事业及福利设施完善，留住了一部分人口，尤其是年轻人。

（3）"生活圈"构建及广域联合制度：町村依托周边城市联合发展

国土规划有三大都市圈广域规划,分别是首都圈、中部圈和近畿圈。三个圈域的各级地方政府分别制定区域内部的城市规划。广域规划由都道府县和市町村进行组合,形成广域行政圈。广域行政圈由广域市町村圈[①]和大都市周边广域行政圈[②]组成,覆盖全国市町村,通过行政事务组合在广域范围内提供区域性服务,并由市町村合作建立设施。日本的广域规划以打造"生活圈"为基础,弱化行政边界,通过广域联合方式,聚集人口、产业、基础设施以促进区域协同发展(游宁龙等,2017)。

广域联合制度:在广域圈层内,为加强区域合作,日本实行"广域联合"制度,联合各级地方政府形成行政事务组合以分担各类行政事务,提高行政效率。如广域联合综合执行市町村的一般废弃物和都道府县的产业废弃物处理的公共服务职能(游宁龙,2017),在都道府县和市町村设立机构,编制广域空间的规划。

"生活圈"打造:日本自第一次全国综合开发计划开始,便一直致力于生活圈的构建,先后发展了"广域生活圈""市町村圈""定住构想"及"新地方生活圈"(表6-4)。

表6-4 日本"生活圈"打造历程

时间	生活圈	内容
1965	广域生活圈	消除开发中的过疏过密问题,进行地区整备
1969(二全综)	市町村圈	进行公共设施建设及国土均衡发展
1975(三全综)	定住构想	居住区—定住区—定住圈三层次,建设良好的人居环境,通过区域开发均衡各地区教育、文化、医疗水平
1992	新地方生活圈	全国179个半径20—30km,人口规模15—30万

资料来源:作者根据孙道胜等(2018)整理

目前,日本在广域行政圈内设立地方生活圈,圈层的大小依据距离、人口、设施的不同划分为4个等级(图6-7)。在新的地方生活圈内,根据不同范围的生活需求布置相应的公共服务设施。市町村基本处于一次生活圈和两次生活圈

---

① 广域市町村圈指居住人口在10万以上且具备一定条件的日常社会生活区域。目前全国共有338个。

② 大城市周边的广域行政圈拥有40万以上人口规模,从地理环境、历史渊源等角度看可在行政上设为一体的区域。目前全国共有25个。

范围内，通过地方生活圈与周边中小城市联合，共同发展。在日本首都圈的整备计划中，有 53 个町村纳入"近郊整备地带"，55 个町村纳入"都市开发区"。将市町村纳入大城市的服务圈层，享受政策优惠和城市大市场，有助于稳定当地人口，促进町村经济的长足发展。

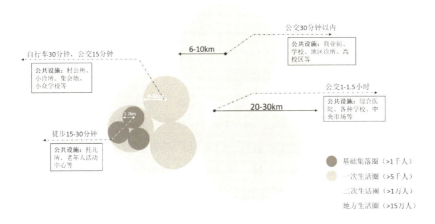

图 6-7　日本地方生活圈规划

资料来源：作者根据游宁龙等（2017）整理绘制。

6.1.4 日本社会政策小结

日本将町村视为相对城市而言发展落后的地区，促进町村建设的目的是均衡地区发展，解决过疏化问题。针对町村采取的政策措施主要是完善其物质空间建设、振兴地方经济以及促进地方文化环境改造。过疏化地区振兴通过政府在财政上的投资和政策上的优惠，自上而下地完善过疏化地区建设，地方也积极采取措施解决过疏化问题，从而防止地区衰败。

特色町村建设是町村居民自主建设意识的崛起，自下而上地高度开发町村特色资源。政府公共投资、工业引导是政府有针对性的政策引导，试图在公共资源和产业发展方面为落后町村创造机会。广域生活圈的打造更是开拓了市町村向上借用资源的思路。

总体而言，日本对于町村的建设不管是中央层面、地方政府层面还是当地居民，都有强烈的意识。在长期的政策引导、资金投入和资源开发的努力中，一定程度上有效地缓解了町村的衰败，也促进了部分町村的崛起，为均衡城乡发展做出了贡献。

6.2　韩国小城镇的社会政策

6.2.1 小城镇培育事业

从 20 世纪 70 年代开始，伴随着新村运动，韩国同步开展了小城镇培育事业，并持续至今（现为中心地开发事业），对邑面的发展产生了较为显著的影响。

（1）小城镇培育事业背景：人口减少及老龄化，城镇职能弱化

随着快速的城镇化进程，人口大量向首都圈和城市群聚集，导致了韩国社会、经济、环境等方面产生了诸多问题。

邑面人口减少及老龄化。大量人口从面邑地区迁移至大都市地区（图 6-8）。韩国总人口的增速在减缓，洞邑面地区的人口流失和老龄化加速了这些地区的衰退。为了防止洞邑面地区继续衰败，针对性的培育事业迫在眉睫。

邑面不能有效联系城市和农村。资源的过度集中使得邑面的发展一直受限，不能成为农村地区生产、消费的中心，也未能有效发挥带动周围农村地区发展的职能，无法有效均衡城乡发展。

图 6-8　1980—2005 年韩国邑面人口比率

资料来源：根据申东润（2010）改绘

（2）小城镇培育事业历程：四次开发，培育农村中心，均衡城乡发展，投资逐次增多，主要改善基础环境，第四次开发重视产业培育

韩国小城镇培育事业中的小城镇被定义为"邑、面中在 3 平方公里以内，

或城市规划区内现在或预计今后 5 年内居住人口达 3000 人以上的区域",即小城镇各项培育事业主要集中在邑面地区,其规模与中国建制镇设立标准相类似。

　　韩国的小城镇培育事业从 1972 年开始,根据政策变化主要经历了四个阶段(表 6-5)。

表 6-5　韩国小城镇培育事业四个阶段

阶段		小城市培育事业	小城镇培育事业	小城镇开发事业	小城镇综合培育事业
时间		1972—1976	1977—1989	1990—2001	2001—2012
主题		农村中心培育	准城市培育	缓解城乡差距	均衡区域发展
目标		将小城市培育成周围农村地区的生活、文化、物流的中心地区	改善小城镇落后的生活环境,培育其自主生产能力,使其能够承担准城市的职能,从而缩小城乡生活水平的差距	把小城镇所在地开发为农村地区集经济、文化、行政等功能的综合性中心地,通过振兴地区经济和建设地方定住生活基础,谋求福利的均衡,进而缓解城乡差距	将小城镇培育成为其周围农村地区的开发据点,进而提高居民的收入和生活福利水平,为区域均衡发展做出贡献
措施		以改善基础环境为主,集中整治街道和市场环境(道路、河川、建筑、广告牌、停车场、道边水沟、窄胡同、电网等)	集中于街道、市场等基础环境的整治,涉及的范围、规模相对"小城市培育事业"有所扩大	街道整治:改善道路和下水道等环境整治:改良住宅等市场物流设施整治:整理中心商业街等	培育小城镇综合计划: 1. 培育地区特有产业; 2. 支援市场、中心商业街等现代化、专业化建设项目; 3. 为提升人居环境扩充城市基础设施; 4. 保护传统文化和历史资源,振兴旅游事业
洞邑面数量(个)	选取	150	1458	1443	194
	实际落实	397	844	606	100

139

阶段	小城市培育 事业	小城镇培育 事业	小城镇开发事业	小城镇综合培育 事业
支援金额（亿 韩元／个）	0.1	1.65	12.4	300

资料来源：根据金钟范（2004）整理。

第二阶段的小城镇培育事业期间，还进行了小城镇职能化事业（1978—1982年）和定住圈开发事业（1982—2011年）的尝试。小城镇职能化事业选取了169个洞邑面培育其准城市的据点职能：即支援周边农村、补充相邻城市、农村开发据点职能、腹地文化中心职能等，最终因支援资金不足而只有6个洞邑面得到实施。定住圈开发事业以郡为单位确定地方生活圈，选取了155个洞邑面作为中心地以建立城乡之间的高度联系，最终也因资金问题而只有3个洞邑面得到落实。

第三阶段的小城镇开发事业期间，政府多个部门为支援农村和落后地区制定和实施了一系列政策（表6-6）。通过这些政策的实施，韩国的邑面尤其是面政府所在地的人居环境在多方面均有较多改善。

表6-6　1960—2000年韩国促进小城镇发展的相关政策

时间	部门	法律	措施
1963	建设交通部	《国土建设综合计划法》	"郡（县）综合开发计划"
1970	产业资源部	《地方工业开发法》	开发农工园地（县级开发区）
1986	行政自治部	《岛屿开发促进法》	"岛屿综合开发计划"
1988	行政自治部	《边远地区开发促进法》	"边远地区综合开发事业"
1991	农林部	《农渔村道路整治法》	"农渔村道路整治事业"
1994		《有关区域均衡开发及地方 中小企业培育法律》	"开发促进地区事业"
1994	农林部	《农渔村整治法》	"定住圈开发事业"和"文化村建 设事业"
1995	农林部	《农渔村住宅改良促进法》	"农渔村居住环境改善事业"

资料来源：根据金钟范（2004）整理

第四次小城镇综合培育事业阶段，中央政府颁布了《地方小城镇培育支援法》，并于 2002 年制定了《小城镇培育事业 10 年促进计划 (2003—2012 年)》(2002, 行政自治部)，给每个镇规定了具体的培育任务。邑面层面的每个小城镇要制定 10 年计划：前 3 年行政自治部和国库补助资金管理部门集中出资进行基础建设，使小城镇实现主体化发展；后 7 年则主要进行民间投资和自发的诱导性建设事业（金钟范，2004）。这阶段小城镇培育事业开始重视产业培育，也正式走上规范化的道路。

（3）成效与问题：物质环境得到改善，投资不足，总体保"量"不保"质"

前三次培育事业的方式方法大致相似，从最初的强调小城镇作为农村生活文化的中心地职能向经济行政的复合中心转变，将小城镇作为联结城市和农村的开发据点。在这三个阶段，小城镇的各项基础设施和公共服务设施得到了明显的改善：道路设施、住宅普及率、公共文化艺术设施、一般教育设施、一般医疗设施等基本达到与城市持平。这些小城镇也因此吸引了一定程度上的农村人口，缓解了城市人口增长的压力。

然而，这几次的小城镇培育计划总体上并没有达到预期的实施效果，主要问题在资金方面。首先是中央政府承担经费不足五分之一，地方政府承担过大的经费压力使其积极性不足；其次，虽然下拨的资金逐次增多，但未切合实际情况，铺的面过大，过分求"量"的完成而最终未能达到"质"的提升，整体功能水平没能提升，也都未完成预期目标量。

与前三次计划不同，第四阶段政府推行的小城镇综合培育事业在方式方法上有了较大程度的改善，主要体现在四个方面：①加强资金支援，引入民间资本：充分吸取前三次资金不足的教训，此次政府加大了资金的投入，国家承担 200 亿韩元，上级市郡和市道政府共承担 100 亿韩元。即每个镇可获得 300 亿韩元（约合 1.7 亿人民币）的资助，远超前三次。中央和地方投入资金比为 2:1。此外，此次培育放松了管制，允许一定条件的民间部门参与事业，如民间团体主要参与环境整治和精神文明建设事业，民营企业参与产业、旅游设施、学校、医院等的投资建设。充分调动多方资源提供资金支持。②先保"质"再求"量"：前三次面铺得过广使得实施质量不佳。本次先集中于邑，再转向面，优先支援条件优越尤其是在前三个阶段培育较好的邑面，即先保证开发的质量，再考虑普惠。③制度化和规范化：此次培育制定了一系列的法规和规范要求，计划的实施要遵守法定程序，有关部门要承担相应的法定义务，即需制定小城镇综合培育计划并提交上级政府审核通过，而后再上交中央行政自治部最终决定培育对象，在实施过程中各级政府均需承担一定的义务，地方政府负责推进具体计划实施和发放支援资金。④注重特色主题事业的开发：此次开发不再一味地只关注基础的人居环境、基础设施和公共服务设施等，而是挖掘小城镇本地特色，倡导通过主题立项，各项事业围绕主题进行（表6-7）（金钟范，2004）。

表6-7　2003年选定开发对象及建设主题

开发对象	定位	事业内容
江华郡	建设历史、文化体验型博物馆城市	江华民俗场知名化事业、龙兴宫周围公园化事业、江华历史探访路
平昌郡	振兴旅游、老年产业，创建休养城市	建设老人城和休养旅游村、多用途野营场、综合运动城
锦山郡	人参、草药健康城	建设人参—草药城、中央公园
海南郡	全南（道）西南部地区行政、文化、旅游小城镇	市场现代化整治、建立工业区和建设水产品加工厂、设立海南历史博物馆

资料来源：根据金钟范（2004）整理

然而此次开发依然存在一些问题：主要体现在两个方面：①开发主要还是侧重于物质空间建设，缺乏多元功能的植入；②中央主导，地方自主性不强，政策达不到预期的落实效果，小城镇数量增加与质量提升不成正比，整体功能水平不高。且多个部门分散投资也致使政策的综合性差，虽然小城镇数量增多，但质量普遍不高，多数小城镇并没有真正成为农村地区生产和消费的中心。

6.2.2 定住圈及边远地区开发事业

（1）定住圈开发事业：中央主导，主要集中在面，培育农村地区开发据点

农村定住生活圈开发事业是在第三次小城镇开发事业中提出的，由农林部推进，于1990年正式启动。事业主要集中于面尤其是农渔村地区，是小城镇综合培育事业的前期准备。农村定住圈开发事业的目的是为农村地区提供与城市同等的生活服务，抑制人口流向大都市圈，以实现地区间均衡发展，并借此培育出小城镇的雏形为小城镇开发打基础。

定住圈定义：和日本的定住构想相似，韩国定住圈分为住宅区—定住区和定住生活圈三个层级，根据《农渔村定住生活圈开发计划》，这三个层级分别对应韩国定住群的中心村落—中心邑面—中心城市。中心村落是下级村落的中心地，由 5—10 个村落形成；中心邑面人口在 1000 人以上，是下级邑面的中心地；中心城市主要为市郡或邑，人口在 2 万人以上，起到连接上级广域自治体和下级邑面的作用（图 6-9）。中小型邑面在其中处于定住区中心的地位，较大的邑可成为定住生活圈中心。定住生活圈把"中心城市"、"中心邑面"作为一个整体培育成周围农村地区的开发据点，与小城镇开发事业意义相近，但开发层级更低，更偏向农村地区。

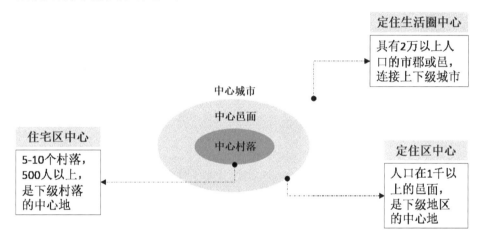

图 6-9　定住生活系统示意图

图片来源：作者自绘

主要内容：中央政府主导，主要集中于农村地区设施改善。1990 年，韩国政府选取了 758 个面（全国 62% 的面）开展定住生活圈开发事业。总资助金额为 30 亿韩元（约 264 万美元），融资 15 亿韩元（约 132 万美元）。定住生活圈开发事业主要是农村基础设施、道路、文化福利设施、产业、用水、环境保护、灾害防治、住宅改善和其他等 10 个开发项目（申东润，2010），此外还有 50 个个别项目，目的在于提高邑面及其下级农渔村地区的生活生产条件，缩小城乡差距，促进国土均衡发展。

从投资情况来看，首先是融资事业数量在项目稳定成熟期比例迅速增多，且融资金额比例也在增加。其次是事业费用，地方政府的投资金额逐渐增多，但投资比例占总事业费用比例稳定在 20% 左右，而中央投资金额在 2002 年比重较大，2003 年融资金额比重增加，中央比重减少（图 6-10）。可见，定住圈的总体投资情况呈稳步增长，且从 2003 年开始，该项目的融资能力增强，中央主导力减弱。但总体而言，在投资上中央依旧占据主导地位。

表 6-8　定住生活圈开发与投资情况（百万韩元）

		1992—2001 年	2002 年	2003—2004 年	合计
事业数量	资助事业	477	60	221	758
	融资事业	361	15	382	758
事业费用	中央政府	1231814	209763	476596	1918173
	地方政府	478451	52441	230170	761062
	融资	470457	18720	343170	832347
	合计	2180722	280924	1049939	3511582

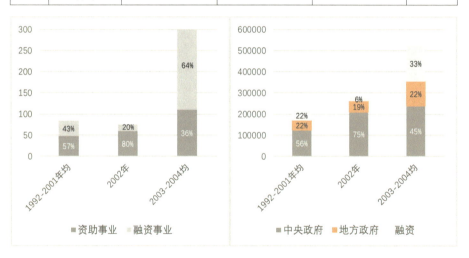

图 6-10　定住生活圈开发与投资情况

资料来源：根据金钟范（2007）整理

注：该项目于 2004 年结束，2005 年改为"农村景观改善支援事业"，主要进行农村景观改善工作。

实施成效：地方与居民参与力度小，管理体系不统一。在定住圈开发事业初期，短期内取得了邑面地区及其下属农村地区的设施改善、城乡差距减少等生产性结果（申东润，2010）。但从长远来看，定住生活圈政策主要集中于农村内部基础完善，只注重物质空间建设，整体效果不如预期。其主要存在两大问题：①中央政府主导，地方及居民的参与力度小：农村定住生活圈开发政策是中央政府提出，并进行制定和推动的，投资也是以中央政府为主。虽然地方政府参与部分投资和计划内容，但总体力度不大，决策权和财政权有限。从而也导致了居民的参与意识薄弱，自主性受到限制。缺乏地方和居民的实际建议，在开发建设过程中缺乏针对性和有效性，效果不理想。②管理体系不统一：中央根据定住生活圈开发事业的需要在市郡设立了相关部门，地方政府又各自设立了不同的管理部门，使得各地区管理部门差异大，不利于统一管理。且地方政府实质性办事人员少，使得项目无法有体系地进行，整体实施效率低下。

（2）边远地区开发事业：中央主导，以基础设施建设为主

随着人口向大都市圈迁移，城乡差距逐渐拉大，韩国形成了相对发达地区和相对落后地区，即区域发展差异：大都市与小城市的差异、城市地区与农渔山村地区的差异。因此，韩国从 1980 年代便开始实施落后地区开发事业。

落后地区开发事业根据行政等级可分为三个层次，四项计划，分别是市郡层面的开发促进地区开发事业，面层面的边远地区综合开发事业，农村层面的山村综合开发事业和岛屿综合开发事业。本文主要介绍由行政自治部主管并制定计划的面层面的边远地区开发事业。

边远地区定义：开发水平低于全国面平均水平，且居民人均收入低于全国面地区人均收入的面。

开发目的：针对显著落后的边远地区，通过振兴产业和改善生产生活基础设施，提升区域发展水平，均衡区域发展。

开发内容：①改善通信、供电、道路等基础设施；②改善农林水产和工业等产业基础设施；③建设医疗、教育等福利设施；④河流、绿化整治及环境保护；⑤改善居住环境；⑥其他事项（金钟范，2005）。

资金支援：分别进行了两次综合开发计划，中央承担主要投资，对每个需要开发的面都进行规模化的投入（表 6-9）。在第二次计划中，平均每个面获得资金 38.3 亿韩元（339 万美元），中央政府承担 74%，地方政府承担 26%。

表6-9 韩国边远地区综合开发计划两次投资情况

	年份	面数量（个）	投资金额（亿韩元）	基础设施建设（项）
第一次	1990	403	8181	6197
第二次	2000	399	15264	6490

数据来源：根据金钟范（2005）整理

边远地区开始事业也主要集中于基础设施建设、产业发展和环境保护，尤其重视各项生活服务设施的补给与改善。韩国制定了一系列的法规制度，并且明确了开发实施程序和各部门任务，将开发事业制度化和系统化，确保项目的有效实施。中央政府在开发事业上给与了大量的资金支持，以确保开发事业的有效开展。边远地区开发事业大大地改善了边远地区生产生活环境。然而，韩国落后地区人才、劳动力流失严重，即使生产和生活设施得到了改善，但积累已久的问题无法在短时间内得到有效解决。尤其是中央主导下的开发缺乏地方的积极响应，不少开发事业的经济效益欠佳，社会效益与环境效益也显低下（雷国雄，2005）。

6.2.3 中心地开发事业

（1）背景：新一轮邑面开发，培育农村服务中心，带动农村经济活动

小城镇培育事业注重的是自上而下的开发促进，在实施过程中居民的参与度很低，致使最后的实施效果不够理想，且实施普及率也不够。韩国政府在最后一阶段小城镇综合培育事业结束后，调整思路，于2015年开启了新一轮的中心地开发事业。

理论模型：以地区中心为起点，分别界定100米、300米和500米的开发范围，靠近中心地带配置核心公共设施。中心地300米范围内尽可能增加居住密度和老年住宅密度，以增加人气和提高服务便捷度。500米范围内也保证一定的居住密度，吸引老年人住宅建设。在近郊地带建立环路，作为主干公共交通系统与公共区域相连（图6-11）。中心地开发事业的核心即邑面地区的公共中心位置。

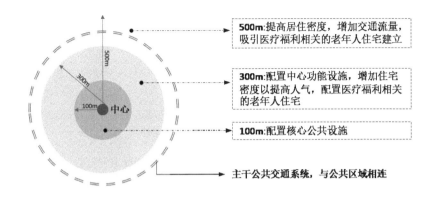

图 6-11　中心地开发理论模型

图片来源：作者自绘

实施目标：中心地开发事业作为小城镇培育事业的延续，目前多在计划中和实施中。中心地开发事业的主要策略目标有四点：①加强邑面作为农村中心的功能与作用，有选择地集中农村地区；②将中心地的人力资本、设施等提供给周边农村地区，为农村地区提供生活服务；③改善中心地与乡村之间的可达性，加强通信与公共交通服务；④带动周边农村地区经济活动，提供社会福利和文化艺术活动，带动六次产业发展。

总而言之，中心地开发事占在邑面中心增设或更新各类公共服务设施，增强邑面中心地行政、文化、交通、贸易等功能，提升它对周边农村地区的服务能力，将邑面中心地创造为服务中心以支援及凝聚周边农村，带动农村经济活动，从而提升当地居民的幸福感。

开发对象：中心地事业选取的开发对象基本都是已开展过小城镇培育事业的邑面，政府对其进行评估，若小城镇培育事业的完成性相对较高，则可进入下一轮中心地开发事业。

（2）具体内容：多方参与，居民参与力度大；分主题分阶段进行开发和投资；软硬兼并，提供针对性服务

中心地事业的参与者主要为邑面管理团队、邑面居民、项目管理团队和市郡政府。邑面管理团队包括邑面政府和当地的居民组织如居民委员会、农业合作社等，项目管理团队主要为开发者。他们的任务如下表 6-10，其中邑面管理团队和居民在各个阶段的参与力度均较大，市郡政府主要提供财政和项目支持。

表 6-10　中心地开发事业和参与者在项目各阶段职能

	邑面管理团队	邑面居民	专家	项目管理团队	市郡政府
准备	业务规划	参与讨论	参与讨论	项目潜力挖掘	获取项目资格
规划	社区教育，收集居民和专家意见，举办讨论会	提出意见和建议	提出意见和建议	进行实地调查，制定基本计划并对居民进行宣传	提供财政支持
设计	根据业务内容召开会议，制定详细设计草案，促进达成共识	提出意见和建议	提出意见和建议	逐步设定开发目标和计划	—
施工	工作监督和人员支持，持续的推广和参与	人力资源支持	公共设施建设指导	—	—
管理	监督、维护，鼓励居民参与	人力资源支持	意见指导	—	—

资料来源：根据韩国农林畜水产食品部《농촌중심지정비방안및계획기법현장실증연구》整理，2018a

在开展中心地开发事业之前，计划与开发团队会进行一系列的调查与分析，在充分了解当地情况的基础上制定计划，主要分为八个步骤。

①一般状况分析：对中心地所在的邑面地区的自然地理位置和交通地理特征、经济状况、生活环境和社会福利状况进行分析，以确定其自然特点与潜力、人文与社会地位，发现经济潜力和潜在改进方向。

②空间结构与物理环境分析：对中心地的城市、农村的地位和等级，及其与周边中心地的联系进行分析，并分析其现有设施分布状况。

③潜在资源和潜力分析：对其人力与社会资源、文化资源、环境和景观资源进行分析。

④内外部条件变化前景分析：对与其相关的宏观经济趋势、政府部门的变化情况、相关政策发展趋势以及区域发展态势进行分析。

⑤居民意识与需求调查：从居民的角度了解当地的发展方向，并确定当地的居住条件、问题和潜力。

⑥对相关计划、法规和业务进行审查，分析开发计划是否与之相符合。

⑦初步计划审查：制定基本计划、制定实施计划、审核从实施提升到售后管理的整个过程并设定替代方案。

⑧制定全面的分析和规划任务：进行 SWOT 分析，确定开发区域，编制计划任务，根据当地需求，可行性，制定相关计划和综合规划。

中心地开发事业以建立服务、文化、行政、旅游、商业、教育等多种中心为主要目的，每个中心地都会根据其资源特色设置相应的主题并上报，通过者会得到资金支持进行项目落实。2015 年和 2016 年相对较为领先的中心地的开发主题类型种类多样，投入金额均为 80 亿韩元（约 4600 万人民币）（表 6-11）。在开发过程中，不只注重物质环境改造，还软硬结合，提高中心地的综合水平（表 6-12）。并且对中心地的弱势群体（老人、儿童、妇女、残疾人）提供针对性的生活服务（表 6-13）。

表 6-11　中心地振兴计划领先地区大纲（2015、2016 年）

地区名称	类型	资金投入	主要内容
昆池岩邑	生活社区	80 亿韩元	从婴儿到老人的全生活服务
洪川邑	服务供给基地	80 亿韩元	为农村提供福利和活动中心
宁越邑	乡村旅游基地	80 亿韩元	中心街道开发乡村旅游，培育公路旅游基地
沙梨面	文化和福利中心	80 亿韩元	教育及创意空间及生态教育发展
锦山邑	服务供给基地	80 亿韩元	提供专业市场综合功能
獐项邑	生态旅游基地	80 亿韩元	国家生态工业园区，与国家海洋生物资源中心相连的生态旅游基地
任时邑	多元服务基地	80 亿韩元	通过联动、整合社会福利与文化，支持医疗服务的重塑
兴德面	创建本地工作	80 亿韩元	建设富有农场气息的咖啡馆
玉谷面	激活中心商业	80 亿韩元	集中地域食品，振兴市场和现代化事业及相关服务
北面	激活生态主题	80 亿韩元	以生态主题创造空间，振兴生态社区
巨昌邑	教育和文化中心	80 亿韩元	小学及初中教育，建设文化开放社区
陕川邑	教育和历史中心	80 亿韩元	通过教育及建设文化交流中心激活历史

资料来源：根据韩国农林畜水产食品部《농촌중심지정비방안및계획기법현장실증연구》整理，2018b

表6-12　软硬兼并的改善计划

项目	加强公民参与能力	硬件	软件
交通		改善交通设施	改善运输系统
教育		改进教育支援设施	参与当地的学生管理
宣传	设置小社区模式	市场设施改造	构建购物营销中心，食品中心
文化	参与地方议程	文化休闲设施的建立	制定公民参与文化活动计划
管理	组织业务实体	建设开放式政府	发展服务体系
产业		建设加工中心	强化工业组织和产品营销水平
观光	全面的参与式规划	建立旅游设施	制定旅游体验计划、培养体验师
住宅环境		建设安全小巷	设立景观公约，丰富乡村景观活动

资料来源：根据韩国农林畜水产食品部《농촌중심지정비방안및계획기법현장실증연구》整理，2018c

表6-13　针对不同人群设置多样化服务设施

青年	儿童	女性	老人	残疾人
心理健康引导俱乐部活动青年活动中心	儿童广场儿童福利中心	专业咨询中心家庭健康支持中心	老人日托医疗访问高级俱乐部休息室银色共享工作场所	法律顾问康复服务盲文图书馆手语翻译中心护理房

资料来源：根据韩国农林畜水产食品部《농촌중심지정비방안및계획기법현장실증연구》整理，2018d

中心地开发事业与小城镇培育事业最大的不同是强调居民的参与。小城镇培育事业是政府自上而下的投入资金建设项目，而中心地开发事业的计划和实施都会与居民充分沟通，听取居民意见，并让居民参与到建设中。

为有足够时间充分听取意见，中心地事业采取逐年开发的方式。我们访谈过的邑面长告诉我们："居民参与的基本流程为：提出计划方案后，第一年先与居民进行充分沟通，听取居民意见，尤其是一些需要买房屋争取土地的建设项目；第二年制定更细致的计划，第三年投入开发建设"。即为居民提供了较长的时间和流程去全方位地理解并参与其中。此外，为了能有效地与居民沟通，更全面地听取居民意见和需求，韩国政府出资训练一批农村中心地开发事业促进者（Facilitator）。这些促进者以更专业的视角和更强的沟通能力去挖掘农村目前存在的问题，并反映给政府部门，与居民、政府部门沟通解决方案并改善问题。笔者采访了其中一位 Facilitator，他是一位建筑师，与政府合作进行中心地项目的开发，为更好地与居民沟通，他选择参与培训获取证书。他告诉笔者，培育者只需要进行两周的教育，并进行一次笔试和一次面试，通过考试农林部便会给他们颁发证明（图 6–12）。

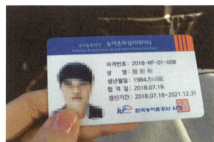

图 6–12　中心地开发事业促进者证明

资料来源：作者调研自摄

投资情况：按照业务类型和职能进行分类，由于项目类型众多，本文只列举部分。中心地开发政策的项目划分非常细致，且都有对应的投资部门，不同的项目根据其性质进行资金支持，金额差异较大，多数为国家和地方政府共同承担投资。2018 年底笔者赴韩国邑面考察（图 6–13），当地邑面长告知我们，中心地的开发实施也非一步到位，采取逐年建设方式。一般为第一年投入约100 万韩币进行垃圾清理等基本项目，第二年投入约 500 万韩币进行一些相对较小的项目，若前两年成效较好，则第三年投入约 1000 万韩币进行相对较大的项目开发。这样的开发方式可以确保项目在足够好的基础上进行，不盲目投入，也延长开发周期，便于有更多的时间与居民充分沟通。

图 6-13　市郡政府座谈（左）和居民访谈（右）

表 6-14　中心地开发事业部分项目投资情况

项目类型	投资金额（亿韩元）	国家比例（%）	地方比例（%）	投资部门
公共图书馆	80	20	80	文化体育观光部
农村道路养护	2188	50	50	政府行政和民政部
农村学校	94.15	50	50	教育，科技部
低碳绿色村庄创造	52	50	50	环境，林业厅
畜禽粪便资源转换能源	10.2	30	70	环境省
传统市场和购物中心	80	60	40	中小企业厅
植物园和森林博物馆	100	50	50	林务局
培育文化旅游节	67	—	50	文化体育观光部
农村学校的文化艺术教育	705	56	44	文化体育观光部
妇女友好社区构建	0.35	0	100	两性平等和家庭部
紧急医疗基础设施	55	100	0	卫生福利部

资料来源：表 6-14：根据韩国农林畜水产食品部《농촌중심지정비방안및계획기법현장실증연구》整理，2018e（1 亿韩元约为 58 万人民币）

（3）中心地开发事业的优点：预算充足，居民参与度高，项目通过率高

中心地开发事业存在如下几个优点：①预算充足。国家给予每个中心地开发事业的每个项目充足的资金支持。陕川郡郡长告诉我们："农林部每年给农村中心地开发事业 6% 的预算，因此每个市郡的预算都很充足"。陕川郡内共有 44 个项目，预算共 300 亿韩元，其中 11 个项目在 40 亿韩元以上。②居民参与度

高。保证项目有更好的成效以及更贴合当地。③项目申报通过率高。项目计划要申报相应部门进行审核，陕川郡郡长告诉我们："目前的通过率在 60% 左右"。2019 年会降至 45%，但每个项目的资金会有所上调。总体而言，项目的通过率和资金下拨金额都很高。

（4）中心地开发事业的缺陷：扶持力度过大，居民意见价值不高及不统一易影响建设，盈利项目易引起纠纷

中心地开发事业也存在一定的不足之处：①容易缺乏竞争意识。国家给与极大的资金支持，而这样几乎无竞争的全力支持容易引起不劳而获的心理，挑战减少后也容易出现懈怠的现象。②居民意见价值度有待考证。全程让居民参与的出发点是提高居民建设当地的积极性，也最大程度适应当地需求，然而像陕川郡地区本地居民大多是农民，因其见识面有限，提出的意见可建设性不高，且存在很多跟风现象，例如千篇一律的文化馆和健身房，缺乏创意。另外，目前很多项目建设完成后希望其能自主运营，但由于老年人居多，运营也比较困难。当然也有部分地区是依据当地的特性来发展，结合居民的需求和实际情况提出创意性开发策略，但比例不高，千篇一律现象占大多数。③盈利项目易引起纠纷。中心地开发事业的目标是将邑面培养成具有凝聚力的社区，但目前开发过程中一些小的盈利项目（如咖啡馆）因无法在资金方面做到很高的透明度而容易引起利益纠纷。④居民意见难以统一，影响建设初衷。一些居民看不懂或并不愿意仔细看文书，会在讨论阶段选择同意，而在后期施工阶段又提出意见，不仅影响项目实施，甚至会因居民的反对而出现和初衷相反的建设情况。目前当地管理团队会对当地居民进行教育和培训，但并不能完全解决该问题，主要原因有两个：一是教育需要较长的时间，一般认为需要 5—10 年时间为宜；二是全民教育有难度，全面教育不能一蹴而就，居民之间的受教育程度形成差异，也就分化了阶层，从而进一步增加了统一意见的难度。

（5）实施成效：项目推进有严格的监测制度，成效有待观察

目前，大多数中心地开发事业仍在规划和实施中，成效未知。但邑面管理团队和项目管理团队会定期对开发事业的成果进行监测。监测内容分为规划目标、计划内容推进及程序合理性三个方面，每个内容都有各自的监测小项，如规划目标是否符合相关计划，在开发期间会由项目管理团队进行两次监测；计划成本的合理性在开发期间由邑面管理团队在计划后进行检查；以及规划期是否足够由项目管理团队进行两次检查等。检查项目需要填写现场调查表，并及

153

时对项目的满意度进行测评和制定改进计划。

6.2.4 韩国社会政策小结

韩国对于邑面地区的重视是伴随着新村运动开始的。从小城镇培育事业到中心地开发事业，一系列连贯性的政策对邑面地区的综合改良起到了极大的促进作用。小城镇培育事业和中心地开发事业均以培育农村中心为目标，主要通过改善公共服务的基础环境，兼顾邑面的特色化发展来均衡城乡差距。但小城镇培育事业求"量"的发展，而忽略了"质"的提升，成果不甚理想。定住圈开发事业和边远地区开发事业均为落后地区的人居环境改良。定住圈开发事业是小城镇培育事业的前期准备，着重于面的设施改善；边远地区开发事业侧重于落后地区的邑面建设，也以基础设施建设、环境改善为主。中心地开发事业吸取经验，放缓开发进度，并重视居民意见，注重主题开发。

总体而言，韩国的邑面建设多为市郡和中央政府主导的自上而下的开发。除中心地开发事业外，邑面居民的参与度不高，且建设尤其重视生活服务设施的补给与改善，在特色化发展上尚有不足。

6.3　中国台湾地区小城镇的社会政策

6.3.1 城乡风貌改造运动

（1）政策背景：城乡差距拉大，改善乡镇环境与景观以平衡城乡资源

20世纪末，中国台湾地区也出现了乡村人口大量流出城市，致使城乡差距不断拉大的问题。为改善台湾的城乡风貌，1997年台湾当局营建主管部门研拟完成"城乡风貌改造运动实施计划"，着重改善乡镇环境与景观问题等实质建设，以期平衡城乡资源。此后该政策不断发展演变，一直延续下来。

（2）政策内容：自然、人文、生活文化资源改善与利用

台湾地区的城乡风貌改造运动政策分为四个阶段：①草创阶段（1997—2000年）：1997年提出"城乡风貌改造运动实施计划"，主要针对自然环境资源、人文环境资源和生活文化活动资源三项资源进行实施，并以创建具有"文化、绿意、美质"的新家园为计划总目标。此外，计划成立"城乡风貌咨询服务小组"下乡实施辅导及提供咨询建议，指定重点示范区。1998年，编列预算约2亿台币，辅助地方办理都市计划、亲水建设、街道景观美化、公园绿地建

设、海岸景观改善等先期规划设计，并组织了全台湾地区的"美丽城乡大奖"评选活动。1999 年，成立了"创造城乡新风貌计划"，扩大编列预算辅助了 700多项计划，成功使得"创造城乡新风貌"成为改善城乡发展与生活环境品质的代名词。②第一阶段（2001—2004 年），2001 年，台湾当局核定"创造台湾城乡风貌示范计划"，并将之作为一项中长程实施计划，实施经费为 100 亿新台币（约 23 亿人民币）。2003 年，该计划被分为"城镇地貌改造"计划和"社区风貌营造"两个子项目，设定不同机制予以实施。其中"城镇地貌改造"计划主要是基于城镇尺度的计划，计划目标为鼓励各"直辖市"、县市积极挖掘地方各类特殊景观资源潜力，积极加强公众参与，是地方城镇地貌发展的重要指标性计划；而"社区风貌营造"致力于地区居民自下而上的规划，对台湾地区影响深远，后文将单独阐述。③第二阶段（2005—2008 年），该阶段城乡风貌改造政策基本上是延续过去所奠定的基础继续往前推进，先后发布了"城镇地貌改造——创造台湾城乡风貌示范计划"第二期，重点带动景观风貌产生结构性转型和再发展，并根据发展情势进行调整；④第三阶段（2009—2012 年），该阶段为第三期城乡风貌示范计划，政策着重于让台湾当局与地方通过分工，以生态理念创造优质、永续且具未来竞争力的城乡风貌和国土美学。其分项推动计划分别为"'国土'空间永续"及主题竞争型扶助计划、"乡街整体振兴"与"生态都市环境改善"等政策引导型辅助计划。

城乡风貌改造运动属于地方建设辅助计划，希望通过点状示范，推动线状、面状的全台湾地区的环境改造。该计划对于都市和乡村不同的环境没有明确的政策区分，计划申请方式以年度为单位，通常由申请单位（乡镇市公所或当地社区发展协会）向县市政府提出申请，首先由县市政府审核，通过后由县市政府呈台湾地区营建主管部门进行评比。台湾当局的预算采取总额制，故各县市所获得的预算金额将参考评比结果进行分配。采取"政策引导型"、"竞争型"辅助，进行整合性计划、公园绿地系统、自然生态环境、城乡公共生活空间、地方人文空间、城乡夜间景观及其他等 7 类重点示范计划。十余年来，财政投入新台币约 200 亿元（约 46 亿人民币）进行环境改造工作，逐步带动城乡风貌新价值与新品质运动。如下各表为第三阶段三类扶助计划具体内容及投资情况，总体而言，投入项目多，辅助内容详细，台湾当局也投入了大量的扶持金额以维系项目的落实。

表6-15　2009—2012年"国土空间永续"主题型竞争辅助计划情形统计表

计划性质	统计（个）	百分比（%）
河川水岸环境营造	4	31
地方人文空间	2	15
海岸滨海廊道	5	38
公园绿地系统	2	15

资料来源：台湾地区内政主管部门，城镇风貌型塑整体计划（2013—2016），2013a

表6-16　2009—2012年"乡街整体振兴"政策引导型辅助计划情形统计表

辅助项目	辅助件数（个）	占辅助计划比例（%）	辅助金额（亿元新台币）
县市、乡镇景观整体规划计划	242	11.83	6.0
环境景观总顾问	51	2.25	1.2
社区规划师驻地辅助计划	104	5.36	2.7
生态性公园绿地系统	446	29.88	15.2
城乡邻里公共生活空间	706	41.92	21.3
生活通勤空间	117	5.98	3.0
其他	40	2.79	1.4
总计	1705	100	50.8

注：其中地方政府出资约占20%

资料来源：台湾地区内政主管部门，城镇风貌型塑整体计划（2013—2016），2013b

表6-17　2009—2012年"生态都市环境改善"政策引导型辅助计划情形统计表

辅助项目	辅助件数（个）	占辅助计划比例（%）	辅助金额（亿元新台币）
县市、乡镇景观整体规划计划	56	13.57	1.6
环境景观总顾问	13	2.55	0.3
社区规划师驻地辅助计划	50	8.91	1.0
生态性公园绿地系统	132	38.61	4.4
城乡邻里公共生活空间	263	26.48	3.0

续表

辅助项目	辅助件数（个）	占辅助计划比例（%）	辅助金额（亿元新台币）
生活通勤空间	57	9.09	1.0
其他	4	0.78	0.1
总计	575	100	11.4

资料来源：台湾地区内政主管部门，城镇风貌型塑整体计划（2013—2016），2013c

此外，2009—2012 年绿化美化面积约 1.0 平方千米，增加公园绿地或开放空间约 1.4 平方千米，增加或改善人行徒步空间面积约 0.5 平方千米。通过骑楼整平工程，原本老旧破损且高低不平的骑楼得到了较好的修缮，使得人行空间更为平整通畅、整洁明亮。

图 6-14　整平后的骑楼

资料来源：台湾地区内政主管部门，城镇风貌型塑整体计划（2013—2016），2013d

城乡风貌改造运动以追求硬体建设为主，采用小规模、单一资源投入的方式。而随着城镇竞争力的加强，以整体规划及创意设计凸显在地文化特色的需求日益强烈 。为型塑、改造城镇整体风貌，2013 年台湾地区开始推行"城镇风貌型塑计划"（2013—2016 年为期 4 年），希望通过城镇整体规划及跨域整合推动平台的建立，鼓励"直辖市"、县市通过区域合作、跨域资源整合，提出城镇环境创新改造策略。该计划以"部门合作""跨域整合""民众参与""软硬兼施"作为操作策略，通过跨部门资源整合平台（图 6-15），整合约 10 个相关部门的 21 项关联性公共建设计划（表 6-16）。总经费 126 亿新台币（约 4.1 亿美元）[①]，包含 3 项子计划：1）城镇风貌型塑计划（经费 70 亿新台币）；2）推

[①] "城镇风貌型塑计划"四年计划核定总经费为 70 亿新台币，后因将骑楼整平计划与市区道路人本环境建设计划并入管制，总经费合计 126 亿新台币。

动建筑物骑楼整平示范计划；3）市区道路人本环境建设计划（经费 56 亿新台币），其中该计划主要针对"直辖市"、县市的市区或其政府所在地乡镇一级人口在 10 万以上乡镇，本文不予以详细讨论。

"城镇风貌塑型计划"属于台湾当局辅助地方执行的计划型辅助计划，其以城镇为单元，以直辖市、县市作为申请辅助统一窗口，需由区域合作平台或县市跨局处整合平台形成共同提案，通过后由乡镇公所执行。计划主要内容有四方面：1）推动绿色城乡创意治理计划，构建城乡绿色基础设施；2）结合都市土地使用通盘检讨与综合治理计划，推动易淹水地区地景生态环境改善及生态水岸环境营造计划；3）以生态城市都市设计概念，进行城镇街区风貌改造；4）推动建筑物骑楼整平示范计划，由骑楼出发，改造都市环境景观及营造无障碍之人行环境空间。10 个相关部门的 21 项关联性公共建设计划如下表：

表 6-18 各相关部门辅助计划

部门	计划	计划内容摘要
建设事务主管部门	"国家建设综合评估规划计划"、花东地区永续发展策略计划	推行区域产业空间整体发展，整合相关公共基础设施；落实推动花东地区产业发展，维护自然生态景观，发展多元文化特色
文化事务主管部门	新故乡社区营造第二期计划	鼓励居民积极参与公共事务，培养社区意识，建立人与人以及人与社区的性关系，形成生命共同体
客家委员会	客家文化生活环境营造计划	整体规划客家聚落、保存传统客家社区公共生活场域，强化客属文化特色
"原住民"委员会	台湾少数民族部落永续发展造景计划	办理台湾少数族地区产业发展、环境景观改善、部落组织运作及人才培育等
经济事务主管部门	重要河川湖岸营造计划、区域排水整治及环境营造计划、易淹水地区水患治理计划、海岸环境营造计划、商圈竞争力提升四年计划	以商圈辅导、整合行销、推广、品牌意向深化等推动商业现代化；开辟滞洪池、抽水站、疏洪道等设施，营造优质亲水环境，恢复自然健康河川、改善一般性海堤环境等
交通事务主管部门	重要观光景点建设中程计划、观光拔尖领航计划、自行车友善环境网络延伸计划	推出区域观光棋盘计划，打造五大区域观光特色，创造具国际魅力的独特景点及无缝隙旅游资讯及接驳服务

158

续表

部门	计划	计划内容摘要
教育事务主管部门	永续校园推广计划、自行车道整体网络串连建设计划	1. 改造校园环境成为进步、安全、卫生、健康、人性化的学习环境； 2. 推动北、中、南、东部等地区县市间优质环岛路线串连，进一步延伸环岛网络
环保事务主管部门	水体环境水质改善及经营管理计划、建构宁适家园计划	办理环境整洁维护、环境淤染预防、垃圾减量、资源回收、净溪净川等活动
农业委员会	农村再生整体发展计划	推动农村社区建设、农村人力培育、产业活化剂休闲农业辅导、农地管理等，并创造农村就业计划，活化农村
内政事务主管部门	都市更新产业行动计划、海岸复育及景观改善示范计划、国家重要湿地保育计划	1. 加强推动都市更新产业发展； 2. 以永续海岸发展为主轴，提供民众亲海休憩空间； 3. 推动湿地调查、检测、维护等一系列计划

资料来源：台湾地区内政主管部门，城镇风貌型塑整体计划（2013-2016），2013e

图 6-15　相关部门计划跨域整合关系图

资料来源：台湾地区内政主管部门，城镇风貌型塑整体计划（2013-2016），2013f

（3）实施成效：计划缺乏永续性，经费分配不合理，导致落实不充分，效果不理想

城乡风貌改造运动和城乡风貌型塑计划的目标是促进地区经济发展，改善空间环境，提升城乡文化气质，找回地方文化归属感。采用的是自下而上的执行方式，通过点状城乡地貌改造引发更多人文关怀并推动线、面状风貌的改善。对中国台湾地区城乡风貌尤其是乡镇地区的风貌起到了一定程度的改善作用，但由于种种原因实施效果不是非常理想。

城乡风貌改造运动各个部门间的协调整合工作尚不够到位，使得计划投资的综合效果不佳；通过明确的政策及辅助计划，虽凸显了环境空间品质的重要性，但因辅助经费是以整体金额核定后再行辅助地方，辅助款到了地方时，因种种原因造成经费分配不均，多数计划效益大打折扣；两项计划更多的是地方性的基础建设，仅对空间环境予以改造，缺乏对永续发展的考虑；且过度地以辅助经费或者政策引导的方式作为执行计划的策略，造成了政策无法因地制宜，地方为争取经费盲目跟从示范计划，而失去创意与多样性。此外，综合而言，计划的追踪和维护管理机制尚未建立，也影响了计划的永续性。

6.3.2 社区营造

（1）社区营造定义：建立社区共同体，不仅营造物质空间，更是创造精神家园

1998年中国台湾地区文化建设相关部门提出"'社区总体营造'的意义是希望营造一个家或一个村，使其成员具有健全的生活态度、生活价值观、以及生活艺术的涵养，换言之，在改善生活环境品质的同时，提升人的品质。"（丁康乐，2013）

社区营造对于地域范围没有明确的界定，乡村和城市地区均存在社区营造活动。乡村地区的营造主轴为社区产业，利用社区产业带动社区经济发展，城市地区则更偏重于提升居民共同意识、重塑社区生活。本书讨论中国台湾地区乡镇的社区营造，其面临的主要问题是逐渐都市化的社区环境与人际关系，使其庙会等传统组织减少，社区感淡化，而其又没有都市处理公共事务的稳定机制而造成的矛盾局面（刘晓春，2014）。

（2）社区营造内容：以"官方引导＋民间参与＋专家辅导"的方式进行社会文化创造和在地情感认同的营造

在 1990 年代以前，中国台湾地区已有"社区发展"的相关理念和政策，台湾地区文化建设部门推出"社区总体营造"政策，台湾地区社区建设从"社区发展"阶段步入"社区营造"阶段，也标志着台湾地区自下而上、多方参与的社区营造的开端。"社区总体营造"试图通过文化艺术的植入来改善社区环境，创建社区精神。先后推出多项社区营造计划以及根据社区营造理念衍生而出的相关计划（表 6-19）。社区营造内容逐渐充实，从物质空间的营造到愈发重视社区文化创造与在地情感认同的营造，且一直维持着较为稳定的资金投入。

表 6-19 中国台湾地区的社区营造计划演变

阶段	时间	主题	内容	相关计划
启动阶段	1994—2001	社区总体营造（社区共同体）	以"造人""造景""造产"为核心目标，以"人、文、地、产、景"为五大主题，培养社区自治和公众参与的能力，建立文化的、为公众利益服务的组织体系，在专家、学者的协助下开展社区规划，协调行政机构，扩散示范点，以及整合非盈利单位	充实乡镇展演设施计划、辅导地方传统文化建筑空间计划、社区文化活动发展计划、地区环境改造计划等
发展阶段	2002—2004	新故乡社区营造（造人运动）	活化社区营造组织、社区营造资源整合、台湾少数民族新部落运动、新客家运动、医疗照护服务社区化	新故乡社区营造第 1 期计划（2002—2007）
发展阶段	2005—2007	台湾新社区六星计划	在新故乡的基础上扩大部会参与及计划项目，以产业发展、社福医疗、社区治安、人文教育、环境景观、环保生态作为社区营造六大面向	台湾健康社区六星计划
扩大阶段	2008—2009	磐石行动与创意生活文化圈计划	藉由"行政社造化""社区文化深耕"和"社区创新实验"，通过理念培育、资源整合、艺文社造和跨域合作等方式，达到强化地方自主互助、促进社区生活与文化融合、激发在地认同情感、开创在地特色文化观光内涵目的	地方文化馆第 2 期计划、新故乡社区营造第 2 期计划
扩大阶段	2010—	社区营造亮点计划	通过空间整理与地方人士共同经营的方式，扩大与深化社区营造，提升生活品质，并协助莫拉克台风灾后重建	莫拉克台风灾后社区组织重建计划、专业团队及社区陪伴计划

资料来源：根据莫筱筱等（2016）、丁康乐等（2013）、陈明达（2008）整理

　　多元主体参与是台湾地区社区营造的最大特点。台湾地区社区营造可分为五个推动主体：居民、社区规划师、社区营造领导团队、政府、非政府组织，社区营造是由社区居民、社区规划师及社区领导团队组成的内部力量和由政府、非政府组织组成的外部力量的共同作用下推进的。内部力量是社区营造的萌芽和根本，更多的是培养社区营造的根基，提供人力资源；外部力量提供人才与资金，起到引导和支持作用。政府从主导、控制的角色转换为引导、辅导及协调社区多方主体的作用，非政府组织、社区组织和居民作为民间主导力量成为社区营造的核心支撑，社区规划师（包括社区营造专家）为社区营造提供有力的技术和经验支持，从而形成了"官方引导＋民间参与＋专家辅导"的作用机制（于海利，2018）。各个推动主体的地位、作用及职能如表6-20：

表 6-20 社区营造推动主体的地位、作用及职能

性质		参与主体	地位或作用	具体职能
官方引导	外部支持	官方	界定权责，宏观协调，政策引导，资金支持，运行监督，成果评估并择优推广	1.制度规范与引导：制定专项计划，进行政策引导； 2.权责界定与人力支持：从法律法规层面界定参与主体权利与责任； 3.项目的重要来源：发布营造项目，以社区营造竞赛或补贴的方式进行资金支持，并对竞争力较弱的社区进行经费补贴
民间参与	内部力量	非政府组织	直接领导或间接推动，起到重要的支撑作用（如行业协会、工作坊、基金会、公司等）	1.培育"社会资本"； 2.参与社区规划、社会福利、教育教学、环境保护等社区营造项目的资金和技术支持
		社区营造领导团队	社区内部的直接组织者，可由上级任命也可是居民自发组织（如里长团队、社区发展协会、公寓大厦住户委员会等）	1.代表居民争取项目、政策与资金支持，并组织实施； 2.带动居民了解、认识自己的社区，规划发展蓝图，凝聚社区共识； 3.通过多种方式进行宣传，共享成功的营造经验
		居民	直接参与者与目标受益者，活化存量土地的润滑剂，能直面旧城房屋繁杂的公、私所有权问题，有效减少土地再利用的制度成本，并能使社区人力资源利用最大化	1.正式参与：社区层面，表达意见、使用权利、多方协商； 2.非正式参与：改善社区软环境，实现社区内部团结
专家辅导		社区规划师	培训掌握规划技术的居民或引进的外来社区营造专家，落实社区营造理念，引导公众参与，筹划地域空间活化方案，对社区进行灵活改造	1.协调领导团队想政府申请社区营造项目，争取政策或资金； 2.共同拟定社区营造方案，在项目实施过程中提供专业技术支持

资料来源：根据杨哲等（2017）整理

（3）乡镇社区营造案例：多方协作，自下而上，社区凝聚力推动物质空间建设和产业发展，进一步作用于社区精神创建

乡镇层面的社区营造主要是在地资源的再度开发利用，从文化艺术角度切

入，改善社区环境，谋求社区新发展道路。在其中一个或多个参与主体的领导下，多方分工协作，进行自下而上的特色产业推动，用社区凝聚力推动物质空间建设和产业发展，再通过经济社会的发展带动社区精神创建，相辅相成，互推互助。

案例一：嘉南县新港乡，非政府组织推动社区营造

1987年，云门舞集创始人林怀民创立新港文教基金会，主要提供一个新的让当地居民可以见面、学习的时空，从而增进人与人之间的情感。基金会推动社会营造：①首先是和民众进行接触互动，鼓励人们走出家门。即将会址设于交通方便带；②其次是提供安亲服务，即接纳放学后无人照料的学童；③义工的经营，9名专职人员。300位义工，经营透明、民主化；④定期举办文艺活动，以拓展社区营造课题，既通过活动培养义工，又由文艺活动拓展环保、社区空间改造、社区服务、国际交流等。

1991年新港乡打算拓宽老街，基金会邀请"专业者服饰改造组织"协助老街的风貌保护。1994年老街成为"社区总体营造"政策"美化传统建筑空间计划"的实验社区。1995年规划团队与居民共同讨论新道路功能与景观（刘晓春，2014）。

新港文教基金会作为一个非政府组织，通过敏锐的嗅觉从社区的根本问题出发，提供资金和技术支持。首先通过人文关怀服务社区，重建社区凝聚力。再拓展到社区物质空间的改造，通过物质空间改造进一步提升社区精神内涵。最后内外协力研发地方特色产业，共同推动社区经济、社会进步，重塑社区魅力。

案例二：新竹县新埔镇，社区领导团队推动社区营造

2012年，为唤醒社区居民的宗族观念，新竹县新埔镇宗祠博物馆计划用7年时间恢复和修缮镇内10座宗祠，并希望由此来吸引游客，发展旅游业从而带动经济。除了宗祠修缮，宗祠博物馆带领居民进行了一系列的物质空间改造，包括店铺、街巷改造，基础设施建设等。以宗祠文化为核心，和居民进行深入的探讨和设计，重建新浦埔的空间，重拾新埔镇文化精髓，也推动了地方经济发展（图6-16）。

这是社区领导团队带领下的社区营造，以历史文化为依托重新塑造物质空间，再由物质空间反馈社区精神，通过社区内部凝聚力推动地方发展。

图 6-16　新埔镇祠堂与义民庙义民节

图片来源：昵图网 http://www.nipic.com

案例三：南投县埔里镇，社群共同努力推动社区营造

埔里镇位于南投县北部，是台湾地区本岛地理中心。由于其独特的气候和地形，镇内约有220种蝴蝶种类，占全台湾地区一半，被誉为"蝴蝶镇"。1969年代，镇内便已是台湾地区蝴蝶产业中心，但因过度开发导致蝴蝶数量锐减。新故乡社区营造计划以"营造蝴蝶栖地、再现埔里蝴蝶王国"为目标，结合生态产业、文创产业，进行蝴蝶产业的转型。

政府、非政府组织及当地居民构建跨领域合作，协力推动产业发展。营造30多个蝴蝶栖地，栽种蝴蝶食草及蜜源植物几万株，构建良好的蝴蝶生态环境。此外，还培养了一批蝴蝶生态解说员负责生态监察并推广生态教育。且大量捕猎蝴蝶的台湾少数民族自发达成了禁捕公约，共同守护蝴蝶（图6-17）。

2013年，在新故乡社区营造组织的协助下，埔里镇居民成立了"Butterfly交响乐团"，并辅导困难家庭孩子学习音乐，创建了埔里的文化品牌。如何将三大产业结合，建立可持续的产业模式是未来发展的关键。

从捕杀到保护，从生态产业到文化产业，埔里镇的转型离不开当地居民的自主意识和社区营造参与者的凝聚力。

图 6-17　埔里镇蝴蝶

图片来源：https://www.ipeen.com.tw/comment/277247

（4）社区营造成效：带动产业转型，培育社区意识；政治及派系影响理念和初衷的落实

中国台湾地区社区营造鼓励民间组织等社会力量积极参与乡镇的振兴，激发居民主动性和创造性，培养了社区意识和公共精神，这是推动乡镇可持续发展的有效模式。社区营造的同时也是乡镇环境和文化的重塑和复兴，在现有的资源基础上发展特色文化、特色产业带动其他链条复苏，带动乡镇产业转型。这样的方式克服了千篇一律的统一发展模式，充分活化在地资源，做到不同乡镇造不同的景、物与人。

社区营造的理念和模式值得歌颂，但在切实落实过程中发生了一些质变，实施至今，暴露出了一些问题：①明星社区独大。社区营造造就了一批富有生机和活力的社区，但同时也使得其在经费分配、政策扶持和人力支援方面得到了更多的倾斜，造成资源分配不均；②居民参与热情下降。自下而上的参与机制在实践过程中未能完全转化为自下而上的营建机制。目前大量以产业为基础的社区营造，收益层面集中于与产业利益关系的少数特定人士受众，无法做到普惠于全体居民；③对社区的点状发展起到了一定作用，但对乡镇的全面发展作用有限。

6.3.3 均衡城乡发展的推动方案

（1）政策背景：多部会支持，发展潜力乡镇，构建"富丽农村、风情小镇"以均衡城乡发展

随着全球经济发展，中国台湾地区产业结构发生了巨大变化，许多城乡地区出现产业外移、人口流失的问题，如何让城乡均衡发展，成为台湾地区发展的重要课题。在不增加财政支出的情况下，2014年台湾地区内政主管部门提出"均衡城乡发展推动方案"，该方案被纳入前文提及的"城镇风貌型塑整体计划"的辅助计划之一，各事务主管部门联合提供资金110亿新台币（约3.56亿美元），分4年补助发展潜力乡镇，以建构一个具有就业、就学、就养，宜居的富丽农村、风情小镇。

（2）政策内容：台湾当局投资，整合地方平台，带动地方产业发展，增加就业机会，吸引移民回乡，缩小城乡差距

"均衡城乡发展推动方案"从生活机能、资金融通、基础建设、人才培育和产业辅导五个方面（表6-21）对选取的17个乡镇区（图6-18）进行培育。台

湾地区各事务主管部门分别投入 80 余项公共建设计划，建立乡（镇、市）间的新伙伴关系。缩短城乡发展差距，引导地区资源共同投入，带动民间投资商机，增加乡村地区就业机会。公有土地评估活化再利用，提高公共建设计划之投资效益。

通过台湾当局与地方合作，带动地方产业活络与发展，提高地方就业市场。地方成立整合平台，避免无效益投资，产生闲置设施，结合在地优势产业，增加非都会区就业机会，进而吸引城乡移民回乡定居、就业。

表 6-21　台湾地区均衡城乡发展推动方案培育策略

生活机能	培植在地新产业	观光旅游及文化创意产业
	产业加值转型	观光工厂、休闲农场、民宿
	商圈辅导	发展特色商圈、形象商圈
资金融通	小地主大佃农辅导	
	多元就业开发	
	在地青年就业培训	
	青年人才培训深耕	
基础建设	在地特色风貌形塑	
	提升公共设施服务水准	
	观光游憩设施整备	
	环境教育场所建置	
人才培育	产业发展贷款	
	青年创业贷款	
	青年住宅贷款	
	活化闲置办公设施，提升使用效率	
产业辅导	教育设施提升	
	老人照护	
	生活辅助与拖育辅助	

资料来源：http://trpmsadm.cpami.gov.tw/balance/project.php

图 6-18 2014 年中国台湾地区选取的第一批试点乡镇

资料来源：http://trpmsadm.cpami.gov.tw/balance/project.php

（3）乡镇案例介绍：政府主导，侧重旅游业和新兴产业开发

案例一：新竹县竹东镇整合建设计划

1）竹东镇概况

竹东镇位于新竹县地理中心，为临近 8 乡镇交通与商业中心，镇域面积 54k ㎡，2018 年人口 96843 人，人口密度 1811 人/k ㎡（图 6-19）。竹东镇早期以制造樟脑闻名，后在石油的钻探、水泥及玻璃工业的设厂及林场集散场的拓展下，成为新竹县溪南地区的工商重镇。

图 6-19 竹东镇区位及镇区谷歌平面

图片来源：百度图片（左）谷歌地图（右）

1980 年新竹科学园区设置于西邻的新竹市东区之后，竹东镇已逐渐转型为高科技研发中心服务区。竹东镇老龄人口比例较大，但由于新竹科学园的发展，不少科学园的职工迁入镇内，使得近 10 年人口相对持平。目前正处于产业转型期，镇内原污染较大的水泥、玻璃工厂均已撤走，现有 15 家左右较大规模的科技产业企业（电子零件），占地面积约 5 公顷。为推动镇内居住、商业水平的提升，吸引新竹科技园员工，留住人才。目前镇内主要采取的措施是依托传统市场和乡土风情，在维持传统建筑风貌的基础上进行翻新改造以进行都市风貌更新；征收农田变更为住宅区，通过低房价吸引年轻职工入住；投资 15 亿—20亿台币进行基础设施建设：立体停车场、中心河道整治、15 公里人行道建设，以提升居住和环境品质（图 6-20）。

——竹东镇建设科职员访谈整理

图 6-20 竹东镇新街、老街及住宅

图片来源：作者自摄

2）城乡均衡发展计划内容：宜居、宜游、宜梦的文创观光小镇

计划概述：将以竹东为核心，强化服务机能与优质生活环境，结合内湾"台湾漫画梦工厂"，朝动漫文创基地转型，将竹东镇打造成为"宜居、宜游、宜梦的文创观光小镇"，以带动小镇及周边地区发展（图 6–21）。

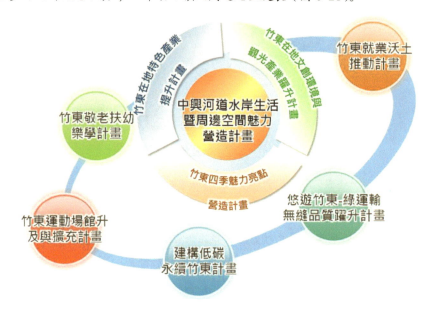

图 6–21　竹东镇城乡均衡发展计划理念

图片来源：台湾地区均衡城乡发展推动方案介绍，http://trpmsadm.cpami.gov.tw/balance/city03.php?c=3

计划内容：将全镇划分为两个核心四个片区，靠近竹北市依托新竹科学园建设科技产业走廊核心，镇中心为生活及商业服务发展核心，重点关注居住、商业水平的提升。另外打造农业、产业、生活及休闲、景观游憩发展四区（图 6–22）。

以中兴河道及周边地区的整体再造为核心，打造水岸小镇风情，带动中心区域成长发展。扶植在地文创、特色产业与观光产业，营造四季魅力亮点。加值运用动漫元素，作为竹东镇经济产业发展的新动能，共计 9 计划主题，41 个分项计划（图 6–23）。

图 6-22 竹东镇城乡发展分区计划 图 6-23 竹东镇九大重点景观区计划

图片来源：台湾地区均衡城乡发展推动方案介绍 http://trpmsadm.cpami.gov.tw/
balance/city03.php?c=3

竹东镇近 5 年的项目建设以基础建设为重，投入占比 98%。主要为道路改善和修建、排水改善、环境营造、客家文化挖掘。在特色产业、就业培力和水岸魅力营造方面投入相对较少。项目投入范围主要集中在竹东都市计划区范围内。资金主要来源于"内政部""交通部""客委会"。未来资源投入将以"延续既有＋补充不足"为重点继续加强各项建设。

表 6-22 竹东镇 2014—2018 年投入计划项目数量与经费统计

项目	投入计划项数	投入计划经费（千万台币）	投入经费占比（%）
合计	104	602.51	100
产业辅导	15	2.70	0.45
人才运用	20	6.42	1.07
基础建设	60	591.57	98.18
生活机能	9	1.82	0.30

资料来源：台湾地区均衡城乡发展推动方案介绍

http://trpmsadm.cpami.gov.tw/balance/city03.php?c=3

预期成果：增添竹东观光游憩的深度与广度，建立、扩充在地产业发展与文化传承所需人力，提升在地就学与就食品质，增进移居竹东的诱因，预计扶植在地产业厂商 80 家以上，人口数增加 525 人以上，创造 475 个以上的在地工作机会，带动观光游客人次数增加 30 万人以上。

案例二：云林县西螺镇农业创客计划

1）西螺镇概况

西螺镇位于中国台湾地区西部平原中间，镇域面积 49.93k ㎡（图 6-24）。2017 年户籍人口 46218 人，人口密度 929 人每平方公里，是一个农业镇，农地占镇域面积 74%，农业人口比重为 35.7%，农产品交易量占全台湾地区四成，主要农作物为酱油产业、蔬菜生产、西螺米、豆皮等。西螺镇是台湾地区南方文化入口，向南跨越浊水溪后第一个乡镇就是西螺，重要的南北交通线必经此地，西螺果菜市场就是在这便利交通下的产物。

图 6-24　西螺镇区位及镇区谷歌平面

图片来源：百度图片

2）城乡均衡发展计划内容：在地历史空间活化，创客有机农田，艺术兵营改造

在地生活历史空间活化：制定"西螺文化资产环境保存及活化第二期计划"，整修在地生活历史空间，如西螺剧院、西螺分局长宿舍、文昌小宿舍群等（图6-25）。

图 6-25　整修在地生活历史空间

图片来源：台湾地区均衡城乡发展推动方案介绍

http://trpmsadm.cpami.gov.tw/balance/city03.php?c=3

农业创客基地：将镇公所所有之高滩地共 47.9 公顷作为第一期农业创客有机实验田租用，供青年农业创客返乡有田可耕；将距虎尾高铁站 9 公里的闲置大农仓与草地建立浊水溪文创艺术园区，作为小型核心基地，提供 5.2 公顷的公有地与 1900 余坪的室内闲置空间，内有农业创客基地，进行农特产品的研发（图 6-26）。

图 6-26　创客有机实验田（上）和农业创客基地（下）

图片来源：台湾地区均衡城乡发展推动方案介绍

http://trpmsadm.cpami.gov.tw/balance/city03.php?c=3

艺术兵营改造：为推动均衡发展西螺镇整合建设计画，县府获"内政部营建署"补助 250 万元办理西螺艺术兵营暨旅客资讯小站建置工程，推进"艺术兵营闲置空间再造计划"，以改善艺术兵营周边环境，提供更友善的旅游服务资讯以及艺术家展演或创作空间。艺术兵营目前由艺术家与西拓艺术协会维护管理，并提供了多项艺术与生活结合的系列活动（图6-27）。

透过公部门建设为开端，配合地方自治团体以及社区和非营利部门投入，开发具地方特色和创意活动，带动及维持地方生气，使社区形成良性循环发展。

图6-27　艺术兵营空间再造

图片来源：台湾地区均衡城乡发展推动方案介绍

http://trpmsadm.cpami.gov.tw/balance/city03.php?c=3

（4）成效：充分合理利用资源，示范乡镇一定程度上促进了城乡均衡，但普适性还有待观察

目前该计划还在全面的实施阶段，实施成效未可知。该方案在一定程度上带动了部分具有潜力的乡镇，充分挖掘和利用自身资源，培育稳定且有特色的产业，充分利用闲置土地和设施，做到资源再利用。该方案也带动了部分乡镇的崛起、物质空间的的改善、产业经济的发展和居民生活水平的提升；同时也形成了一定的示范作用，为推动乡镇振兴、均衡城乡差异起到了一定的促进作用。然而，由于开发数量有限，仍然存在大量被忽视但经济社会条件远远落后的乡镇。

6.3.4 中国台湾地区社会政策小结

中国台湾地区完全针对乡镇层面的社会政策很少，多为全台地区的政策，乡镇作为与都市并行的参与主体。政策主要为创造范例为主，试图通过成功的案例自下而上地推动整体的发展，以达到均衡城乡发展差异的目的。本章介绍的三个政策均通过地方提案、上级审核与资金支持的方式实现政策的落实，台湾各个事务主管部门参与推动和引导政策的实施。城乡风貌改造运动是各乡镇通过立项争取资金支持以改善空间环境；社区营造以"官方引导、民间参与、专家辅导"的多方参与方式凝聚社区，从而推动物质空间建设、产业发展以及社区精神的创建；均衡城乡发展推动方案通过台湾当局投资发展潜力乡镇，带动地方经济产业的发展。

城乡风貌改造运动和社区营造都带来了一定的建设成果，尤其是社区营造政策，但不少方案在最后落实过程中受到不均衡分配等影响而达不到预期的效果。均衡城乡发展推动方案仍在实施过程中，注重充分挖掘和利用乡镇自身资源，目前来看示范性较好，但长期效应还有待观察。

6.4　小城镇社会政策比较

6.4.1 实施背景与目标

均因人口流失导致地区衰败，目标均为缩小城乡差距，均衡区域发展。

从日本、韩国和中国台湾地区小城镇的社会政策实施背景与目标来看，除中国台湾地区的社区营造外，政策的实施均因小城镇所在地区的人口流失导致。因人口流失导致小城镇的产业落后，老龄化严重，经济衰败等一系列问题，而造成人口流失的原因主要是大都市的快速发展吸引了人口和产业的快速集聚。这是三个研究对象在城镇化过程中出现的共同问题，其中中国台湾地区在该问题上没有日本和韩国严重。

在这些政策中，小城镇属于发展劣势地区，政策的出发点均为扶持小城镇经济社会建设，终极目标是缩小城乡差距，均衡区域发展。从扶持方式来看，可归纳为三种思路：①扶持相对落后地区。如日本的过疏化地区振兴政策、韩国的边远地区开发事业等；②创造先进范例。如日本的特色町村建设、韩国的小城镇培育事业和中心地开发事业、中国台湾地区的均衡城乡发展推动方案；③整体性提升改造。如韩国的定住圈开发事业和台湾地区的城乡风貌改造运动和社区营造。

表6-23　日本、韩国和中国台湾地区小城镇社会政策实施背景与目标比较

国家或地区	政策	实施背景	目标
日本	过疏化地区振兴政策	人口、经济集中于大都市，偏远町村地区人口减少，经济衰退，城乡两极分化严重	改善过疏现象，均衡区域发展
	特色町村建设	农村人口减少，劳动力流失	创建特色町村，推动经济发展，缩小城乡差距
韩国	小城镇培育事业	人口向大城市集中，邑面地区人口减少，老龄化严重，城镇职能弱化	培育农村中心，缓解城乡差距，均衡区域发展
	中心地开发事业		
	定住圈开发事业	邑面及其农村地区生活服务水平落后	提高邑面及其下级农渔村地区生活生产条件，缩小城乡差距，促进国土均衡发展
	边远地区开发事业	区域发展差异形成经济社会条件落后地区	开发产业，改善生活基础设施，提升居民收入，环境城乡差距
台湾地区	城乡风貌改造运动	乡镇人口外流，城乡差距拉大	改善乡镇环境与景观问题，均衡城乡发展
	均衡城乡发展推动方案	乡镇地区产业外移，人口流失	发展潜力乡镇，均衡城乡发展，构建"富丽农村、风情小镇"
	社区营造	草根民主的发展	从文化艺术角度切入，改善社区环境，培育社区产业，建立社区特色，素质社区精神

数据来源：作者整理

6.4.2 政策内容

日本、韩国和中国台湾地区均重视基础设施建设和环境改善，自上而下与自下而上相结合，鼓励多方参与。韩国中央主导性强，日本和中国台湾地区的地方和居民自主性相对更强。

从日本、韩国和中国台湾地区小城镇社会政策的具体实施内容来看，存在

着较大的相似性和部分差异性。无论是扶持相对落后地区、创造先进范例还是全国性提升改造，均都注重物质空间改善，即基础设施建设和环境改善。基础设施建设主要是道路交通、通信设施等，生活环境的改善包括垃圾处理、环境保护、公共服务设施建设等。除此之外，产业振兴也是重点内容之一，尤其是在创造先进范例的小城镇，挖掘特色产业是首当其冲的政策内容。此外还有一些特色化内容，比如日本"生活圈"构建及广域联合制度，通过大城市带动市町村长足发展；中国台湾地区的社区营造促进社区文化创造和在地情感认同，不仅局限于物质空间的改善提升。

　　从实施方式看，主要分为自上而下和自下而上两种实施方式，但均有一些差异。部分自上而下的政策实施方式由中央主导，一定程度上抑制了地区的自主性，比如韩国；部分则由地方自主，相对有更强的自主性和灵活性，比如日本的特色町村建设和中国台湾地区的社区营造，居民均有强烈的自主开发意识，一定程度上增强了开发的有效性和针对性。此外，韩国的中心地开发事业和台湾地区的社区营造都强调多方参与，全面调动财力、人力、物力资源。

　　从国家或地区层面来看政策差异，韩国对邑面地区的培育更注重其农村中心的职能，故基本都强调物质空间的改善，即使是主题建设也是以基础设施和公共服务设施建设为主，缺乏特有产业的挖掘，且中央和地方主导意识更强，居民参与力度较小（中心地培育事业虽重视居民参与，但依旧以自上而下的方式进行开发）；日本和中国台湾地区均有一定程度的自下而上建设（中国台湾地区社区营造实质上是受日本造町运动的启发），提倡居民自主开发意识，注重特色产业培育，更有针对性地提升小城镇物质环境改造和社会经济发展。自上而下的政策使得地方自主性也相对更强一些。

表6-24　日本、韩国、中国台湾地区小城镇社会政策实施内容比较

国家或地区	政策	政策内容	实施方式
日本	过疏化地区振兴政策	①推动产业发展；②整顿交通；③公共设施的维持；④农村重新编组	自上而下，中央、地方共同指导
	特色町村建设	①特色资源开发，振兴产业；②改善基础设施；③培育农业人才；④环境保护；⑤创造就业机会	自下而上，地方自主
	公共投资政策	以税收手段提供资金来源：①建设基础设施和公共服务设施；②投资教育事业；③引导产业发展	自上而下，中央、地方共同指导
	工业引导政策	在町村地区设立工业据点，国库补贴引导工业进入农村，指导工业布局，利用工业反哺农业，提升町村基础设施建设，就优惠政策进行招商引资，促进工业化引导人口向町村集中，促进町村经济发展	自上而下，中央、地方共同指导
	"生活圈"构建	根据范围、人口、设施布置4个圈层，将市町村纳入大城市的服务圈层，享受政策优惠和城市大市场，以稳定町村人口，促进町村经济的长足发展	自上而下，中央、地方共同指导
韩国	小城镇培育事业	前三次：改善基础设施（主要为街道和市场环境改善） 第四次：①改善基础设施；②培育特有产业，振兴旅游资源	自上而下，中央主导
	中心地开发事业	充足的前期分析与居民参与，详细的主题划分和项目类型 不只注重物质环境改善，采取软硬兼并，提出针对性服务，综合开发	自上而下，地方自主，多方参与
	定住圈开发事业	①农村基础设施建设；②文化福利设施改善；③环境保护；④灾害防治、住宅改善	自上而下，中央、地方共同指导
	边远地区开发事业	①改善通信、供电、道路等基础设施；②改善农林水产和工业等产业基础设施；③建设医疗、教育等福利设施；④河流、绿化整治及环境保护；⑤改善居住环境；⑥其他事项	自上而下，中央主导

国家或地区	政策	政策内容	实施方式
台湾地区	城乡风貌改造运动	自然、人为、生活文化资源改善利用与改善，点线面同步推进；**以人居环境改善为主**	自下而上，地方自主，台湾当局引导
	均衡城乡发展推动方案	①**产业培育与转型**；②就业辅导与培训；③**特色风貌、环境建设**；④**扶植产业、创业**，公有土地活化再利用；⑤引导当局投资，带动民间商机	自上而下，地方主导
	社区营造	产业发展、社福医疗、社区治安、人文教育、环境景观、环保生态；从物质空间建设，到重视社区文化创造与在地情感认同打造。乡村地区：**通过社区产业发展推动社区经济建设**；城市地区：**通过社区活动打造居民共同意识**，重塑社区生活	自下而上，多方参与

注：加粗部分为政策重点内容

数据来源：作者整理

6.4.3 投资情况

日本投资量最大，注重落后地区；中国台湾地区投资量最小，注重基础较好地区；韩国投资量居中，两者兼顾。

从投资情况来看，日本、韩国和中国台湾地区均在小城镇发展上进行了大量的投资。其中，日本投资总量最大，主要为中央投资，实施未覆盖所有市町村，针对相对落后的市町村地区有较大力度的投资；韩国投资总量其次，对基础较好的邑面和相对落后的面均有投入，但整体偏重于培育基础相对较好的邑面地区；中国台湾地区投资总量最小（也与其乡镇数量少有关），注重特色乡镇的开发建设。

表 6-25　日本、韩国、中国台湾地区小城镇社会政策投资情况比较

国家或地区	政策	投资情况	投资政策层级	实施层面
日本	过疏化地区振兴政策	总投资 6003 亿美元，平均每次 1500 亿美元，年均 150 亿美元	中央	过疏化地区，主要为落后市町村，但不包括所有市町村
	特色町村建设	不给予补贴	—	部分特色町村
	公共投资政策	税收补贴	中央	落后町村地区
	工业引导政策	国库补贴	中央	落后町村地区
	"生活圈"构建	无投资		全国政策，落实于广域层面
韩国	小城镇培育事业	共投资 28.4 亿美元，最后一次培育事业共投资 25 亿美元，平均每个镇 2500 万美元	中央和地方	大部分邑面地区，基础相对较好
	中心地开发事业	708 万美元 / 主题，按业务类型和职能细分不同的补贴金额	中央和地方	小城镇培育事业发展较好的邑面地区
	定住圈开发事业	共投资 396 万美元	中央	落后的面地区，共 758 个面
	边远地区开发事业	第一次：7.2 亿美元，179 万美元 / 个 第二次：13.5 亿美元，339 万美元 / 个	中央和地方	落后的面地区：第一次：403 个面；第二次：399 个面
台湾地区	城乡风貌改造运动	18 年出资 10.6 亿美元，年均 0.59 亿美元	台湾当局	乡镇上报项目，台湾当局择优支持
	均衡城乡发展推动方案	共 3.56 亿美元，分四年投资，年均 0.84 亿美元	各主管部门	具有开发利用资源的乡镇
	社区营造	新故乡社区营造计划 2013 年投资 118 万美元	各主管部门	有特色的社区，乡镇只占一部分

数据来源：作者整理

6.4.4 实施成效与问题

（1）成效相似，主要是物质空间改善、振兴产业和缓解城乡差距

从实施成效来看，日本、韩国和中国台湾地区各项社会政策的成效相似，

主要是三个方面：①改善地区物质空间环境和公共福利事业，提升居民生活质量；②促进产业发展，带动经济复苏，增加居民收入；③解决就业，稳定人口，缓解城乡差距。总体而言，日本主要在于解决过疏化问题，韩国则重点扶植邑面的物质空间改善和公共福利事业建设，中国台湾地区则更多的是特色产业的发展带动经济复苏，从而进一步优化了物质环境，甚至强化了社区凝聚力。

（2）问题多样化，主要体现在产业振兴不足，地方积极性不高，管理缺失，普适性不足，资金分配不均等

从问题和不足来看，则相对多样化。在针对落后地区的扶持上，主要问题是：①只注重物质空间建设，产业振兴不足；②中央主导过强，影响地方积极性和居民的自主意识；③管理问题影响实施效率等。

在对先进范例培育上，因其普适性不足，易产生竞争和冲突。自下而上的开发模式也会受到小城镇自身资源限制以及易受派系政治等因素影响，从而影响政策初衷。

在整体性提升改造上，主要问题是资金分配不合理，导致发展不公平，落实效果不佳（中国台湾地区城乡风貌改造运动和社区营造运动）。

总体而言，日本过疏化问题历时久远，因缺乏先导性措施，依旧无法得到有效解决；韩国地区则因中央主导严重，且过于注重物质空间改造，使得地方积极性和自主性受影响，产业发展相对不足；中国台湾地区则在政策落实的保障机制上做得不足。

表 6-26　日本、韩国、中国台湾地区小城镇社会政策实施成效与问题比较

国家或地区	政策	实施成效或有点	问题或缺陷
日本	过疏化地区振兴政策	缓解过疏化问题，改善生活设施，提升生活质量	①产业振兴不足，经济依赖公共投资；②自主财源不足，居民自主开发意识薄弱；③过疏化问题久远，缺乏先导性措施
	特色町村建设	大分县经济社会发展迅速，特色产业兴起，但全国普及后，成效降低	①特色化无普适性，无法做到不重叠，普及后产生竞争甚至冲突；②受规模大小影响，小的町村竞争力弱
	公共投资政策	①设施完善，生活质量提升；②企业迁入，人口增加，商业繁荣，工商资本积累；③教育发展，培育人才；④解决就业	依靠政府投入，均在初期取得较为明显的成效，但町村自身发展动力不足使得政策后期可持续性不强，对于落后的町村而言治标不治本
	工业引导政策	①缓和过疏化，町村工业化，农业机械化；②增加就业机会，改变就业结构；③财政收入增加，公共和福利事业完善	
	"生活圈"构建	提高行政效率，纳入都市圈享受优惠政策是城市市场，稳定人口，促进经济发展	

续表

国家或地区	政策	实施成效或有点	问题或缺陷
韩国	小城镇培育事业	①基础设施和公共服务设施得到明显改善，与城市持平； ②吸引一定的农村人口； ③第四次开发制度化和程序化，吸引了民间资本	①资金不足，中央主导，地方政府经费压力大，积极性不高； ②前三次整体开发质量不高； ③主体培育依旧注重物质空间，缺乏多元植入
	中心地开发事业	①预算充足，设施完善度更进一步； ②居民参与度高，提升项目的有效性； ③项目通过率高，地方自主度强	①过度投资降低竞争意识和地方积极性； ②居民意见难统一，且其价值有待考证
	定住圈开发事业	短期内邑面及其下属农村地区设施得到改善，城乡差距减少	只注重物质空间建设，效果不佳 ①中央主导，居民参与意识薄弱，开发缺乏针对性； ②管理不统一，办事人员少，实施效率低
	边远地区开发事业	①明确开发程序和各部门任务，形成制度化和系统化的开发方式； ②中央大量资金支持，大大改善边远地区生产生活环境	①积累已久的问题无法在短时间内改善 ②中央主导缺乏地方积极相应，致使经济效益低下，从而影响社会和环境效益
台湾地区	城乡风貌改造运动	改善空间环境，提升城乡文化气质	①不具长期计划，沦为地方性的基础建设，缺乏对永续发展的考虑； ②经费分配不均，效益大打折扣，且存在为争取经费盲目跟从的现象
	均衡城乡发展推动方案	①挖掘乡镇潜在资源，充分利用闲置土地好设施； ②带动部分乡镇的崛起，物质空间改善，产业经济崛起，居民生活水平提升； ③起到示范作用，激起其他乡镇自主发展意识	不普及，不具普适性
	社区营造	①活化在地资源，带动产业转型； ②培养了社区意识和公共精神，促进社区凝聚力	①明星社区独大，资源分配不均； ②无法做到普惠于全体居民，使居民参与热情下降

数据来源：作者整理

6.5 小结

日本、韩国和中国台湾地区针对小城镇社会政策的实施背景和目标相似，均因人口流失导致地区衰败，目标均为缩小城乡差距，均衡地区发展。

从社会政策内容方面看，三者均从基础设施建设和环境改善入手，逐步转向产业振兴和主题开发。相比之下，中国台湾地区更加重视产业振兴和主题开发，韩国更偏重基础设施建设和环境改善，日本则两者兼顾。

从实施方式看，韩国以自上而下的建设模式为主，中央主导性较强，这有利于保障政策的推动与落实，但也导致政策实施过程中地方主动性的不足；中国台湾地区则更多的是自下而上的地方自主开发，也注重多方参与，台湾当局起引导和支持作用，但经费分配的不合理也导致实施效果的不理想；日本自上而下与自下而上的建设模式均有，创造先进案例与自下而上的地方自主开发为主，而扶持落后地区则以自上而下的政策调控为主，这样的上下结合方式既发挥了中央的主导作用也调动了地方积极性。

从投资情况看，日本的投资量最大，投资偏向落后地区的开发；中国台湾地区投资量最小，注重基础较好地区的提升；韩国居中，两者兼顾。

从最终的实施成效与问题看，归结而言，成效与目的一定程度上相匹配，均较大程度地改善了人居环境和服务水平，日本和中国台湾部分地区达到了产业振兴的目的，城乡差距得到了缓解。而问题更为多样化，落后地区开发主要体现在产业振兴不足、地方积极性不高，管理缺失；先进范例培育普适性不足，竞争激烈，自身资源薄弱的小城镇发展受限；整体性提升改造的项目易出现资金分配不均现象，影响落实效果。

第7章 东亚小城镇建设与规划的经验启示

截至 2017 年，中国大陆共有建制镇 21116 个，乡 10529 个，合计 31645 个乡镇。乡镇平均人口 3.26 万人，乡镇平均辖区面积 220 平方公里。但是，乡和镇的规模存在差异，镇平均人口规模和建成区面积均较乡大。

表 7-1 中国大陆乡镇人口与建设规模

	建制镇	乡	乡镇综合	去除新疆、青海、西藏和内蒙古的其他27个省、自治区和直辖市的乡镇
数量（个）	21116	10529	31645	26825
平均人口数量（万人）	4.15	1.88	3.26	3.36
平均行政区域面积（k ㎡）	188	270	220	145
平均建成区面积（ha）	220	63	158	138
人均建设用地面积(㎡ / 人)	204	223	207	174

数据来源：住建部 2017 年分乡镇数据

总体而言，在相似的文化、地理和建设发展历程下，中国大陆小城镇的规模与日本、韩国和中国台湾地区大体相似。基于此，通过与日本、韩国和中国台湾地区小城镇的制度环境和社会政策进行比较，可以得到指导中国大陆小城镇建设与规划的经验启示。

7.1 行政管理体制的经验启示

7.1.1 大陆小城镇的区划演进和特点

目前，中国大陆的行政体系分为五个等级，即中央—省（自治区、直辖市）—地级市—县—乡（镇）。乡镇政府是最低层级的一级政府，和上级县、市、区政府是垂直领导关系。在乡镇职能上，根据《地方各级人民代表大会和地方各级人民政府组织法》规定，中国大陆乡镇政府的职权包括（但不限于）"执行本行政区域内的经济和社会发展计划、预算，管理本行政区域内的经济、教育、科学、文化、卫生、体育事业和财政、民政、公安、司法行政、计划生育等行政工作"。

与三个研究对象相似，中国大陆乡镇在行政区划上也经历了一系列的改革变迁。建国初期，建立了小乡制，镇的行政地位暂不明确。直至1954年，《宪法》确立了乡镇为县以下唯一的基层政权组织，明确了乡镇的行政地位。1955年为适应农村合作化运动实行了大乡制（除山东省外），并出台了《关于设置市、镇建制的决定》①，调整了原有的建制镇，同时规定镇以下不再设乡，乡镇数量开始减少。1957年底乡数量为95847个，镇数量为3621个。1958—1961年合并小乡建立人民公社，与此同时建制镇数量增加，1961年底镇数量为4429个。1963年颁布《关于调整市镇建制、缩小城市郊区的指示》，提高设镇标准，镇数量再次减少。截至1978年镇减少至2173个。直至十一届三中全会后又再次逐步恢复重建，数量开始增加，1983年增长为2968个。人民公社制一直持续至1982年，宪法修正，人民公社制退出历史舞台，各地开始恢复乡政权，1985年基本完成，54352个人民公社转制建立了85514个乡。1984年颁布《关于调整建镇标准的报告》②，适当放宽建镇标准，镇数量再次增加。1982年底至

① 县级或者县级以上地方国家机关所在地，可以设置镇的建制。不是县级或者县级以上地方国家机关所在地，必须是聚居人口在2000以上，有相当数量的工商业居民，并确有必要时方可设置镇的建制。少数民族地区如有相当数量的工商业居民，聚居人口虽不及2000，确有必要时，亦得设置镇的建制。镇以下不再设乡。工矿基地，规模较小、聚居人口不多，由县领导的，可设置镇的建制。

② 一、凡县级地方国家机关所在地，均应设置镇的建制；二、总人口在2万以下的乡，乡政府驻地非农业人口超过2000的，可以建镇；总人口在2万以上的乡，乡政府驻地非农业人口占全乡人口10%以上的，也可以建镇；三、少数民族地区、人口稀少的边远地区、山区和小型工矿区、小港口、风景旅游、边境口岸等地，非农业人口虽不足2000，如确有必要，也可设置镇的建制；四、凡具备建镇条件的乡，撤乡建镇后，实行镇管村的体制；暂时不具备设镇条件的集镇，应在乡人民政府中配备专人加以管理。

1990 年底，镇的数量由 2660 个猛增到 12084 个，翻了近 5 倍。1992 年各地撤公所并乡镇，1998 年推行撤乡建镇，此期间镇的数量和质量同步增长，乡数量开始减少，2000 年底镇数量为 20601 个，乡数量为 24555 个。2002 年以后乡镇合并工作加速，乡镇的数量精简并逐步趋于稳定，截至 2017 年底，中国大陆共有建制镇 21116 个，乡 10529 个，合计 31645 个乡镇。

现如今，中国大陆的小城镇在数量和规模已稳定，但乡镇间类型差别较大。人口规模最大的镇（非城关镇），已经超过 50 万人，GDP 达 300 多亿，超过较多的县甚至于地级市。按照住建部 2017 年的乡镇统计数据，中国大陆有 72 个建制镇的镇区常住人口突破 10 万人，其中 14 个镇的人口超过 20 万人，这些建制镇的行政架构已经完全不适应城镇建设管理的实际需求。对于这类城镇，中国大陆一直在推行行政管理体制改革试验，如 2010 年推出"强镇扩权"改革，2014 年计划实行撤镇设市设区试点，2016 年再一次赋予特大镇更多的管理权限和设市的机会等（表 7-2），以适应上述规模过大的镇的行政管理需求。但在 2019 年 8 月 31 日龙港镇撤镇设立县级龙港市，之前改革并没有取得实质性进展。

表 7-2　中国大陆行政管理体制改革在小城镇层面的政策内容

时间	法律法规	内容
2010	《关于开展经济发达镇行政管理体制改革试点工作的通知》	决定在全国范围内推广"强镇扩权"改革
2014	《国家新型城镇化规划》	有重点地发展小城镇，赋予与其发展相适应的权力
	《关于开展国家新型城镇化综合试点工作的通知》	进行撤镇设市设区试点 推进强镇扩权改革
	《国家新型城镇化综合试点方案》	将强镇扩权与治理创新相结合；选择部分有条件的小城镇发展为特色小城市；推广强镇扩权发展模式
2016	《中华人民共和国国民经济和社会发展第十三个五年规划纲要》	赋予人口规模超过 10 万人的特大镇部分县级管理权力，完善设区设市标准，让有条件的特大镇有机会改为市
2017	《2017 年国务院政府工作报告》	支持中小城市和特色小城镇发展，推动一批具备条件的县和特大镇有序设市，发挥城市群辐射带动作用。

时间	法律法规	内容
2018	《关于实施 2018 年推进新型城镇化建设重点任务的通知》（发改规划〔2018〕406 号）》	加快培育新生中小城市，推动符合条件的县和非县级政府驻地特大镇率先设市。
2019	《2019 年新型城镇化建设重点任务》	稳步增设一批中小城市，落实非县级政府驻地特大镇设市。

资料来源：作者整理

7.1.2 优化垂直分权体系，赋予小城镇公平的发展权

在行政地位上，小城镇作为最低层级的政府管理单位，中国大陆与台湾地区相似，与上级县市政府是明显的垂直领导关系，受限于县级政府制定的指令，处在一种压力型体制 ① 的生态环境中行使自己的职能。这使得乡镇的自治权力较弱，缺乏自主性（周志旺，2014）。而日本的小城镇是地方自治体，与上级政府是平行关系，即是基于公共事务管理权限大小以及选区大小意义上的横向府际协作关系。町村虽然与都道府县存在上下层级，但在管辖权冲突时，町村享有管辖优先权。相比之下，日本小城镇的自主性较强。

垂直分权体系在一定程度上有利于中央统筹管辖，但同时也制约了地方建设发展的自主性，无法充分调动地方积极性。从日本、韩国和中国台湾地区的比较来看，日本在行政区划管理的经验更加值得借鉴，即优化垂直分权体系，切实赋予小城镇的发展权，比如土地指标的分配、产业园区的建设以及农村集体建设用地的制度改革等。因此，适当优化中国的垂直分权体系，赋予小城镇更加公平的发展权有利于小城镇发挥其作为基层政府的自主性。

7.1.3 明晰乡镇职能，匹配事权与责任

中国大陆小城镇的职能较为宽泛，管理经济、教育、科学、文化、卫生、体育、财政、民政、公安、司法等一系列事务，责任较大，但具体职能却不够明确。相较于中国大陆复杂笼统的乡镇职能，日本和中国台湾地区的小城镇主要承担与居民生活密切相关的教育、福利、医疗、建设等职能，其中日本对央地事务进行了详细且明确的划分，小城镇职能明确。韩国的邑面仅仅是郡县政

---

① 压力型体制即在实行分权后保持上级对下级的行政压力（周志旺，2014）

府的派出机构，其职能并不复杂，如表 7-3。

表 7-3　日本、韩国、中国台湾地区和中国大陆小城镇职能比较

日本	韩国	中国台湾	中国大陆
消防、户籍、居民基本台账；基础设施建设；市立大学、初中、小学、幼儿园；社保、医疗、卫生；地区经济振兴、农地利用	以婚姻、户口登记等一般行政事务为主	完全自治事项：营建、交通及观光事项 上级共同承担事项：行政管理事项、财政事项、社会服务、教育文化及体育事项、卫生及环境保护事项、事业经营与管理事项	经济、教育、科学、文化、卫生、体育、财政、民政、公安、司法等一系列事务

资料来源：作者整理

在机构设立上，中国大陆乡镇机构可分为三类（表 7-4），其中存在大量的县政府部门的派出机构，对乡镇的行政管理进行条块分割。条块分割的管理模式的出发点是加强依法行政，但实际管理过程中却是权力上收，责任下划，各行其是（刘毅博，2014）。

表 7-4　中国大陆乡镇职能机构

乡镇管辖的二级机构	司法所、房管所、农机站、农技站、水利站、城建站、计生站、文化站、广播站、经管站、客运站、劳动管理站、动物防疫站、环保所等
县职能部门和乡镇共同管理的机构	土管所、财政所、派出所、林业站、法庭、卫生院等
县垂直管理机构	国税分局所、邮政电信所、供电所、工商所、信用社等

资料来源：根据曾伟（2009）整理

而在管理职能上，中国大陆小城镇因存在派出机构，很多职能部门只听从于上级政府，乡镇的统一管理权被削弱，造成权责不对称。日本和中国台湾地区的小城镇也均需执行上级委派任务，但日本通过地方分权改革缩减了上级委派事务比例。两者均根据职能下设相关办事机构，隶属小城镇政府管辖。此外，日本还设置跨町村的事务组合，加强町村间的联系与合作，提高行政管理效率。相比之下，中国大陆小城镇所承担的职能广泛且不够明晰，并承担了大量上级政府的指示事项，且在事务管理上存在条块分割，即广泛的职责与缩窄的权力无法匹配。

另外，上级政府下派机构时常影响乡镇政府管理职能的发挥。故宜进一步明晰乡镇职能，梳理条块关系，整合管理部门和公共资源。重构"县—乡镇"关系，将部分权限让与乡镇，充分匹配乡镇的责任与权力，让乡镇政府能进行真正的统一管理。此外，也可学习日本町村会和事务组合模式，在乡镇间建立合作机制和统筹管理协作模式，优化"县—乡镇"的垂直交流和"乡—镇"间横向交流。

7.1.4 深化行政体制改革，创新设立"镇级市"

2018 年，中国大陆城市数量为 679 个（截至 2019 年 8 月 31 日）。相比较日本，2016 年其人口规模仅为 1.27 亿，国土面积为 37.8 万平方公里，但其城市数量却有 791 个（市町村总量为 1718 个，截止 2016 年）。从设市密度来看，日本每 477 平方公里设立 1 市（每 228 平方公里设立 1 市、町或村），中国大陆每 14000 平方公里设立 1 市，密度仅及日本的 1/30 或 1/60。与此同时，目前中国大陆建成区常住人口 5 万人以上的建制镇约 350 个，10 万人以上建制镇约 70 个，甚至存在近 50 万人的非县驻地建制镇和近百万人的（东莞）县级建制镇（图 7–1）。按照相关标准（1993 年的设市标准），部分镇已经达到了国家的设市要求，亟需予以升格承认或进行制度创新，实现"镇设市"。2019 年 8 月 31 日浙江省温州市龙港镇升格为县级市，打破了多年来的镇设市的坚冰。中国大陆小城镇量多面广，有扩权需求的镇正在不断增加，故宜进一步深化行政管理体制改革，尽快出台"镇级市设置办法"，逐步优化并在全国推广。

图 7-1　2017 年中国大陆非县驻地建制镇建成区常住人口正态分布与累计占比图

资料来源：根据住建部 2017 分乡镇数据整理

日本的行政区划体系非常值得中国大陆学习,其都道府县和市町村两级体系非常清晰,且从市到町到村,完成了从城市型区划向乡村型区划的过渡。在日本,人口达 5 万人的町、村可提出申请立市。近年来由于人口就业等相关问题,日本多次将设市标准降低至 3 万人,并且鼓励市町村的有效合并。而町的设置标准为人口大于 5000 人且工商人口大于 60%,类似于中国大陆的建制镇设立标准。而中国台湾地区虽然镇数量不多,其特点主要类似于小城市,公共设施和基础设施建设较为完备。其早期县辖市设立的人口门槛为 5 万人,1990 年代初改为 15 万人,2015 年又修订为 10 万人 ①。相比之下,中国大陆小城镇间无论在规模还是在经济实力上差异都相对较大,而梳理国家相关部门关于镇设市的政策文件,大多将镇区人口 10 万人作为界定标准 ②。

借鉴日本和中国台湾地区的设市门槛,并考虑到中国大陆小城镇量多面广、地域差异大的现实情况,当前背景下的镇设市可尝试分阶段循序渐进探索的方法进行,即:第一阶段可开展镇区人口 20 万以上的建制镇设市(约 20 个左右非县驻地城关镇);第二阶段开展镇区人口 10 万以上建制镇设市(约 50 个左右非县驻地城关镇);第三阶段可在总结前两个阶段试点经验的基础上,给予地方更多的自主性,由各省相关部门经由相关程序自发选取人口与经济发展能力较强的建制镇,中西部地区可以适当下沉规模门槛,但不宜低于 5 万人(张立,2019)。

7.2 财税制度的经验启示

7.2.1 大陆小城镇的财税制度演进和特点

1993 年以前,中国大陆实行财政包干制,即事先定好上交中央的额度,多出部分归地方,一定期限内不变,是一种不规范的行政性分权的过渡措施。随着改革的推进,该制度已无法适应经济社会的发展。在此背景下,"分税制"应运而生。"分税制"是以中央与地方政府的事权划分为基础,确定中央与地方的收入范围,将税制划分为中央税、地方税和共享税,建立中央和地方两套税收机构,实行中央对地方的税收返还并逐步建立起转移支付制度,为合理规范中

---

① 《地方制度法》第四条中的详细定义为"人口聚居达十万人以上未满五十万人,且工商发达、自治财源充裕、交通便利及公共设施完全之地区,得设县辖市"。

② 如 2014 年发布的《关于开发国家新型城镇化综合试点工作的通知》。

央、地方和企业的分配创设了制度性基础（张立，2010）。中国大陆财政分配层级分为五个等级，即中央—省—市—县—乡镇。分税制改革后，确定了中央和地方的税收收入来源。总体而言，税源稳定、税基广、易征收的税种大部分划归中央（表 7-5）。在税收分配上，国税和地税约以 75%：25% 比例分成。2018年增值税改革后，中央和地方的分税比例在向 50%：50% 过渡。

表 7-5　2016 年中国大陆中央税、地方税和共享税税种及占比

中央税	地方税	共享税	共享税中央：地方
国内消费税	资源税	国内增值税	54%：46%
进口货物消费税、增值税	城镇土地使用税	营业税	12%：88%
证券交易印花税	耕地占用税	企业所得税	65%：35%
关税	其他各税	个人所得税	60%：40%
船舶吨税	—	城市维护建设税	4%：96%
车辆购置税	—	—	—
出口货物退增值税、消费税	—	—	—
其他税收收入	—	—	—

中国财政杂志社，《中国财政年鉴 2018》，2018a

参考文献增加：中国财政年鉴编辑委员会，《中国财政年鉴 2018》[J]. 北京：中国财政杂志社,2018

　　转移支付是中国大陆小城镇财政收入的重要来源。中国大陆的转移支付分为三种，分别是税收返还、一般性转移支付和专项转移支付。一般转移支付是为了均衡地区财力，所以主要用来补助西部和老少边穷等财力较弱的地区，不指定用途。在省级以下，各省市根据自身实际情况各自制定转移支付，故存在较大的差异。专项转移支付是为实现特定的政策目标而转移的专项补助资金，主要用于市政工程建设、退耕还林、义务教育工程、社会保障事业等社会经济事业发展项目。然而，目前中国大陆对于转移支付并未出台较为清晰的明文细则加以限定，尤其是省以下转移支付制度基本缺失，乡镇层级的转移支付基本由县政府自行划定，缺乏制度保障，因而可获取的转移支付有限。

　　20 世纪末大量乡镇财政债务堆积，出现财政危机。2005 年，江苏省财政下发了《关于印发乡镇财政管理方式改革试点工作指导意见的通知》，改革乡镇财

政管理方式，实行"乡财县管乡用"。2006 年中国大陆开始在全国范围内推进"乡财县管"，即乡镇政府在县政府的指导下管理财政收支，编制预算等。随后农业税 ① 的取消进一步促进了"乡财县管"的推进。截至 2011 年，全国共有 27 个省份对 1080 个县实行了财政直接管理，2.93 万个乡约乡镇总数的 93% 实行了"乡财县管"（周志旺，2014）。

乡镇的财政资金由预算内资金、预算外资金和乡镇自有资金构成。其中前两者为国家财政资金，后者为集体财政资金，预算内资金主要为各项税收收入，预算外资金是乡镇各部门、企事业单位自收自支的财政资金。乡镇自有资金是乡镇政府及农村合作经济组织自行筹集的资金。小城镇的财政收入由地方税收和转移支付构成。而目前，小城镇的财政收入以税收收入为主，可得到的转移支付收入非常有限，普遍存在财政不足的现象。2016 年乡镇财政收入仅占地方财政收入的 9.5%，全国财政收入的 8.6%（经转移支付后），且有不少乡镇存在财政赤字现象。

乡镇财政能力是确保乡镇建设的基石，而处于最低层级的乡镇政府的自有收入有限，财政自主能力不足，转移支付收入受限等问题一定程度上禁锢了其发展，有必要借鉴东亚各国和地区的经验对中国大陆小城镇的财税制度提出一些改进方针。

7.2.2 改进财税分配，明晰转移支付内容

与日本、韩国及中国台湾地区相同，中国大陆也将税源稳定、税基广、易征收的税种大部分划归中央，且在共享税分成上，中央占一些优势，分税制改革后中央层面财力集中。

中国大陆相比日本、韩国和中国台湾地区虽然在央（地区当局）地税收分配上"中央（地区当局）"集权特征不明显（表 7–6）。但是由于中国大陆地域广阔，财政层级多，分税制改革后，地方财力向省市集中，作为最低层级的乡镇政府，地税在经过层层的比例提留后，留到乡镇层面的比例非常少，造成乡镇政府财政的缺陷，这也是基层政府热衷于卖地取得收入以填补税收不足短板的原因所在。

---

① 2006 年以前，农业各税包括农业税、牧业税、耕地占用税、农业特产税、契税和烟叶税；从 2006 年起，农业各税只包括耕地占用税、契税和烟叶税。

表 7-6　日本、韩国、中国台湾地区和中国大陆央（地区当局）地税收分成比较 ①

日本	韩国	中国台湾	中国大陆
60:40	75:25	71:39	52:48

中国大陆数据来源：中国财政杂志社，《中国财政年鉴 2018》，2018b

与此同时，由于中国大陆的"城市倾向"的发展策略和城市群战略，小城镇难以得到充分的发展权，大多数乡镇的经济较为落后，财政收入依靠转移支付。由于中国大陆的财政转移支付体制不够健全，缺少规范性的制度约束。相比日本、韩国和中国台湾地区，中国大陆乡镇的财政收入占比极低（表 7-7）。据调研，乡镇财税常有赤字现象，比如，2016 年烟台市桃村镇年终结余为 -5731 万元。

表 7-7　日本、韩国、台湾地区和中国大陆小城镇财政收入及转移支付比较

	日本	韩国	中国台湾	中国大陆
小城镇税收分配占全国税收收入比重	23	7.5	2	低于 5%
转移支付占小城镇财政收入比	37.2	53.2	65.3	低于 50%
转移支付后小城镇财政收入占全国财政收入比	28	18	17	8.6

注：韩国小城镇为市郡区数据。

中国大陆数据来源：中国财政杂志社，《中国财政年鉴 2018》，2018c

表 7-8　烟台市部分建制镇的财政收入

	桃村镇（2016）		辛安镇（2014）		刘家沟镇（2015）	
	金额（万元）	占比（%）	金额（万元）	占比（%）	金额（万元）	占比（%）
财政收入	18352	100	17691	100	10380	100
税收收入	8975	48.9	14196	80.2	6535	63.0
非税收入	270	1.5	0	0		

① 注：因韩国邑面无自主财权，本章各表中韩国以低级地方政府（即邑面上级政府——市郡区）进行比较。

上级补助收入		9107	49.6	3495	19.8	3845	37.0
其中：	税收返还	0	0	48	0.3	—	—
	一般性转移支付	5897	32.1	505	2.9	—	—
	专项转移支付	3210	17.5	2942	16.6	—	—

数据来源：桃村镇、辛安镇、刘家沟镇镇政府提供

表7-9 中国大陆和日本、韩国、中国台湾地区小城镇财政支出比较

	日本	韩国	中国台湾	中国大陆
小城镇财政收入占全国（地区）比重（%）	28	18	17	8.6
小城镇财政支出占全国（地区）比重（%）	31	24	15	6.7

中国大陆数据来源：表7-4：中国财政杂志社，《中国财政年鉴2018》，2018d

乡镇财政收入不足的一个原因是税收来源少，另一个原因是转移支付力度不够。因为省以下财政转移支付的规范性制度缺失，市县政府囿于自身主体利益的考量，导致乡镇层级实际可获得的转移支付有限。税收返还经过省市县的层层集中调控最终返还给乡镇的非常有限。一般转移支付同样因为缺乏制度支撑，乡镇得到的资金也很少。专项转移支付往往管理权在省市层级，导致在乡镇层面普遍存在被省市挤占挪用以及资金分散、缺乏统筹运用的问题。

2007年乡镇的税收收入占其总财政收入的95.5%，2015年国家出台政策上调一般性转移支付力度。从我们调研的案例镇来看，转移支付在三个镇的财政收入中占比均不超过50%，且财政收入高的小城镇转移支付占比也较高（表7-8）。可见，中国大陆小城镇对转移支付有一定的依赖。

韩国和中国台湾地区最低层级政府（或派出机构）虽然财政收入占比低，但转移支付力度也相对较大。相较而言，中国大陆在乡镇层面的转移支付力度略显不足（表7-7）。

在财政分配制度上，与日本、韩国和中国台湾地区相比，中国大陆由于政府层级多，最低层级的乡镇的财源受到挤压，地方财政集中在省市层面。故应调整省以下的财政分配关系，适当增加乡镇自主税收来源。与此同时，根据客

观因素如地区经济发展水平、人口规模、公共服务成本与水平等，强化核定转移支付比重，并制度化。针对税源不足的小城镇，要加强转移支付力度，以均衡各乡镇的财政收入。在强化一般转移支付力度的同时，也要减少专项转移支付。并可借鉴日本国库支出金分配方式，由中央或上级政府对专项转移支付进行监督。

7.2.3 匹配财权与事权，扩大小城镇财源

中央支出责任下移，县乡承担较大事权。分税制改革后，税收收入从地方向中央集中，而与此同时，地方却承担着较大的支出责任。且地方层面的事权在不断下移至县乡，县乡需负责教育、基础设施，维护社会稳定，保护生态环境以及解决各种行政管理问题等（孙翼，2018），承担着与其财力不匹配的事权。从图 7-2 可看出，地方承担较高的支出责任，支出金额高于收入金额，且从 2000—2016 年地方支出责任在不断加大。

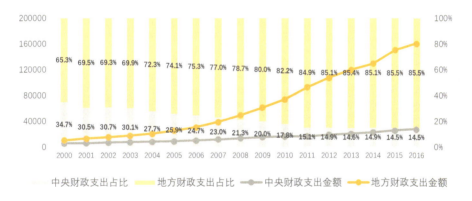

图 7-2　2000—2016 年中国大陆中央与地方财政支出（亿元）

资料来源：中国财政杂志社，2018d

相比之下，日本、韩国和中国台湾地区均将全国性或全地区性事务以及外部性较强的地方性事务的支出责任划分于中央（当局），将外部性较弱的地方性事务划分给地方。其中日本的都道府县政府和韩国中间层次的高级地方政府承担上下级间的协调作用，各级政府事权划分上相对较为明确。而中国大陆的县乡在获得事权的同时却没有把相应的足够配套资金支持（如村镇医疗、福利设施、老龄服务设施等的运营，均由乡镇政府负责，但因财政紧张，部分设施的

运行质量低下）。

小城镇财权处于弱势，"乡财县管"政策使其成为"半级政府"。日本的市町村在地方征税及财政管理上有较大的自主性；相比之下，韩国、中国台湾地区和中国大陆均将较好的税源集中于中央（当局），地方征税自主性较弱。中国大陆和中国台湾地区的乡镇在财权上较相似，台湾地区乡镇税收靠县市返还，财权较弱；中国大陆乡镇地税机构由县政府驻派直管，乡镇财政的统一管理权受到限制，乡镇政府在地方各级政府中，财权处于明显的弱势。

"乡财县管"在一定程度上解决了乡镇收支中混乱的局面，规范了乡镇财务管理，缓解了乡镇财政困难。然而，乡财县管将乡镇的财力和事权集中到了县级政府，乡镇也开始由独立的"一级财政"逐步向"半级财政"转化（崔运政，2011）。

乡镇某种程度上成为了县级政府的"派出机构"。但实际上，中国大陆的乡镇差异很大，从人口规模上看，有27.9%的镇的人口超过5万人，相当于国外的小城市，亦可能是一个功能比较完备的地域生产生活单元。但是在税收来源不足、财政权不独立的现实条件下，乡镇政府履行服务乡镇社会的能力受到一定程度制约，部分地区的乡镇政府对于发展的积极性降低，甚至普遍出现"吃饭财政"现象。

小城镇处于补齐基础设施短板的建设阶段，财政缺口依然较大。中国大陆小城镇财政支出可分为三个部分：①职员工资和政府日常开销，其中公务员和事业编制人员及教师的全部工资、其他类型人员的部分工资均由县财政直接拨付；②基础设施、公共服务设施、环境治理，其中项目资金由县专项拨付，建成后设施维护与管理资金由镇财政支付；③社会保障和就业、医疗卫生与计划生育、商业服务业、文化体育与传媒等社会经济事业。

从调研的小城镇可看出，一般公共服务支出占较大比例（辛安镇和刘家沟镇），其次是城乡社区支出、农林水支出以及社会保障和就业支出（表7–10）。如果单从财政总支出比例来看，中国大陆小城镇的支出责任相比日本、韩国、中国台湾地区较小，与其财政收入比重接近。但是，中国大陆的小城镇行政管理的特殊性在于，正规的公务员和事业编制有限、管控严格，这就造成了小城镇的政府工作人员结构倒挂的现象，即非编制人员数量往往高于在编人员。问题就在于，非编人员的工资支出要由乡镇财政自己负责。正因为此，多数接受访谈的乡镇长反映，乡镇管理上有较重的负担，而财政收入无法满足其维持与管理乡镇运行的要求。

此外，中国大陆与日本、韩国和中国台湾地区的小城镇在财政支出上的现实需求差异较大。日本、韩国和中国台湾地区已经进入到了成熟稳定发展阶段，但大陆仍处于快速成长阶段，小城镇的基础设施和公共设施建设依然严重滞后，亟需补齐短板，这就需要当下阶段上级政府持续不断的财政投入，以完成初始积累。

表 7-10　山东省烟台市小城镇财政支出案例

（单位：万元）	桃村镇	辛安镇	刘家沟镇
财政支出	7258	3830	4774
一般公共服务支出	495	1190	2616
公共安全支出	0	62	0
教育支出	218	0	0
文化体育与传媒支出	31	21	269
社会保障和就业支出	416	961	664
医疗卫生与计划生育支出	269	438	88
节能环保支出	785	0	0
城乡社区支出	2964	557	258
农林水支出	1132	661	879
资源勘探信息等支出	0	11	0
交通运输支出	326	0	0
商业服务业支出	30	0	0
住房保障支出	611	0	0

数据来源：中国财政杂志社，《中国财政年鉴 2018》，2018e

总体而言，中国大陆下放大量的支出责任到县乡层级，而县乡又得不到足够的财源支持，使得小城镇在财政管理上受到县政府严格的限制，无法有效地完成社会经济建设需求，一直存在财政缺口。"乡财县管"是一种权衡该现象的有效办法，但无法在根本上大范围地解决小城镇财权与事权不匹配的问题。由于政府人事编制的约束等原因，乡镇政府承担着大量的非编人员的工资支出责任。因此，宜针对规模较大、发展需求高的乡镇，尽量扩大其财源，使财权充分与事权匹配，予以其自主完成小城镇社会经济建设的能力。

1.2.4 完善财税相关法律法规体系

日本、韩国和中国台湾地区均设有一系列法规与条令对中央（地区当局）与地方的事权与支出责任进行了明确的划分：日本通过《宪法》《地方自治法》《财政法》《地方财政法》明确地划分了央地的支出责任与事权责任；韩国通过《大韩民国宪法》《地方自治法》《地方自治法施行令》明确了央地的事权，并通过《地方财政法》和《地方交付税法》对转移支付制度也进行了明确的规定。

中国大陆在财税法律方面起步较晚。2016 年颁布《国务院关于推进中央与地方财政事权和支出责任划分改革的指导意见》中确定省以下政府间财政事权，并要求到 2020 年形成省以下财政事权和支出责任划分的清晰框架；2018 年发布《基本公共服务领域中央与地方共同财政事权和支出责任划分改革方案的通知》，明确了央地共同财政事权在八大类 18 项公共服务领域的范围，但目前仍没有法律法规对地方各级政府的事权和支出责任进行较为明确和详细的规定。

由于中国大陆仍处于极化发展阶段，各地政府将主要资源用于中心城市的建设，故在没有财税法律框架约束下的县市政府倾向于"盘剥"乡镇，以支持中心城市的各项建设。

此外，在转移支付方面，中国大陆亦缺乏相应的法律约束，地区间差异大，没有明确的制度规范进行合理地区域间财税分配，执行过程中随意性较大。因此需要加快立法进度，进一步完善财税相关法律法规体系，保障乡镇及各级地方政府的发展权及基础财政支持。

7.3 土地利用与规划的经验启示

7.3.1 大陆乡镇土地制度特点和规划编制

2019 年 8 月 26 日，十三届全国人大常委会第十二次会议审议通过了关于修改《土地管理法》的决定。新的《土地管理法》指出："中国大陆实行土地的社会主义公有制"，规定"城市市区的土地属于国家所有；农村和城市郊区的土地，除由法律规定属于国家所有的以外，属于农民集体所有"；"中国大陆实行土地用途管制制度。将土地分为农用地、建设用地和未利用地。严格限制农用地转为建设用地，控制建设用地总量，对耕地实行特殊保护"。

此外，新的《土地管理法》在农村土地征收、集体经营性建设用地入市、宅基地制度改革等方面做出了新的规定。此次修订的最大突破是允许集体经营性建设用地入市^①，即撤销过去农村土地必须征为国有才能进入市场的规定，结束了多年来集体建设用地不能与国有建设用地同权同价同等入市的二元体制（中国房地产，2019）。且修订后的《土地管理法》明确了农村土地征收的六种情形^②，并明确指出"征地要保障被征地农民原有生活水平不降低、长远生计有保障"。此外，在农村宅基地方面也提出了"允许已经进城落户的农村村民自愿有偿退出宅基地，鼓励农村集体经济组织及其成员盘活利用闲置宅基地和闲置住宅"。在此之前，集体土地必须通过征用后才能进入土地市场流转，且小城镇的集体建设用地也很难被允许直接用于非农用途，小城镇公共设施用地主要靠国有土地来满足，这也造成了小城镇土地利用的复杂性。

2019 年 5 月中共中央、国务院发布《关于建立国土空间规划体系并监督实施的若干意见》，提出将主体功能区规划、土地利用规划、城乡规划等空间规划融合为统一的国土空间规划，建立五级三类四体系的国土空间规划，即形成国家级、省级、市级、县级、乡镇级五级，总体规划、详细规划、专项规划三类规划和编制审批体系、实施监督体系、技术标准体系和法规政策体系为四体系的国土空间规划。在此之前，乡镇的核心规划体系为总体规划和土地利用总体规划。两个规划长期以来多方面存在不一致甚至冲突，且都存在监管不足的问题。乡镇总规以战略引领为主，主要强调镇区的发展建设，在全域统筹上有所欠缺。且直接套用城市规划的总体框架，未考虑乡镇大量的集体用地的现实需求。另外，在乡村层面也仅做宏观的体系性引导（张立，2019）。而乡镇土总规

---

① 《土地管理法》第六十三条规定："土地利用总体规划、城乡规划确定为工业、商业等经营性用途，并经依法登记的集体经营性建设用地，土地所有权人可以通过出让、出租等方式交由单位或者个人使用。通过出让等方式取得的集体经营性建设用地使用权可以转让、互换、出资、赠与或者抵押。集体经营性建设用地的出租，集体建设用地使用权的出让及其最高年限、转让、互换、出资、赠与、抵押等，参照同类用途的国有建设用地执行。"

② 《土地管理法》第四十五条规定："为了公共利益的需要，有下列情形之一，确需征收农民集体所有的土地的，可以依法实施征收：（一）军事和外交需要用地的；（二）由政府组织实施的能源、交通、水利、通信、邮政等基础设施建设需要用地的；（三）由政府组织实施的科技、教育、文化、卫生、体育、生态环境和资源保护、防灾减灾、文物保护、社区综合服务、社会福利、市政公用、优抚安置、英烈保护等公共事业需要用地的；（四）由政府组织实施的扶贫搬迁、保障性安居工程建设需要用地的；（五）在土地利用总体规划确定的城镇建设用地范围内，经省级以上人民政府批准由县级以上地方人民政府组织实施的成片开发建设需要用地的；（六）法律规定为公共利益需要可以征收农民集体所有的土地的其他情形。"

强调"耕地和基本农田的保护"，通过自上而下分配土地指标，管控用地边界。而对镇区并未区分土地权属的差异，亦未实施用途管制分区，且规划的管控权力和审批权极度集中在中央和省级政府（张立，2019）。乡镇总体规划和控制性详细规划均必须依据上一级相关规划进行编制，并报上一级政府审批；乡镇土地利用总体规划报省级人民政府审批。

因当下中国大陆正在进行空间规划体系的变革，相关改革进展尚不清晰，以下以目前仍然生效的传统规划编制体系为讨论基础，在借鉴日本、韩国和中国台湾地区小城镇土地利用和规划编制经验的基础上提出相应的启示。

7.3.2 盘活农村闲置土地，充分发挥集体经营性建设用地价值，激发乡镇发展活力

与日本、韩国和中国台湾地区的土地私有制不同，中国大陆实行"双轨"土地所有制：全民所有制和劳动群众集体所有制，即在城镇建设用地和非城镇建设用地之间，存在集体建设用地，导致了小城镇的土地利用与三个国家和地区有很大的差异。日本、韩国和中国台湾地区的土地利用只有城市用地和非城市用地的区别，小城镇在土地上利用上与其他城市差异不大，没有明显的过渡性。而中国大陆的小城镇属于城乡过渡区，最大的特征为集体土地与国有土地混杂。在《土地管理法》修订之前，长期以来的土地产权关系的交错混合造成了中国大陆小城镇在土地利用方面的复杂性。

因集体土地流转受限，城市建设用地需求度高的小城镇存在大量的隐性流转市场，产生如"小产权房"等土地产权边界模糊的土地（其上构筑物）权属问题。且集体土地征用的收益远低于城市土地市场出让价格，使得地方政府通过低价征用集体土地再在土地二级市场以更高的价值出让，以获取"土地财政"，土地所有者的利益也得不到良好的保障。此外，中国大陆2000年以后的城市建设用地指标垂直分配体系建立后，位于最低行政层级的小城镇，很难获得充足的建设用地指标。加之其公共财政不足，导致各项公共设施建设普遍滞后，与日本、韩国及中国台湾地区的城乡设施质量均等化有很大差距。

2019年《土地管理法》的修订有助于中国大陆建立城乡统一建设用地市场，使得沉睡多年的乡村的土地资源可以得到有效盘活。集体经营性建设用地入市这一重大突破有利于改善现有建设用地供地格局，提升城乡土地资源综合利用效益，提高农民财产性收入，也能够助推乡镇产业升级和新业态进驻（赵琳祎，

2019）。这对于平均集体土地占近比接近 6 成 [1] 的小城镇而言，利用此次改革盘活农村闲置土地，充分发挥集体经营性建设用地价值是是激发其发展活力的一大契机。

当然，若不合理地入市会引发新一轮的矛盾。比如中国台湾地区 1990 年代施行的"农地农用农有"改为"农地农用"，放开了市民买卖运营农业用地的口子，尽管实施了仅仅 3 年的时间，但还是导致了乡村建设的无序和风貌环境的破坏。因此，允许集体土地参与市场交易的口子打开后应注意处理好集体建设用地入市与国有土地出让之间的关系，形成互补和竞争的建设用地市场，控制入市规模和进度，确定合理的入市模式，通过相关制度规范土地流转，以构建城乡统一的建设用地市场。通过土地资源的盘活，赋予小城镇与自身能级相适应的发展权，激发其发展活力。

7.3.3 优化用地结构，强化土地用途管制

目前，中国大陆小城镇在土地利用上存在如下特征：①土地权属混杂：镇区建设用地中集体土地占比高，且建设用地与非建设用地相互渗透；②土地利用率低，呈现低密度和松散的空间结构：以低强度建设为主，人均建设用地规模大（207 平方米 / 人 [2]，是城市人均建设用地的近 2 倍）；③用地结构单一：以居住用地等生活性用地为主，生产用地、绿地广场、基础设施等用地占比低（表 7–11）。

表 7–11　中国大陆小城镇建设用地功能结构

用地类型	占建设用地比例平均值（%）	占建设用地比例中位数（%）
居住用地	52	50
商业服务用地	8	7
公共服务用地	9	8
工业仓储用地	12	12
公用设施用地	3	1
绿地广场用地	3	3
道路与其他用地	13	10

资料来源：赵晖等，2017

---

[1] 《说清小城镇》，2017
[2] 数据来源：住建部 2017 年分乡镇统计数据

对比日本、韩国和中国台湾地区的案例小城镇，从人均建设用地来看，日本日出町人均建设用地为 361 平方米 / 人，奥多摩町为 1049.7 平方米 / 人（该町为日本过疏化地区町村，地广人稀，不做参考比较），韩国陕川邑为 520 平方米 / 人，中国台湾地区罗东镇为 76 平方米 / 人，头城镇为 161 平方米 / 人。相比之下，台湾地区的小城镇用地更为紧凑，而中国大陆用地规模适中。从用地情况来看，对比人口规模，中国大陆在公共服务用地上的占比上略有不足，这不仅受限于集体土地开发利用的复杂性，也与其财政不足，限制公共服务设施投入有关（表 7–12）。

表 7–12　中国大陆与日本、韩国、中国台湾地区小城镇各类用地的占比比较

	中国大陆小城镇	日本日出町	日本奥多摩町	韩国陕川邑	中国台湾罗东镇	中国台湾头城镇
人口规模（万人）	3.26	1.67	0.52	1.17	7.25	2.93
居住用地占比（%）	52.0	25.7	20.1	22.6	37.1	31.4
商业用地占比（%）	8.0	5.0	4.0	1.7	10.3	3.4
公共服务与设施用地占比（%）	11.0	12.4	6.1	—	40.5	43.4
工业用地占比（%）	12.0	8.4	2.7	—	12.9	13.7
绿地占比（%）	3.0	—	—	75.6	—	7.8

资料来源：作者根据调研资料整理

小城镇建设用地标准有其特殊性，虽无法达到城市地区的用地规模，但在建设用地指标不足的情况下还是需要加强对中国大陆小城镇土地的集约利用，并优化其用地结构，尤其是要提高公共服务设施和绿地等的建设水平。

与日本、韩国、中国台湾地区相似，中国大陆小城镇相较城市而言，非建设用地面积占比很高。因此，在小城镇土地利用管理上对非建设用地的用途管

控与规划也非常重要。目前，日本通过《土地利用基本计划》对非城市用地进行了较为全面的规划与管理，对各种区域制定了相关规划并通过法律法规保障规划的有效实施。相比之下，韩国和中国台湾地区略显不足，但对非城市区域均有相关规划、法律及一定的保护。中国大陆目前针对非建设用地的用途管控尚不如日本、韩国和台湾地区，主要是用地规划和土地利用分离，其次是侧重耕地保护，而对其他区域的控制力不足，管控约束较松，且缺乏法律法规保障。在"多规合一"改革以及自然资源部成立的背景下，未来中国大陆在村镇土地利用上将会有较为统一的管理。因此，为进一步完善非建设用地的管理，需要深入学习东亚经验——尤其是日本，加强除耕地保护外其他区域的规划和保护，优化土地用途管制。

表 7-13　中国大陆与日本、韩国和中国台湾地区非建设用地土地用途管控比较

国家或地区	日本	韩国	中国台湾	中国大陆
涉及规划	土地利用基本计划	都市基本计划、都市管理计划	非都市土地分区使用计划	城乡规划、土地利用总体规划
区域划分	农林区域、森林区域、自然公园区域、自然保护区域	用途地域：城镇化预备用地、保存用地　用途地区：管理地区、农林地区、自然环境保护地区	乡村区、工业区、森林区、风景区、河川区、海域区、公园区、一般农业区、特定农业区、山地保育区、特定专用区	城乡用地分类：九类非建设用地土地利用分类：农用地和非利用地
相关法律与策略	为每一个区域制定规划并出台相应法律：如农业规划和《农业促进法》、森林规划和《森林法》等	《国土规划法》，严格控制建设用地转化，有效保护各类用地开发	制定"非都市土地使用管制规划"对其进行规划管制	《城乡用地分类与规划建设标准》《全国土地分类》，强制限制农用地转为建设用地，控制建设用地总量平衡，实现耕地总量动态平衡

资料来源：作者整理

　　针对小城镇特殊的土地利用属性，在规划理论与管理体系上也不能与城市一视同仁，应有所差别。日本、韩国均有针对落后地区（其中大部分为小城镇和乡村地区）制定的特殊规划（表 7-14）。

2007 年中国大陆颁布《镇规划标准》(GB50188-2007)，此后也出台了一系列的小城镇规划、建设和管理的相关法规和标准，对小城镇的规划编制工作起到促进和引导作用。但由于小城镇概念的含糊和相关特征研究的不够深入，上述国家层面的编制办法、管理办法和标准在一定时期内并未得到社会的广泛认可。问题在于全国范围各地情况复杂，编制办法与地方实际偏差大、管理办法与现实诉求不适应、编制团队技术能力不匹配，相关标准和技术规定明显滞后于现实需求等（张立等，2018）。

表 7-14　中国大陆与日本、韩国和台湾地区落后地区相关规划比较

日本	韩国	中国台湾	中国大陆
《低开发区域综合开发促进法》《山村振兴法》《过疏地区振兴法》等	《特定地区开发规划》《开发促进地区开发规划》	"特定区计划"	无针对性的规划类型

资料来源：作者整理

因此，无论是日本、韩国、中国台湾地区还是中国大陆，都应加强对小城镇规划理论体系的建设与完善，尤其是特殊性更强的中国大陆，宜创新规划思路与规划方法，优化相关标准和技术规定，在乡镇层面切实实现一张蓝图。

7.3.4 承担自然资源巡查和管理职能

在空间规划的事权分配上，日本市町村在规划编制过程中遵循上一层级规划的指导，听取上级政府的意见，但编制审批权仍为其所有。且市町村为城市规划和部门土地利用规划的编制和实施主体，即无论在规划编制审批还是规划实施上市町村都被赋予较高的自主权。即日本三级规划的主管机构之间无明显的上下级隶属关系，各级政府在规划编制中必须征求和协调各方意见诉求（李亚洲，2019）。

相比之下，中国大陆乡镇在空间规划中的事权十分有限，规划编制审批权受限于上级政府，对自然资源的管理权限缺失，致使乡镇层面对于生态资源保护与监管缺乏足够的重视，这也是中国大陆山水林田湖草等自然资源破坏严重的原因之一（张立，2019）。

新时期的空间规划体系重构，是全域全要素的统筹规划，其在整合乡镇总

体规划和土地利用总体规划的基础上，应强化与乡镇事权的匹配度。积极拓展乡镇自然资源和巡查职能，对乡镇进行分类区别化改革，优化乡镇的事权关系和事权责任。要结合"强镇设市"改革，进一步定向下放国土空间资源的管理权限（如城镇开发边界内具体的细致的土地地块用途管制等），明晰乡镇政府在自然资源管理、监督和巡查方面的作用（张立，2019）

7.4 社会政策的经验启示

7.4.1 大陆小城镇社会政策的演进

中华人民共和国成立初期，中国大陆就对小城镇的发展给予了关注，当时集中于乡镇企业的发展，希冀通过农村工业化带动农村经济崛起。1959年毛主席指出公社工业的重要性，拉开了乡镇企业发展的早期序幕。改革开放后乡镇企业蓬勃发展，1996年制定了《乡镇企业法》，扶持和规范乡镇企业，标志着乡镇企业发展正式进入有法可依的法制轨道（周建群，2009）。农业部也在此期间先后发布了《关于促进乡镇企业持续健康发展的报告》（1992）、《乡镇企业产权制度改革意见》（1994）、《关于促进大中型乡镇企业发展的意见》（1996）等促进乡镇企业改革，尤其是针对产权不清问题进行了全面的改制。

21世纪以后，2006年第十届人大四次会议指出"推动乡镇企业机制创新和结构调整"，2007年十七大报告再次强调发展乡镇企业的重要性。乡镇企业更改粗放型增长模式，提高企业布局集中度，形成产业集群，并不断优化产业结构，提升产业层次。乡镇企业是各地结合自身社会经济条件和自然地理优势而走的自下而上的小城镇发展模式，国家给予一系列的优惠政策，起到引领作用。而目前，乡镇企业的地位和作用逐渐模糊，管理体制缺乏更新、不够健全，在逐渐激烈的市场竞争中收到了冲击，享受的优惠政策在逐步消失。

国家对小城镇的指导方针也经历了一系列的变革。1979年提出"加强小城镇建设是实现现代化、缩小城乡差距、工农差别的必由之路"；1980年提出"控制大城市发展，合理发展中等城市，积极发展小城市"；2002年强调"发展小城镇要有重点，要以现有的县城和有条件的建制镇为基础"；2013年提出"坚持走中国特色新型城镇化道路，推动大中小城市和小城镇协调发展"，小城镇的职能从"缩小城乡差距"到"服务农村，兼顾发展"再到"促进新型城镇化发展"转变。

　　此外，也一直在出台和修改相关政策，对小城镇的改革、健康发展和技术建设提供指导意见。1994年颁布《关于加强小城镇建设的若干意见》；1990年制定合理发展中小城市方针；1995年发布《小城镇综合改革试点指导意见》，对小城镇综合改革作了具体说明；2000年出台《关于促进小城镇健康发展的若干意见》；2006年发布《小城镇建设技术政策》，希冀通过技术手段指导小城镇健康发展；2008年公布第二批全国改革试点小城镇，2012年公布第三批试点镇；2015年浙江省发布《关于加快特色小镇建设的指导意见》，率先开展特色小镇建设；2016年中央三部委发布《关于开展特色小镇培育工作的通知》，在全国范围内培育特色小镇以带动全国小城镇建设。

　　从2004年开始，国家一直在推进重点镇的建设。建设部、国家发展改革委、民政部、国土资源部、农业部、科技部批准了1887个全国重点镇，2013年七部委决定对全国重点镇进行增补，截至2016年全国共有重点镇3674个。七部委通过对重点镇实施动态管理，建立全国重点镇信息系统，定期检查和评估，以督促重点镇建设。但由于对重点镇并没有明确的配套政策，并未得到长足的发展。

　　中国大陆目前在小城镇层面实行的全国性社会政策主要是特色小城镇建设及金融支持小城镇建设。特色小镇建设起源于浙江，虽然初心不是针对小城镇，而是产业园区，但经中央领导批示后，相关政策推进逐步扩展到小城镇层面。住建部牵头意图通过自上而下的政府支持来推动1000个小城镇实现特色化发展，但全国特色小镇评比在经历两轮后就搁置了。

　　金融支持小城镇与特色小镇建设相伴而生。农业银行、国家开发银行、建设银行等相继发布了金融贷款支持政策，并重点向基础设施建设领域和贫困地区倾斜。但是该政策亦导致了部分地区的小城镇房地产热。随后国家相关部门又出台了政策意见，呼吁特色小（城）镇建设要理性。

　　此外，各省市政府也有针对当地小城镇推行各类政策，尤其是经济相对发达的长三角和珠三角地区近年来对小城镇发展较为重视。如上海开展郊野单元空间规划，即对所在镇（乡、街道）的集中建设区外郊野地区以保护耕地、综合整治、可持续发展为原则，对用地规模和结构布局、生态建设和环境保护等在一定期限内做综合部署和具体安排，主要包括农用地整治规划、建设用地增减挂钩规划和其他专项规划的整合。郊野单元空间规划意图解决现有建设用地使用低效、粗放、分散，耕地、生态用地等被蚕食、环境污染和恶化以及公共服务设施配套不全等问题，目前上海市为主要试点地区。

浙江省除在省内大力推进特色小镇建设外，还于 2016 年 9 月正式启动小城镇环境综合整治计划，并于 2017 年 1 月发布《浙江省小城镇环境综合整治技术指南》。整治计划以乡镇政府（包括独立于城区的街道办事处）驻地建成区为主要对象，通过加强规划设计引领，整治环境卫生，城镇秩序，乡容镇貌，解决小城镇"脏、乱、差"的问题。各地市成立小城镇环境综合整治行动领导小组带领小城镇环境整治，省政府每年对小城镇进行考核并公布考核通过名单。2018 年全省 1191 个小城镇已有 1100 个完成整治、完成投资 1567 亿元。整治过程中，一系列行之有效、具有浙江特色的典型做法被探索推广，形成了较为完善的小城镇整治工作举措。

一直以来，小城镇在中国大陆都占据特殊的地位，但是国家和地方对于小城镇建设的重视不够，相关社会政策不成系统，且持续性不佳，不少政策在实施后未能达到预期效果。针对此，对比日本、韩国和台湾地区的相关社会政策，希冀获得相应的经验借鉴。

7.4.2 均衡地区发展差异，保障对落后乡镇的扶持

从政策实施目标来看，日本、韩国和中国台湾地区小城镇建设的主要目标是均衡城乡发展，缩小地区差异。而中国大陆小城镇建设的目标并不清晰，除了促进城乡协调发展外，很多地方更希望通过小城镇发展来促进地区经济增长。

与日本、韩国和中国台湾地区的扶持方式相似，中国大陆在小城镇社会政策上将建设创造先进案例（重点镇、特色小城镇培育）和扶持相对落后地区（金融支持小城镇建设）两种方式相结合，也存在一些全国性或地区性的指导意见和改善措施。但因发展目标的差异造成了社会政策的发展定位不同，相同的扶持方式也有不同的侧重点。

在发展定位上，日本、韩国的社会政策将小城镇置于劣势地位，通过促进小城镇社会经济建设来均衡区域发展。而中国大陆地区小城镇并未被完全置于劣势地位，更多的将其视为是城镇化的载体，城乡发展的"平衡杆"。

在扶持的侧重点上，全国性的政策中重点镇建设和特色小镇主要是择优培育。金融支持小城镇政策虽然注重贫困地区的扶持，但本质是政企合作打通金融渠道，引入社会资本带动小城镇经济建设，对小城镇的资本基础有一定的要求，因资金主要来源于社会资本和银行贷款，用于产业的培育和特色化建设

（谭荣华等，2018），资本基础好的镇能够在政策的帮助下得到更多的支持和更好的发展。在地方上，经济相对发达地区（长三角、珠三角地区）对小城镇的重视远高于经济相对落后地区（中西部地区），支持政策也更为丰富。因此，全国在对贫困地区实行精准扶贫，完善基础设施建设，改善经济发展水平上的力度仍不够，各方面政策对扶持落后地区、缩小地区差异的贡献较小。

表7-15　中国大陆小城镇社会政策实施对象

政策		主要实施对象
重点镇建设		基础较好的镇
特色小镇建设		基础较好、有特色资源的镇
金融支持小城镇	中国农业发展银行金融支持小城镇建设	优先支持贫困地区
	国家开发银行金融支持小城镇建设	优先支持首批特色小镇，大力支持重点镇，着力推进贫困地区建设
	国家开发银行金融支持特色小（城）镇建设促进脱贫攻坚	贫困地区

资料来源：作者整理

总体而言，中国大陆小城镇数量庞大，全面的扶持存在一定的难度。目前采取的主要还是充分利用小城镇的自有资源优先发展示范镇，以此带动区域的小城镇建设发展。而对于基础薄弱、相对落后的镇目前还基本没有针对性的全国政策。但相比之下，相对落后的小城镇更需要政策的助力，资源和资金的过度（向强镇）倾斜容易打击落后地区的积极性，也易造成更为严重的衰败现象。吸取日本、韩国和台湾地区因历史性问题解决过晚导致事倍功半的经验教训，中国大陆宜尽早出台针对性政策来加强对落后地区的支持力度，包括财税支持和其它政策支持等，从而更好地均衡地区发展差异和城乡发展差异。

7.4.3 激活自下而上的发展动力，加强居民参与力度

从实施方式来看，日本和中国台湾地区的小城镇建设强调自上而下与自下而上相结合的发展模式，韩国的中心地开发事业和中国台湾地区的社区营造强调多方参与，并积极探索自下而上的管理运营方式。相比之下，中国大陆早期

的乡镇企业的引导和培育偏向自下而上的发展模式，但现阶段的小城镇建设主要是自上而下的发展模式，居民参与强度远低于日本和台湾地区，也不及韩国的中心地开发事业。

特色小（城）镇建设支持政策是由住房城乡建设部、国家发展改革委和财政部三部委发起，制定政策措施，开展指导检查。省级住房城乡建设、发展改革、财政部门负责制定小城镇培育的指导意见和支持政策；县级人民政府是责任主体，负责制定支持政策，整合落实资金，统筹项目安排并组织推进；镇人民政府负责实施。总体而言，特色小（城）镇培育采取的是竞争机制，为的是提高地方的积极性。实施过程中虽一定程度上调动了地方政府的积极性，但总体而言是政府主导的地方工程，为当地居民提供的参与空间不及日本的特色町村建设和台湾地区的社区营造，因而也产生了与韩国相似的居民积极性不足，很多地区的建设缺乏针对性和有效性等问题。更为不利的是，该政策刚推行不足两年就无果而终，后续是否能够重新启动尚不得而知。

金融支持小城镇政策主要通过县市进行项目储备和项目推荐。在融资上有企业和社会资本参与，开拓了政企合作的 PPP 项目模式，一定程度上促进了小城镇的资金流通。但总体而言也是政府和企业占主导位置，缺乏对居民的带动作用。

除了沿海发达地区的少数早期先发强镇外，各地方采取的小城镇政策多为地方政府自上而下模式，地方自发性的建设案例极少，居民的参与度也不高。

因此，吸取韩国的教训，借鉴日本和中国台湾地区的建设经验，中国大陆小城镇宜谋划更多的自下而上的发展模式，促进多方参与建设。政府在开发建设中应建立有效的沟通机制，为居民参与小城镇建设提供更多空间，从而带动地方自主建设的积极性，全面调动小城镇潜在的财力、物力和人力及其社会资本。

7.4.4　提升人居环境建设水平，建立监督评估机制

从实施内容来看，日本、韩国均非常注重小城镇的物质空间改善，即基础设施、公共服务设施建设和生活环境提升，其次是产业振兴和特色化发展。韩国的小城镇培育事业首先对小城镇的物质环境进行改善，再进行产业培育，这样的先后时序为产业的发展提供了较好的物质基础。而中国台湾地区则将小城镇建设提升至更高的精神层次，通过多方参与的物质空间改善和产业培育来提

升社区凝聚力，培育社区精神。

因发展目标和定位的差异，中国大陆地区更强调小城镇的经济建设。乡镇企业发展和特色小城镇建设均意图通过产业带动经济。特色小城镇建设在培育要求中将"特色鲜明的产业形态"放在首要位置，其次才是物质空间建设、社会服务和机制体制完善。金融支持小城镇通过政策引导和企业融资落实小城镇的建设项目，某种程度上助力了小城镇设施建设、维护与运营。但总体而言，政策的后续实施力度不足，导致最终在物质空间上的改善成效不如日本和韩国。目前，日本、韩国和中国台湾地区已基本实现城乡公共服务设施均等化，而中国大陆小城镇居民对公共服务、住房条件、基础设施和城镇风貌的满意度均较低（图7-3）。

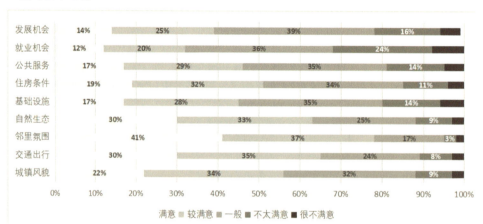

图7-3　中国大陆小城镇居民对小城镇各方面的满意度

资料来源：赵晖等，2017

产业培育虽能直接地带动地方经济发展，从而也促进物质空间环境的改善，也有其不足之处。日本的"一村一品"建设经验表明，如果特色产业培育无法在全国范围推广，必然存在竞同质化竞争而导致最终的失败，范例镇的发展模式无法推广至一般镇和落后镇。目前中国大陆乡镇财政资金不足是普遍现象，在基础设施和公共服务设施建设上远落后于日本、韩国和中国台湾地区。从最终入选的特色小镇来看，产业培育的主导性很强，"特"主要体现在产业上，对物质空间建设的考量明显不足。我们调研的第一批特色小镇之一——山东省烟台市刘家沟镇，虽然以葡萄酒产业闻名，但镇区环境建设不佳，仍然存在房屋陈旧，街面不整，街道卫生环境差，缺乏绿化，交通组织不佳，缺乏公交等问题。

产业发展需要物质空间作为载体，中国大陆存在不少基础条件落后的小城镇在产业培育上投入大量资金而忽视物质空间的改善的现象。因此，针对资源条件不佳的镇，应先舍弃经济产业优先的发展模式，从物质空间改善着手，各级政府宜加强该方面的政策和资金支持。即使是资源条件突出的小城镇，在进行产业促进的同时也应加强物质空间改善，同步经济建设和人居环境改善。浙江省小城镇环境综合整治工作是对小城镇人居环境改善而言相对行之有效的方式，值得在全国范围内推广。此外，在政策实施过程中，可学习韩国中心地开发事业的监测制度，优化对物质空间建设的监督管理机制，防止政策制定和落地实施出现偏差。

7.5　小结

通过将中国大陆小城镇的行政管理体制、财税制度、土地利用与规划以及社会政策四个方面与日本、韩国及中国台湾地区进行比较，得到了一些经验启示。

在行政管理体制方面，宜学习日本和韩国，优化垂直分权体系，赋予小城镇更为公平的发展权；明确乡镇政府职能，扩大乡镇事权以与其责任相匹配。要优化行政体系改革，尽快出台"镇级市设置办法"，学习日本设置类似町村会的乡镇组织以促进乡镇的横向交流。

在财税制度上，宜改进财税分配制度，学习日本、韩国和中国台湾地区的转移支付方式，加强转移支付力度；尽量匹配小城镇的财权和事权，适当扩大小城镇财源。要学习日本和韩国，建立和完善相关的财税法律法规。

在土地利用与规划上，针对有别于日本、韩国及中国台湾地区的土地权属问题，逐步放开农村集体建设用地的流转，激发乡镇发展活力；针对用地的粗放问题优化用地结构、强化土地用途管制，并加强公共服务设施建设，提升服务水平。要学习日本、韩国和中国台湾地区，做到城乡公共服务设施均等化。

在社会政策层面，目前中国大陆的小城镇相关政策的普及性不高、连续性差，目标不明晰。以后要加强对落后乡镇地区的扶持，以更好地均衡地区发展差异；激活自下而上的发展模式，加强居民的参与力度；并且不能只着眼于经济建设，要更加关注人居环境提升，并加强监督管理机制。

日本、韩国和中国台湾地区的小城镇虽在发展背景上与中国大陆有一定的差异，对其在不断发展完善的过程中积累的宝贵经验，对其深入地学习有助于大陆地区小城镇在建设中吸取经验、规避问题，走出更适合自身的具有中国特色的小城镇发展之路。

参考文献

日韩参考文献

[1] Hiraike H, Yamamoto M. *One Village,One Product Movement in Oita Prefecture : 2. A Consideration of one village,one product Movement in Oita Prefecture*[J]. Journal of Industry & Management of Industrial Management Institute, 1992, 24:2–51.

[2] Kurokawa K. *Effectiveness and Limitations of the 'One Village One Product' (OVOP) Approach as a Government-led Development Policy : Evidence from Thai 'One Tambon One Product'* (OTOP)[J]. Studies in Regional Science, 2009, 39(4):977–989.

[3] Okahashi H. *On the Landscape Studies in Geography(Frontiers of Landscape Studies-a Crossroads of Geographical Sciences)*[J]. Geographical Sciences, 1996, 51.64.

[4] Okahashi H. *Transformation of Mountain Villages in Post-war Japan : Peripheralization and Development Process*[J]. Hiroshima University Studies Faculty of Letters, 1992, 51:115–144.

[5] Okura Y. *A Study of Regional Development and the One Village One Product Movement in Oita Prefecture, Japan*[J]. Kansai University Review of Business & Commerce, 2009, 11:99–122.

[6] Pitchayapisut N. *The Roles of Government and Social Sectors in Local Revitalization in Japan: The Case of Oita's OVOP (One Village One Product)*[J]. Unpublished Master Thesis, Thammasat University, Thailand, 2008.

[7] Thu NTA. *One Village One Product (OVOP) in Japan to One Tambon One*

Product (OTOP) in Thailand: Lessons for Grass Root Development in Developing Countries[J]. Journal of Social & Development Sciences, 2013.

[8] Yamazaki, Jun. (2010, December 17). A Comparative Analysis of One Village One Product (OVOP) and its Replicability in International Development. Local and Regional Development (LRD). Retrieved from http://hdl.handle.net/2105/8608.

[9] 阿部斉, 新藤宗幸. 日本の地方自治 [M]. 自治体研究社, 1997.

[10] 村松岐夫. 広域行政と地方自治 [J]. 経済人, 1989, 43.

[11] 大森弥. 分権時代に期待される地方議会 (特集分権時代を担う地方議会人の役割)[J]. 地方議会人, 1999, 30. 岗田知弘.《市町村合併の幻想》[M]. 自治体研究社, 2003.

[12] 大石嘉一郎, 室井力, 宮本宪一. 日本地方自治的探求 [M]. 東京 : 大月書店, 2001: 54,55.

[13] 地方財政の状況. 地方財政白書ビジュアル版 [S] .2017.

[14] 金東佑, 星野敏, 橋本禅. 韓国の農村地域における国土計画法に基づいた土地利用管理の問題点 [J]. 農村計画学会誌, 2014, 33(特輯): 221–226.

[15] 牛山久仁彦. 現代地方自治の課題 [M]. 自治体研究社, 2011

[16] 農林水産省, 国土交通省. 集落地域整備法 [S]. 1987.

[17] 橋本禅, 中里舜. 宮城県沿岸部被災地における事業間調整と土地利用整序化 [J]. 農村計画学会誌, Vol. 34,No.4:411–414,2015.

[18] 山口邦雄. 市町村合併を契機とした都市構造の再構築と都市計画区域の再検討 [J]. 日本都市計画学会, 都市計画論文集 ,No.43-3. 2008.10.931—936

[19] 杉木直, 青島縮次郎. 都市開発行為の郊外化メカニズムと開発モデルを用いた規制制度運用の評価に関する研究 – 群馬県前橋市を事例として – [J]. 日本都市計画学会, 都市計画論文集 ,No.38-3. 2003.10.211–216

[20] 松浦貴地方都市の市街化調整区域における開発の実態と課題に関する研究 [J]. 日本都市計画学会学術研究論文集 2002.685–690

[21] 田村秀. 暴走する地方自治 [M]. 筑摩書房, 2012.

[22] 筒井一伸, 佐久間, 康富, 嵩, 和雄. Regional Regeneration by Business in Rural Community of Immigrants from Urban Areas[J]. 農村計画学会誌, 2015, 34:45–50.

[23] 図司直也, zushi,Naoya. 農山村地域に向かう若者移住の広がりと持続

性に関する一考察：地域サポート人材導入策に求められる視点 [J]. 現代福祉研究 ,2013:127–145.

[24] 岩澤聡 . 中山間地域等直接支払制度の政策的側面をめぐる議論 [J]. 国立国会図書館調査及び立法考査局 .2018.27–53.

[25] 伊藤誠 , 田正 . 日本战后现代化过程中的改革与社会经济变动 [J]. 南开日本研究 ,2015(00):47–58.

[26] 羽田司 , 松原伽那 .《過疎山村における住民生活の存立形態：飯山市福島地区を事例に》[J]. 地域研究年報 ,2017

[27] 早川鉦二著《市町村合併の考杳》[M]. 開文社出版 ,2001.

[28] 齋藤雪彦 . 農山村の荒廃と空間管理：計画学の立場から地域再生を考える [J]. 世界思想社 , 2015.

[29] 농촌중심지정비방안및계획기법현장실증연구 . 한국농어촌공사 [S] .2016.

[30] 변필성 , 이윤석 , 임상연 , 김진범 , 김광익 , 장철순 . 낙후지역개발사업의추진실태및실효성제고방안 [J]. 국토연구원 , 2013.

[31] 읍면계층분류에따른농촌중심지활성화사업의특성분석 [D]. 전북대학교대학원 ,2018.

[32] 金甲柱 . 邑面組織改編과住民自治센터로의機能轉換에關한意識調査 [D]. 蔚山大學校 ,2000.

[33] 김필두 . 마을만들기 - 주민자치와복지의상생 [J]. 보건복지포럼 ,2017:56–73

[34] 심익섭 . 주민자치회의제도화방안과발전방향에관한연구 [J]. 지방행정연구 ,2012: 57–84.

[35] 박중한 . 농촌지역노인들의경제활동실태와삶의만족도에관한연구 [D]. 경남과학기술대학교 ,2016.

[36] 김홍환 . 읍면동정책에대한평가 [J]. 지방정부연구 ,2018:1–23

[37] 김홍환 . 읍면동정책에대한경로의존성분석 [J]. 한국사회와행정연구 ,2018: 203–230.

[38] 楊尚彦 . 우리나라邑面地域의中心性變化分析 [D]. 漢陽大學校 ,2009.

[39] 김준석 . 근린주민자치조직의발전방향에관한연구 [D]. 단국대학교 ,2013.

[40] 김정호 . 지방행정체제의문제점과개편대안에관한연구 [D]. 韓國地方自治研究 ,2009.

[41] 이향수 , 이성훈 . 신도시지역행정구역개편에대한연구 [J]. 디지털융복합연구 ,2018:21–27.

[42] 김정호 . 지방행정체제의문제점개편대안에관한연구 [J]. 韓國地方自治研究 ,2009:267-285.

[43] 윤재선 , 전용태 . 읍면동주민자치조직운영실태와활성화방안 - 주민자치위원의의식조사를중심으로 [J]. 한국부패학회보 ,2019:125–129.

中文参考文献

[44] 陈明达 . 台湾社区总体营造政策变迁之研究——历史制度论的观点 [D]. 台北大学 ,2008.

[45] 陈阳德 . 乡镇市级政府之总合分析 [J]. "中国地方自治" ,2000.

[46] "国土空间发展策略计画"（核定本）. "行政院" 2010 年 2 月 22 日院台建字第 0990002926 号函核定通过 [S]. 2010.

[47] 纪俊臣 . 台湾之行政区划与地方自治 [J]. "中国地方自治" , 2001:4-27.

[48] 林英彦 . 都市中之农地问题探讨日本之经验 [A]. 94 海峡两岸土地学术研讨会论文集 [C]. "中国土地学会" ,1994:22.

[49] 刘健哲 . 农村再生与农村永续发展 [J]. 台湾农业探索 ,2010(01):1–7.

[50] 刘立伟 . 社区营造的反思：城乡差异的考量、都市发展的观点、以及由下而上的理念探讨 [J]. 都市与计划 ,2009:313–338.

[51] 刘戬 . 台湾乡镇地方政府财政管理及开辟财源策略之研究 [D]. 中南大学 ,2007.

[52] 吴清辉台湾之综合开发计划与发展许可制 [A]. 土地资源永续利用与土地使用管制——98 海峡两岸土地学术研讨会论文集 [C]. "中国土地学会" ,1998:27.

[53] 徐秀华 . 台湾乡镇市体制变革之研究 [D]. 元智大学 ,2003.

[54] 台湾城乡风貌整体规划示范计画第三期 . "行政院" [S]. 2009.

[55] 城镇风貌型塑整体计画 . "内政部" [S]. 2013.

[56] 庄丽兰 . 城镇风貌型塑整体计画之可评估性衡量及执行计划 [D]. 台湾大学 ,2016.

[57] 台湾地区审计主管部门，2016 年度乡镇县辖市财务审核结果年报 [s] 年报报表 .2016.

[58] Man-Hyung Lee,Chan-Ho Kim, 高毅存 . 韩国城市与区域规划体系发展过程与特点 [J]. 北京规划建设 ,2005(05):62–64.

[59] 八木健太郎 , 李云 , 牛苗 . 非常住居民促进"边缘村落"的活化——基于两个日本离岛案例的研究 [J]. 小城镇建设 ,2018(04):37–41.

[60] 编辑部 . 小城镇之路在何方 ?——新型城镇化背景下的小城镇发展学术笔谈会 [J]. 城市规划学刊 ,2017(02):1–9.

[61] 毕春洋 . 有限资源 , 无限可能——日本小城镇的生存之道 [J]. 北京规划建设 ,2017(03):46–50.

[62] 蔡玉梅 , 高延利 , 李家侬 . 台湾地区空间规划体系的演变及启示 [J]. 中国土地 ,2017(11):30–32.

[63] 蔡玉梅 , 郭振华 , 张岩 , 于林竹 . 统筹全域格局促进均衡发展——日本空间规划体系概览 [J]. 资源导刊 ,2018(05):52–53.

[64] 蔡玉梅 , 刘畅 , 苗强 , 谭文兵 . 日本土地利用规划体系特征及其对中国的借鉴 [J]. 中国国土资源经济 ,2018,31(09):19–24.

[65] 曹冬艳 , 曹艳秋 , 孙志强 . 基于经济发展阶段差异的经济增长动力演变研究 [J]. 市场周刊 ,2018(10):140–141.

[66] 曹瑾 , 堀口正 , 焦必方 , 唐志强 . 日本过疏化地区的新动向 : 特征、治理措施及启示 [J]. 中国农村经济 ,2017(07):85–96.

[67] 柴田祐 , 片山晃会 , 张立 , 陈晨 , 郭贺铭 . 山区村落居民定居意向研究——以熊本县山鹿市为例 [J]. 小城镇建设 ,2018(04):42–47.

[68] 陈白磊 , 齐同军 . 城乡统筹下大城市郊区小城镇发展研究——以杭州市为例 [J]. 城市规划 ,2009,33(05):84–87.

[69] 陈秉钊 . 发展小城镇与城市化的战略思考 [J]. 城市规划 ,2001(02):18—21.

[70] 陈博文 , 彭震伟 . 供给侧改革下小城镇特色化发展的内涵与路径再探——基于长三角地区第一批中国特色小镇的实证 [J]. 城市规划学刊 ,2018(01):73–82.

[71] 陈剩勇 , 张丙宣 . 强镇扩权 : 浙江省近年来小城镇政府管理体制改革的实践 [J]. 浙江学刊 ,2007(06):215–221.

[72] 陈玉兴 , 李晓东 . 德国、美国、澳大利亚与日本小城镇建设的经验与启

示 [J]. 世界农业 ,2012(08):80–84.

　　[73] 程雪阳 . 土地法治四十年 : 变革与反思 [J]. 中国法律评论 ,2019(01): 169–187.

　　[74] 崔成 , 明晓东 . 日本财税体制及借鉴 [J]. 中国经贸导刊 ,2015(01):51–55.

　　[75] 崔功豪 . 近十年来中国城市化研究的新进展 [J]. 地域研究与开发 , 1989, 8（1）: 1–6

　　[76] 崔运政 . 财政分权与完善地方财政体制研究 [D]. 财政部财政科学研究 所 ,2011.

　　[77] 大泽启志 , 李京生 . 生态规划与乡村规划 : 日本的经验 [J]. 小城镇建 设 ,2018(04):20–24.

　　[78] 戴雄赐 . 台湾城市化进程中的紧凑发展及其政策引导 [J]. 国际城市规 划 ,2013,28(05):71–77.

　　[79] 丁长发 . 台湾土地制度变迁及其启示 [J]. 台海研究 ,2014(04):66–77.

　　[80] 丁康乐 , 黄丽玲 , 郑卫 . 台湾地区社区营造探析 [J]. 浙江大学学报 (理 学版),2013,40(06):716–725.

　　[81] 董连伊 . 韩国地方自治制度比较研究 [D]. 上海交通大学 ,2007.

　　[82] 杜康 . 浅谈中国乡镇行政管理 [J]. 农村经济与科技 ,2018,29(18):261–262.

　　[83] 杜宁 , 赵民 . 发达地区乡镇产业集群与小城镇互动发展研究 [J]. 国际城 市规划 ,2011,26(01):28–36.

　　[84] 杜学振 , 刘玉梅 , 白人朴 . 东亚土地经营规模变化对中国的启示——以 日本、韩国和中国台湾地区为例 [J]. 农机化研究 ,2010,32(03):15–17+20.

　　[85] 范钟铭 . 日本中小城市在国家发展中的作用 [J]. 城市规划研究 ,1985(04): 17–22.

　　[86] 冯长春 , 张一凡 , 王利伟 , 李天娇 . 小城镇"三规合一"的协调路径研 究 [J]. 城市发展研究 ,2016,23(05):16–23.

　　[87] 冯健 .1980 年代以来中国小城镇研究的新进展 [J]. 城市规划汇刊 , 2001(03):28–34+79.

　　[88] 冯旭 . 基于国土利用视角的韩国农村土地利用法规的形成及与新村运 动的关系 [J]. 国际城市规划 ,2016,31(05):89–94.

　　[89] 干保柱 , 刘笑非 . 日本地方分权改革与中央地方关系调适 [J]. 世界经济 与政治论坛 ,2017(03):44–61.

[90] 高瑜，吴姗姗.台湾基层财政"无功能政治"困局及启示 [J].地方财政研究,2013(10):73–79.

[91] 耿虹，祝文明，徐晨慧，袁博.特殊事件背景下的小城镇规划思考——以全国灾后重建示范镇通济镇重建规划为例 [J].城市规划,2009,33(09):93–96.

[92] 郭冬梅.近代日本的町村财政变迁 [J].现代日本经济,2013(03):37–43.

[93] 韩国：实施"小城市培育事业"计划 [J].今日浙江,2010(16):21.

[94] 韩晓旭，张丽萍.中国城市化进程中小城镇的发展思路和模式 [J].新经济,2014(Z2):105.

[95] 郝寿义，王家庭，张换兆.工业化、城市化与农村土地制度演进的国际考察——以日本为例 [J].上海经济研究,2007(01):40–50.

[96] 贺可斌.乡镇财政管理存在的问题及对策研究 [J].中国乡镇企业会计,2018(09):120–121.

[97] 何念如，吴煜.中国当代城市化理论研究 [M].上海：上海人民出版社,2007

[98] 何兴华.小城镇规划论纲 [J].城市规划,1999(03):7–11+63.

[99] 侯丽.粮食供应、人口增长与城镇化道路选择——谈小城镇在国家城镇化中的历史地位 [J].国际城市规划,2011,26(01):24–27.

[100] 胡安俊，肖龙.日本国土综合开发规划的历程、特征与启示 [J].城市与环境研究,2017(04):47–60.

[101] 胡霞.日本过疏地区开发方式及政策的演变 [J].日本学刊,2007(05):82–95+159.

[102] 胡雪梅.乡镇财政支出结构及影响要素实证分析 [D].西南政法大学,2017.

[103] 黄光清，李海付，喻霆.土地规划管理与城乡规划实施的关系探究 [J].南方农业,2018,12(23):93–94+102.

[104] 黄萍.中国财政转移支付制度存在的问题和对策分析 [J].市场研究,2019(01):35–37.

[105] 黄世界.乡镇民营企业的崛起与乡镇治理的转型 [D].华中师范大学,2013.

[106] 黄亚平，汪进.论小城镇特色的塑造 [J].城市问题,2006(03):6–9.

[107] 黄耀明.台湾社区总体营造经验对乡村振兴规划的启示 [J].闽南师范

大学学报 (哲学社会科学版),2018,32(03):85-90.

[108] 季小立 . 中国城市化路径研究 [D]. 江苏大学 ,2005.

[109] 汲铮 . 土地开发权的国外实践刍议 [J]. 现代经济探讨 ,2015(12):86-90.

[110] 蒋多 . 日本小城镇建设带给中国的启示 [N]. 中国文化报 ,2014-07-26 (004).

[111] 蒋红军 . 台湾乡镇市自治的特征与发展趋势探析 [J]. 长春师范学院学报 (人文社会科学版),2009,28(09):22-25.

[112] 姜雅 , 闫卫东 , 黎晓言 , 鲍荣华 , 侯一俊 , 袁志洁 , 周起忠 . 日本最新国土规划 ("七全综") 分析 [J]. 中国矿业 ,2017,26(12):70-79.

[113] 焦必方 . 以地方自治为特点的日本市町村政府的行为方式研究 [J]. 中国农村经济 ,2001(11):71-77.

[114] 焦必方 . 伴生于经济高速增长的日本过疏化地区现状及特点分析 [J]. 中国农村经济 ,2004(08):73-79.

[115] 焦必方 , 孙彬彬 . 日本的市町村合并及其对现代化农村建设的影响 [J]. 现代日本经济 ,2008(05):40-46.

[116] 金次荣 . 中韩行政区划改革比较研究 [D]. 东北大学 ,2012.

[117] 金相郁 . 韩国国土规划的特征及对中国的借鉴意义 [J]. 城市规划汇刊 ,2003(04):66-72+96.

[118] 金振杰 . 韩国培育小城镇经验可资借鉴 [J] 新重庆 ,2013(04):44

[119] 金钟范 . 韩国续新村运动之农村发展政策——专项事业开发特点与启示 [J]. 经济社会体制比较 ,2007(03):128-132.

[120] 金钟范 . 韩国小城镇发展政策实践与启示 [J]. 中国农村经济 ,2004(03):74-78+80.

[121] 金钟范 . 韩国区域开发政策经验与启示 [J]. 东北亚论坛 ,2002(04):59-63.

[122] 金钟范 . 韩国落后地区开发政策特点及启示 [J]. 东北亚论坛 ,2005(05):58-63.

[123] 井原满明 , 田乃鲁 , 李京生 . 生态旅游与生态博物馆：日本的经验 [J]. 小城镇建设 ,2018(04):48-52.

[124] 孔祥智 . 中国农村小城镇建设：现状、问题与对策 [J]. 农业经济问题 ,2001(03):47-52.

[125] 雷国雄, 吴传清. 韩国落后地区开发模式探析 [J]. 广西商业高等专科学校学报, 2005(04):43–47.

[126] 雷国雄, 吴传清. 韩国的国土规划模式探析 [J]. 经济前沿, 2004(09):37–40.

[127] 李边疆, 欧名豪, 张全景. 中国台湾地区土地利用规划的特点及其启示 [J]. 国土经济, 2004(04):26–28.

[128] 李炳坤. 论加快中国小城镇发展的基本思路 [J]. 管理世界, 2000(03):180–186+192.

[129] 李培林. 小城镇依然是大问题 [J]. 甘肃社会科学, 2013(03):1–4.

[130] 李钢, 郑辽吉. 韩国乡村空间规划的发展经验与政策启示 [J]. 世界农业, 2018(03):92–97.

[131] 李国平, 李迅, 冯长春, 王耀麟, 陆军, 赵鹏军, 陈鹏, 桂萍, 凌云飞. 中国小城镇可持续转型发展研究综述与展望 [J]. 重庆理工大学学报 (社会科学), 2018,32(06):32–49.

[132] 李国庆. 上胜町, 日本最美小镇的启示 [J]. 世界知识, 2019(03):68–70.

[133] 李红. 浅谈乡镇 (街道) 财政税收管理工作及创新 [J]. 财会学习, 2018(35):141–142.

[134] 李介然. 日本土地征收制度研究 [D]. 郑州大学, 2016.

[135] 李俊生, 侯可峰. "乡财县管"导致乡镇财政能力弱化的机理与改革建议——基于田野调查和面板数据分析的结果 [J]. 预算管理与会计, 2015(06):18–22+17.

[136] 李奇. 海峡两岸城乡统筹发展比较研究 [D]. 华中师范大学, 2015.

[137] 李强, 陈孟萍. 社区治理中基层政府与社会组织关系探讨——中国台湾 M 县 "村里" 与 "社区发展协会" 案例研究 [J]. 社会学评论, 2018,6(04):3–11.

[138] 李睿. 台湾乡镇市基层选举: 变迁、改革及其论争 [J]. 湖北工业大学学报, 2013,28(03):1–4.

[139] 李伟芳. 乡镇级土地利用总体规划与城镇总体规划衔接的若干思考 [J]. 宁波大学学报 (理工版), 2001(03):47–50.

[140] 李亚洲, 刘松龄. 构建事权明晰的空间规划体系: 日本的经验与启示 [J/OL]. 国际城市规划 :1-14[2019-10-05].http://kns.cnki.net/kcms/detail/11.5583.TU.20190301.1632.004.html. 李允熙, 刘舒杨, 王浦劬. 基于地方自治的韩国央地

分权研究 [J]. 国家行政学院学报 ,2017(05):131–137+148.

[141] 李仙娥 , 王春艳 . 国外农村剩余劳动力转移模式的比较 [J]. 中国农村经济 ,2004(05):69–75.

[142] 李显文（LEE HYUNMOON）. 中韩地方政府的自主权研究 [D]. 中国海洋大学 ,2015.

[143] 李亚洲 , 刘松龄 . 构建事权明晰的空间规划体系 : 日本的经验与启示 [J/OL]. 国际城市规划 :1-14[2019-04-10].http://kns.cnki.net/kcms/detail/11.5583.TU.20190301.1632.004.html.

[144] 廖南贵 . 台湾地区乡镇市体制演进与立法过程 [J]. 北京行政学院学报 ,2014(03):36–40.

[145] 廖钦福 . 地方自治与财政收支划分之财政法课题——台湾 2012 年 " 财政收支划分法 " 修正草案之立法借镜与展望 [A]. . 财税法论丛（第 13 卷）[C].: 北京大学财经法研究中心 ,2013:28.

[146] 廖文娟 . 欠发达地区乡镇财政状况及对策研究 [D]. 南昌大学 ,2016.

[147] 林辰辉 , 孙晓敏 , 刘昆轶 . 旅游型小城镇特色建构的路径探讨——以天台县白鹤镇规划为例 [J]. 城市规划学刊 ,2012(S1):223–227.

[148] 林宗浩 . 韩国土地所有权的近代转型 [J]. 法治湖南与区域治理研究 ,2011,4(04):349–360.

[149] 林志伟 . 台湾地区城市化发展经验 [J]. 理论参考 ,2014(10):31–32.

[150] 刘镭 . 社会变迁中的台湾农村社区营造 [J]. 中南民族大学学报 (人文社会科学版),2019,39(01):122–125.

[151] 刘黎明 ,Rim SangKyu. 韩国的土地利用规划体系和农村综合开发规划 [J]. 经济地理 ,2004(03):383–386.

[152] 刘士林 , 王晓静 . 特色小镇建设实践及概念界定 [J]. 中国国情国力 ,2017(06):10–12.

[153] 刘文贤 . 谈谈日本土地制度 [J]. 北京房地产 ,2006(03):105–107.

[154] 刘文泽 , 王敬 , 施昱年 , 蔡宗翰 , 王凯汐 , 郭若男 . 台湾农村土地整治的模式特点及其借鉴意义 [J]. 台湾农业探索 ,2018(02):1–5.

[155] 刘晓春 . 日本、台湾的 " 社区营造 " 对新型城镇化建设过程中非遗保护的启示 [J]. 民俗研究 ,2014(05):5–12.

[156] 刘新卫 . " 黄金发展阶段 " 日本、韩国和中国台湾土地利用浅析 [J].

国土资源情报 ,2006(02):50–56.

[157] 刘毅博 . 小城镇建设过程中的乡镇政府职能研究 [D]. 陕西师范大学 ,2014.

[158] 刘志仁 . 韩日经验带给中国的思考 [J]. 小城镇建设 ,2006(03):81+85.

[159] 卢峰 , 杨丽婧 . 日本小城镇应对人口减少的经验——以日本北海道上士幌町为例 [J/OL]. 国际城市规划 :1–14,2019

[160] 罗震东 , 何鹤鸣 . 全球城市区域中的小城镇发展特征与趋势研究——以长江三角洲为例 [J]. 城市规划 ,2013,37(01):9–16.

[161] 马宝成 , 安森东 . 中国行政体制改革 40 年 : 主要成就和未来展望 [J]. 行政管理改革 ,2018(10):29–34.

[162] 马黎明 . 多维度社会转型背景下的日本小城镇城镇化研究 [J]. 中国名城 ,2015(06):87–90.

[163] 穆亚杰 . 中国省以下财政转移支付制度研究 [D]. 首都经济贸易大学 ,2018.

[164] 穆占一 . 均衡发展之路——日本国土规划的历程及特点 [J]. 中国党政干部论坛 ,2012(03):56–57.

[165] 宁越敏 , 项鼎 , 魏兰 . 小城镇人居环境的研究——以上海市郊区三个小城镇为例 [J]. 城市规划 ,2002(10):31–35.

[166] 欧海若 , 吴次芳 . 韩国的土地征收制度及其借鉴 [J]. 国土经济 ,1999(04):43–45.

[167] 欧阳鹏 , 卢庆强 , 汪淳 , 张飏 , 王鹏 . 乌镇 3.0: 面向互联网时代的智慧小城镇规划思路探讨 [J]. 规划师 ,2016,32(04):37–42.

[168] 潘志 . 韩国经济转型发展历程的阶段性分析 [J]. 科技视界 ,2015(12):41+162.

[169] 朴圣杰 . 韩国的地方自治及其对中国的启示 [D]. 延边大学 ,2010.

[170] 朴寅星 . 韩国落后地区开发政策经验和借鉴 [J]. 财经界 ,2007(12):88–91.

[171] 彭震伟 . 经济发达地区小城镇发展的区域协调——以浙江省杜桥镇为例 [J]. 城市发展研究 ,2003(04):17–22.

[172] 曲婷婷 , 张海鹏 . 韩国财政支持农村发展的经验与借鉴 [J]. 经济纵横 ,2009(05):112–114.

[173] 饶传坤.日本农村过疏化的动力机制、政策措施及其对中国农村建设的启示 [J].浙江大学学报 (人文社会科学版),2007(06):147–156.

[174] 邵晓梅,王静.小城镇开发区土地集约利用评价研究——以浙江省慈溪市为例 [J].地理科学进展 ,2008(01):75–81.

[175] 邵甬,辜元.近代胶济铁路沿线小城镇特征解析——以坊子镇为例 [J].城市规划学刊 ,2010(02):102–110.

[176] 申东润.韩国小城市发展的经验 [J].当代韩国 ,2010(02):55–63.

[177] 沉关宝,《小城镇大问题》与当前的城镇化发展 ,社会学研究 ,Vol.29,2014（1）,PP. 01–09

[178] 沉雷洪.浅谈乡土景观与小城镇规划 [J].城市规划学刊 ,2008(05):115–119.

[179] 沉铭辉,李天国.供给侧结构性改革 : 来自韩国的经验与启示 [J].中国社会科学院研究生院学报 ,2018(05):62–73.

[180] 盛世豪,张伟明.特色小镇 : 一种产业空间组织形式 [J].浙江社会科学 ,2016(03):36–38.

[181] 石忆邵.中国农村小城镇发展若干认识误区辨析 [J].城市规划 ,2002(04):27–31.

[182] 石忆邵.中国新型城镇化与小城镇发展 [J].经济地理 ,2013,33(07):47–52.

[183] 石忆邵.中国新型城镇化与大城市发展 [J].城市规划学刊 ,2013(04):114–119.

[184] 石忆邵.小城镇发展若干问题 [J].城市规划汇刊 ,2000(01):30–32+79.

[185] 石忆邵.专业镇 : 中国小城镇发展的特色之路 [J].城市规划 ,2003(07):27–31+50.

[186] 史怀昱.延安特色风貌塑造浅析 [J].城乡建设 ,2017(05):29–31.

[187] 宋金文.日本的地方分权与国家治理方式转型研究 [J].社会政策研究 ,2018(03):97–110.

[188] 孙道胜,柴彦威.日本的生活圈研究回顾与启示 [J].城市建筑 ,2018(36):13–16.

[189] 孙秀林,周飞舟,Lin Wanping.土地财政与分税制 : 一个实证解释 (英文)[J].Social Sciences in China,2014,35(03):47–64.

[190] 孙翼 . 县乡财政解困与财政体制创新分析 [J]. 现代经济信息 ,2018(11):185+187.

[191] 谭荣华 , 杜坤伦 . 特色小镇 "产业 + 金融" 发展模式研究 [J]. 西南金融 ,2018(03):3–9.

[192] 谭纵波 , 高浩歌 . 日本国土利用规划概观 [J]. 国际城市规划 ,2018,33(06):1–12.

[193] 唐相龙 . 日本城乡空间统筹规划体系及其法律保障 [J]. 城乡建设 ,2010(04):78–80+5.

[194] 唐伟成 , 罗震东 , 耿磊 . 重启内生发展道路 : 乡镇企业在苏南小城镇发展演化中的作用与机制再思考 [J]. 城市规划学刊 ,2013(02):95–101.

[195] 田毅鹏 . 乡村过疏化背景下村落社会原子化及其对策——以日本为例 [J]. 新视野 ,2016(06):26–31.

[196] 田玉律 . 台湾乡镇市改革研究 [D]. 华中师范大学 ,2013.

[197]《土地管理法》修改的重大意义 [J]. 中国房地产 ,2019(26):1.

[198] 赵琳祎 .《土地管理法》修订解读 : 构建城乡统一建设用地市场 [N]. 中国房地产报 ,2019–09–02(011).

[199] 王朝才 . 日本中央和地方财政分配关系及其借鉴意义 [J]. 广东商学院学报 ,2005(05):27–35.

[200] 王朝才 . 中国地方财政改革回顾与展望 [J]. 中南财经政法大学学报 ,2018(05):21–25+163.

[201] 王继琴 . 自治与行政 : 台湾乡镇改革的抉择与前景 [D]. 华中师范大学 ,2012.

[202] 王洁 , 张舵 . 台湾土地改革及其经济绩效 [J]. 农村经济与科技 ,2017,28(19):4–7.

[203] 王开荣 . 小城镇建设与乡镇企业集群协调发展研究 [D]. 重庆大学 ,2008.

[204] 王雷 , 祖运奇 . 日本小城镇的过疏化衰败现象及其对策 [J]. 华中建筑 ,2016,34(11):96–100.

[205] 王丽洁 . 小城镇土地集约优化利用研究 [D]. 天津大学 ,2008.

[206] 王丽洁 , 张玉坤 . 小城镇规划的优化模式研究 [J]. 天津大学学报 (社会科学版),2008(03):243–246.

[207] 王乾 , 朱喜钢 . 日本城市化进程中的町村发展对浙江小城镇发展的启

示 [J]. 小城镇建设 ,2009(05):89–93.

[208] 王羽 , 李成章 , 王曼 , 殷晓博 . 日本小城镇的社区营造活动对中国村镇规划建设的启示 [J]. 小城镇建设 ,2012(03):91–94.

[209] 王雨 . 基于土地制度差异的城市更新比较研究 [D]. 南京大学 ,2013.

[210] 王月东 , 郭又铭 . 从日本町村发展看中国小城镇发展的政策取向 [J]. 小城镇建设 ,2002(09):66–69.

[211] 王有正 , 张京祥 , 杜若菲 , 陈浩 . 半城镇化人群落户中小城镇的意愿及影响机制分析——以成都市近郊为实证 [J]. 干旱区地理 ,2016,39(04):918–924.

[212] 王勇 , 李广斌 . 市民社会涌动下小城镇规划编制中的公众参与 [J]. 城市规划 ,2005(07):57–62.

[213] 王正新 . 解读小城镇分化 [J]. 小城镇建设 ,2004(11):47–49.

[214] 卫龙宝 , 史新杰 . 浙江特色小镇建设的若干思考与建议 [J]. 浙江社会科学 ,2016(03):28–32.

[215] 魏薇 . 中国财政转移支付制度改革问题研究 [D]. 首都经济贸易大学 ,2018.

[216] 魏筱 , 刘云中 . 政府主导走向多方参与 : 日韩国土规划的新动向 [J]. 现代城市研究 ,2012,27(03):64–69.

[217] 吴大声 . 中日小城镇的比较分析——考察日本小城镇后的初步探讨 [J]. 世界经济与政治论坛 ,1987(07):28–33.

[218] 吴东镐 , 金香兰 . 韩国地方自治制度的基本原理及最新发展 [J]. 长春理工大学学报 (社会科学版),2016,29(02):47–52+73.

[219] 吴殿廷 , 虞孝感 , 查良松 , 姚治君 , 杨容 . 日本的国土规划与城乡建设 [J]. 地理学报 ,2006(07):771–780.

[220] 吴康 , 方创琳 . 新中国 60 年来小城镇的发展历程与新态势 [J]. 经济地理 ,2009,29(10):1605–1611.

[221] 吴梦笛 , 陈晨 , 赵民 . 城乡关系演进与治理策略的东亚经验及借鉴 [J]. 现代城市研究 ,2017(01):6–17.

[222] 吴淼 , 刘莘 . 城市化进程中小城镇发展滞后原因探析 [J]. 城市问题 ,2012(09):40–44.

[223] 吴卫生 . 中国台湾地区地方行政区划研究 [J]. 江汉论坛 ,2004(09):28–31.

[224] 吴一洲,陈前虎,郑晓虹.特色小镇发展水平指标体系与评估方法[J].规划师,2016,32(07):123–127.

[225] 吴友仁,夏宗玕.关于合理发展中等城市的几点看法[J].城市规划,1981(03):22–34.

[226] 系长浩司,宋贝君.日本农村规划的历史、方法、制度、课题及展望——居民参与、景观、生态村[J].小城镇建设,2018(04):10–13.

[227] 谢宁.台湾城市规划体系的演变及其启示[J].鹭江大学学报,1992(00):78–82.

[228] 徐素.日本的城乡发展演进、乡村治理状况及借鉴意义[J].上海城市规划,2018(01):63–71.

[229] 徐靓,尹维娜.小城镇从"镇"到"市"发展路径——对浙江首批27个小城市培育试点镇研究小结[J].城市规划学刊,2012(S1):216–222.

[230] 徐少君,张旭昆.1990年代以来中国小城镇研究综述[J].城市规划汇刊,2004(03):79–83+96.

[231] 徐颖.日本用地分类体系的构成特征及其启示[J].国际城市规划,2012,27(06):22–29.

[232] 严圣明.城镇化发展模式:台湾经验及其对大陆的启示[J].科技和产业,2011,11(04):23–26+75.

[233] 颜毓洁,任学文.日本造村运动对中国新农村建设的启示[J].现代农业,2013(06):68–69.

[234] 杨成林.天津市"宅基地换房示范小城镇"建设模式的有效性和可行性[J].中国土地科学,2013,27(02):33–38.

[235] 杨重信.台湾地区实质计划体系之检讨[J].城市发展研究,1995(02):54–55.

[236] 杨书臣.日本小城市的快速发展及其原因[J].日本学刊,2001(04):83–95.

[237] 杨书臣.日本小城镇的发展及政府的宏观调控[J].现代日本经济,2002(06):20–23.

[238] 杨雨思.城乡规划视角下苏州小城镇行政管理体制变化及影响研究[D].苏州科技大学,2017.

[239] 杨哲,初松峰.存量土地活化的机制与主体研究——基于台湾社区营

造经验的延伸探讨 [J]. 国际城市规划 ,2017,32(02):121–130.

[240] 杨忠兰 . 浅析 "乡财县管" 改革的成效、存在的问题及对策 [J]. 经济研究导刊 ,2018(34):77+93.

[241] 杨志勇 . 中国财政 70 年：建立现代财政制度 [J].China Economist,2019,14(01):66–93.

[242] 叶耀先 . 中国小城镇人居环境建设 [J]. 中国人口·资源与环境 ,2006(04):1–6.

[243] 野村理惠 , 裴妙思 . 日本老龄化背景下的 "冬期集住" 实践——以北海道西神乐地区为例 [J]. 小城镇建设 ,2018(04):53–57.

[244] 殷存毅 , 李鼎 . 台湾财政困境分析 [J]. 台湾研究 ,2015(06):73–87.

[245] 殷存毅 , 杨勇 . 台湾地方基层行政管理体制变迁及影响分析 [J]. 台湾研究 ,2014(04):51–60.

[246] 殷静宜 . 日本町村自治制度研究 [D]. 青岛大学 ,2014.

[247] 游宏滔 , 彭震伟 , 陈静 , 石腾飞 , 史环宇 . 江南水乡小城镇产镇融合规划研究与探索——以江苏省金坛市儒林镇为实证 [J]. 城市发展研究 ,2016,23(01):78–82.

[248] 游宁龙 , 沉振江 , 马妍 , 邹晖 . 日本首都圈整备开发和规划制度的变迁及其影响——以广域规划为例 [J]. 城乡规划 ,2017(02):15–24+59.

[249] 于海利 . 互助与博弈：试论台湾社区营造中多元主体的互动机制 [J]. 湖北社会科学 ,2018(06):58–64.

[250] 于兰兰 , 陈剩勇 . 二十世纪中叶以来台湾的地方行政体制改革：回顾与展望 [J]. 台湾研究 ,2012(02):22–27.

[251] 于立 , 彭建东 . 中国小城镇发展和管理中的现存问题及对策探讨 [J]. 国际城市规划 ,2014,29(01):62–67.

[252] 俞燕山 . 中国小城镇改革与发展政策研究 [J]. 改革 ,2000(01):100–106.

[253] 俞燕山 . 关于小城镇改革的几点看法 [J]. 小城镇建设 ,2000(01):26–27.

[254] 余英 . 中国财税改革 40 年来的脉络与影响 [J]. 徐州工程学院学报 (社会科学版),2018,33(04):17–23.

[255] 元东日 , 林海 , 朱玉花 . 韩国统筹城乡规划管理模式及其对中国的启示 [J]. 中外建筑 ,2012(10):70–72.

[256] 袁方成 . 大陆与台湾地区乡镇治理比较研究 [M] 中国社会科学出版

社 ,2014.

[257] 袁林 , 李松志 . 欠发达地区小城镇成长的经济区位初探 [J]. 经济问题探索 ,2004(06):87–89.

[258] 袁中金 , 朱建达 , 李广斌 , 王勇 . 对小城镇特色及其设计的思考 [J]. 城市规划 ,2002(04):49–50.

[259] 曾伟 . 乡镇机构职能重构研究 [D]. 中南大学 ,2009.

[260] 张弛 . 土地制度和土地政策 : 台湾与大陆的比较研究 [J]. 河北经贸大学学报 ,2013,34(05):69–75+98.

[261] 张杰庭 . 中国小城镇发展的政策研究 [J]. 管理世界 ,2004(09):143–144.

[262] 张京祥 , 林怀策 , 陈浩 . 中国空间规划体系 40 年的变迁与改革 [J]. 经济地理 ,2018,38(07):1–6.

[263] 张立 . 新时期的 "小城镇、大战略" ——试论人口高输出地区的小城镇发展机制 [J]. 城市规划学刊 ,2012(01):23–32.

[264] 张立 . 共性与差异 : 东亚乡村发展和规划之借鉴——访同济大学建筑与城规学院教授李京生 [J]. 国际城市规划 ,2016,31(06):49–51.

[265] 张立 . 借鉴东亚经验 , 全面提升农村人居环境——访住建部总经济师赵晖 [J]. 国际城市规划 ,2016,31(06):45–48.

[266] 张立 . 特色小镇政策、特征及延伸意义 [J]. 城乡规划 ,2017(06):24–32.

[267] 张立 . 乡村活化 : 东亚乡村规划与建设的经验引荐 [J]. 国际城市规划 ,2016,31(06):1–7.

[268] 张立 , 白郁欣 .403 个国家 (培育) 特色小城镇的特征分析及若干讨论 [J]. 小城镇建设 ,2018,36(09):20–30.

[269] 章孟迪 . 韩国地方政府的支出责任与地方税收 : 实践与启示 [J]. 公共经济与政策研究 ,2017(01):87–133.

[270] 张孟秋 , 尚莉 . 台湾土地开发机制探讨 [J/OL]. 燕山大学学报 (哲学社会科学版):1-5[2019-04-10].https://doi.org/10.15883/j.13-1277/c.20190000000.

[271] 张群 , 吴次芳 . 中国土地用途管制的制度演变与优化路径 [J]. 中国土地 ,2019(03):23–26.

[272] 张松 .21 世纪日本国土规划的动向及启示 [J]. 城市规划 ,2002(12):62–66.

[273] 张振鹏 . 日本如何利用动漫发展特色小镇 [N]. 中国文化报 ,2017-

10-28(006).

[274] 张震宇 , 魏立华 . 转型期珠三角中小城镇产业发展态势及规划对策研究 [J]. 城市规划学刊 ,2011(04):46–50.

[275] 钟其 . 台湾地区基层社会治理机制及对大陆的启示 [J]. 公安学刊 (浙江警察学院学报),2014(01):26–32.

[276] 赵晖 . 说清小城镇全国 121 个小城镇详细调查 [M]. 中国建筑工业出版社 ,2017.

[277] 赵景芳 . "乡财县管" 改革的成效和存在的问题 [J]. 现代国企研究 ,2017(14):121+123.

[278] 赵民 . 重读费孝通先生 "小城镇、大问题" 之感 [J]. 小城镇建设 ,2018(09)

[279] 赵佩佩 , 丁元 . 浙江省特色小镇创建及其规划设计特点剖析 [J]. 规划师 ,2016,32(12):57–62.

[280] 赵芮 . 四川特色小镇发展的金融支持研究 [D]. 中共四川省委党校 ,2018.

[281] 赵燕菁 . 制度变迁·小城镇发展·中国城市化 [J]. 城市规划 ,2001(08):47–57.

[282] 钟家雨 , 柳思维 . 基于协同理论的湖南省旅游小城镇发展对策 [J]. 经济地理 ,2012,32(07):159–164.

[283] 周建群 . 新农村建设中的乡镇企业发展研究 [D]. 福建师范大学 ,2009.

[284] 周鲁耀 , 周功满 . 从开发区到特色小镇 : 区域开发模式的新变化 [J]. 城市发展研究 ,2017,24(01):51–55.

[285] 周鹏 . 台湾财政收支与经济增长关系研究 [D]. 南开大学 ,2010.

[286] 周志旺 . 城乡发展一体化进程中乡镇政府治理发展 [D]. 苏州大学 ,2014

附录

1. 日本奥多摩町

1.1 概况

1.1.1 区位概况

奥多摩町位于东京都西北部，面积 225.53 平方公里，约占东京面积十分之一，是东京都所辖市町村内面积最大的自治体（图 8-1）。町内 95% 的土地为山体森林所覆盖，其他用地占有量稀少，也呈现分散的态势。奥多摩町是典型的过疏化地区，2016 年人口 5372 人，人口密度为 23.2 人 / 平方公里，只及东京都总人口密度的千分之三。

■位置

东经 139度06分
北纬 35度48分
海拔 339m
面积 225.53km²
东西 19.5km
南北 17.5km

图 8-1　奥多摩町区位图

图片来源：奥多摩町势要览资料编，2015a

1.1.2 人口数量持续下行

奥多摩町少子化和老龄化问题严重，是典型的过疏化地区。2016 年奥多摩町老龄化率高达 41.3%（65 岁以上老人占比），且儿童数量也在急剧下降。2016年儿童（0—14 岁）仅有 337 名，仅占总人口的 14%，部分片区内甚至已经没有儿童，居住者全部是老人（图 8-2）。

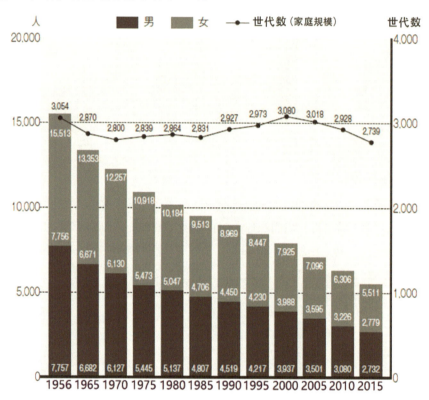

图 8-2　奥多摩町人口变化图

资料来源：奥多摩町势要览资料编，2015b

1.1.3 本地传统产业衰退导致就业岗位供给不足

奥多摩町地处山区，过去主要收入都来源于农林业，（东京都）水源地和国家公园的生态要求限制了奥多摩町地区的大规模产业开发，因此本地能提供的劳动岗位较少。1960 年代日本开放木材进口，低廉的进口木材价格冲击了本土的木材市场，导致日本国内从事木材的工人收入锐减，奥多摩町也没能幸免。从下图奥多摩町的国势调查数据可以看出，就业人数随总人口下滑的同时，2010 年（平成二十二年）从事农林业的一产工作者已经下降到了 3.44%，二产就业者比例达 26.24%（多数从事小型加工业），剩下的就业则以服务业和外出工作为主（图 8-3）。

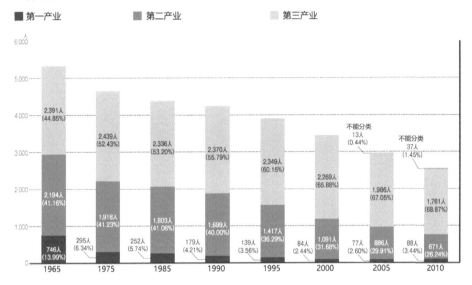

图 8-3 奥多摩町一二三产就业者数量变化图

资料来源：奥多摩町势要览资料编，2015c

1.1.4 本地税收有限和公共设施的配给困境

少子化和老龄化带来的突出问题是町内税收的下降。在日本，一般而言，有子女的父母为抚育子女大多会有稳定的工作，所以有子家庭的父母亲是奥多摩町纳税的主力。但是，儿童数量的锐减说明，有子家庭数量的减少，一定程度上就导致纳税人口较少。访谈数据表明，2016 年奥多摩当地税金贡献只占财政收入的 18%，其余的 82% 财政收入来自于东京都的补助（地方交付税、都支出金等）（图 8-4）。此外，老龄化也使得基础设施和公共服务设施的需求增加，且适老设施的标准要求比一般设施要高，当地（和东京都）的财政压力较大。目前町内有老人福利设施 5 所、残疾人设施 1 所。

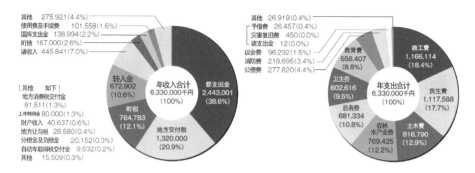

图 8-4　奥多摩町 2014 年财政收支情况

资料来源：奥多摩町势要览资料编，2015d

1.2 奥多摩町振兴行动

奥多摩町为了应对上述问题，制定并向东京都政府争取了很多政策，以吸引人口来本地定居，实现奥多摩町的振兴。下面结合与町官员的座谈，对部分政策做简要介绍。

1.2.1 年轻人定居政策

奥多摩町从平成五年（1994 年）开始实行促进年轻人定居的政策，给予年轻家庭一次性的生育补助金。但是，初期的政策设计过于粗糙，造成很多外来人口在当地生育获得补助后就离开，并没有实现人口来此定居的政策目标。为此，奥多摩町对政策设计进行了优化，对新居民的补贴采取渐进式的补贴，补贴的多少与实际居住的年限紧密相关。

新政策大体包括：2000 万日元的定居补助金（土地费 400 万，建筑费 1600 万）和 60 万银行房贷利息（分三年），该政策一般针对 50 岁以下，即小孩在高中以下的家庭（父母一般为 30—40 岁左右）。但是奥多摩町地处山区的特点以及私有的土地制度，导致町内可立即开发的空地较少，因此为了给新居民提供建房的土地，町政府采取了以下的具体措施（图 8-5）。

（1）宅地分离：山区内没有专业的不动产商，一般由町政府和其他相关人员组成第三方，利用町政府的资金购买土地并进行土地的开发建设，再以低廉的价格将分割的土地出让给家庭，以减少建房成本，是不以盈利为目的的土地出让。

（2）青年补助：政府统一持有房屋并向年轻人优惠出租，70平方两室一厅收取约3万日元的月租金，该价格和周边青梅市均价8万元的月租金相比是十分低廉的。

（3）空房银行：政府主动收购条件较好并愿意出租的房屋，统一向有租房意愿的群体出租，部分艺术家会租借房屋形成小型的SOHO创作小屋。

图8-5 奥多摩町宅地分离政策

资料来源：奥多摩町势要览，2015a

从实地考察来看，这些政府主导建设出售和出租的房屋基本全部入住，初步实现了移住新居民的政策目标。但是总体而言，启动的这些建设项目数量还很少，后续如果再推行相关的建设，效果还很难预测。

1.2.2 元气计划

据町政府介绍，根据目前的人口走势，2050年奥多摩町的总人口可能会下降到到1280人左右。町政府认为，这样的下降趋势是难以改变的，但是需要减缓这样的趋势，让奥多摩町维持一定的活力。政府的目标是拟通过各项鼓励和优惠政策，争取2050年人口能维持2000人左右。在日本人口下降的总趋势下，上述愿景的实现会比较困难，所以町政府更希望通过人口结构的改善控制老年人的比例，达到保持本地社区活力的目的。与此同时，奥多摩町也在努力增加本地就业（目前，很多本町成年人在周边的青梅市工作），以期更多的外出人口（在临近的市町工作）能够回归。

外来人口定居方面，町政府还采取了很多其它措施。组织相亲活动，定期介绍外地的女性与本町适龄青年相识；对于新婚家庭，奥多摩町提供充足的补贴以减少扶养子女的经济负担，其补贴的覆盖阶段从女性怀孕一直延伸到高中，涉及学费、医疗费、班车费和在校伙食费等，这些都有详细的补贴明细，对于三个孩子的家庭补贴费可高到 700 万日元（图 8-6）。奥多摩町也积极争取外来已婚育子家庭的定迁。但需要注意，日本的市町村地区并无明显的城乡发展差异，也无户口迁移的各种限制，居民的迁移定居往往与工作地点和地方补贴有紧密联系。

图 8-6　奥多摩町定住后的育儿支援

资料来源：奥多摩子育支援·若者定住促进导则，2015a

在奥多摩町少子化过程中，教育设施也在不断撤并。町内原有两个幼儿园，现归并为一个，由东京都经营，定额 70 人，由于适龄儿童稀少常常招生不足。目前在町的人口移住政策的努力下，入学儿童已经超过了 70 人。同时，为维持必要的规模，奥多摩町的初中也由原先的两个撤并为一个。在基础教育中，对本地的热爱和归属感培育是学校教学中积极灌输的思想。

1.2.3 观光振兴

位于大山之畔的奥多摩町，本身有良好的自然景观资源，观光产业的开发是带动全町复兴的工作重点，奥多摩町政府也充分认识到了这一点。

（1）大健康下登山活动的提倡

秀美的山水使得奥多摩町是东京郊外的踏青圣地。町内有东京都海拔最高的云取山，在山顶可以远眺富士山，是登山和旅游的热门景区（图 8-7）。1960年代日本经济起飞时，东京都的青年经常来此登山，以锻炼意志，旅游巴士线路开通之后，更是催生了一股登山热，这段时期也是奥多摩町发展最具活力的时期。

进入 21 世纪，健康价值意识再次普及，生态消费理念再度回归，新的登山浪潮也悄然兴起。奥多摩町的登山游客主要包括东京都的中老年人、年轻女性和东亚国家的游客（韩国、中国台湾地区）。

图 8-7　奥多摩町旅游资源

资料来源：奥多摩町势要览，2015b

（2）传统农产品的三产延伸

在促进三产发展的同时，奥多摩町也在积极推动传统农业向农产品精深加工领域延伸。从江户时代奥多摩町就开始种植芥末（日式料理的必备调料），目前产量居日本第三，但由于掌握该手艺的多为老年人，整个种植行业一直处于缓慢发展阶段。目前町政府正在促进播种芥末的土地整理工作，一是复耕荒废的土地，再次播种芥末；二是创办传统技艺研习学校来推广芥末种植技术，同时向游客出售本地特色的芥末类食品。除了芥末以外，奥多摩町还有土豆、时蔬等作物种植，结合种植、烹饪学习等，奥多摩町可以提供独特而有魅力的当地旅游体验。

对于本文开头提到的进口木材价格低廉带来的本地林业衰退，奥多摩町政府也在积极进行多方面尝试，一是打造奥多摩品牌来宣传木材的质量，二是在东京都内部的公共设施中，优先使用奥多摩地方木材。通过多种方式，努力恢复奥多摩町的特色林业发展（图8-8）。

图8-8　奥多摩町农产品三产模式

资料来源：奥多摩町势要览，2015c

（3）过夜化旅游的鼓励措施

奥多摩町的交通越来越便利，虽然直接增加了客源，但也导致过夜者的减少。从东京都搭乘电车前来约2小时左右，自驾只要1.5个小时，很多东京都的游客倾向选择当天往返。

对此，町政府通过增加旅游产品的组合，延长游客停留时段。结合原有山地资源，打造"星空+日光"的旅游概念，白天可进行垂钓、散步、登山等活动，打造体验之森；夜晚凭借大自然馈赠，进行温泉、露营、观夜景的活动，营造治愈之森。

同时，对游客的住宿设施也进行了改造升级。过去依靠奥多摩车站有部分小型的宾馆民宿，为本町提供了部分就业。町政府经过积极协调申请，获得了东京都的资金资助，在一条铁路大桥下方花费 12 亿日元修建了旅游接待的宾馆，今年正式对外营业。良好的宾馆能够增加过夜游客的数量，同时也可以提供更多的本地就业机会。

1.3 奥多摩町长期综合计划

奥多摩町每隔 10 年编制一次长期综合计划，最近一次为 2015—2024 年长期综合计划，由基本构想、基本计划（前 5 年）和实施计划（后 5 年）构成。

基本构想内容包括：①计划蓝图。包括计划理念、人口预测、城市建设总体目标，并定期对居民的幸福要素指标进行评价；土地利用计划理念、基本方向及为促进定居化的土地利用方针；②"奥多摩创造计划"，即持续居住的城市建设和"奥多摩创造"事业；③城市建设的基本方针和政策体系。

基本方针包括五点：①听取居民意见，抓住当前建设热点；②构建和谐的人与自然环境；③加强町村教育体系；④鼓励并带动居民大力发展旅游产业；⑤构建居民和政府共同体，建设理想中的奥多摩町。并根据基本方针制定了主要的实施方向和具体的实施项目（多达 65 项）（图 8–9）。

图 8-9　奥多摩町 2015—2024 长期综合计划基本方针及其政策体系

图片来源：奥多摩町长期综合计划，2015

2. 日本檜原村

2.1 概况

　　檜原村位于东京多摩地区西部，是东京都地区唯一的陆域村。全域面积105平方公里，93%为林地；目前全村居民共有2323人，过疏化现象严重（图8-10）。

檜原村

面积　　105.41km²
东西　　13.85km
南北　　10.00km
纬度　　35度44分24秒
经度　　139度10分00秒

東京都

图 8-10　檜原村在东京都的区域位置

图片来源：檜原村势要览资料编，2015a

2.2 老龄化严重

　　檜原村沿北川溪和南川溪形成26个居民点，在村役场（村政府）周边形成一处较为集中的居住区域，设有超市、养老院、地域交流中心等公共服务设施。与日本很多地区的町村一样，檜原村目前面临的最大问题是人口流失（图

8–11）和老龄化严重；据统计，65 岁以上的老人群体占到了全部人口的 47%（图 8–12）。随着年轻人大量外迁，儿童数量也急剧减少，目前中小学生人数仅有 80 人，每学年约 10 名学生（图 8–13,8—14）。

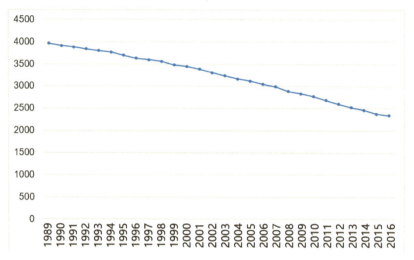

图 8-11　平成元年（1988）至平成二十八年（2016）檜原村总人口变化

图片来源：檜原村势要览资料编，2015b

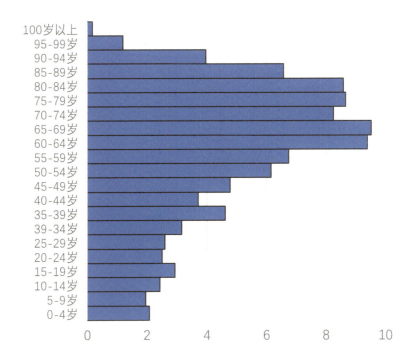

图 8-12　檜原村人口年龄结构图（2016）

图片来源：檜原村势要览资料编，2015c

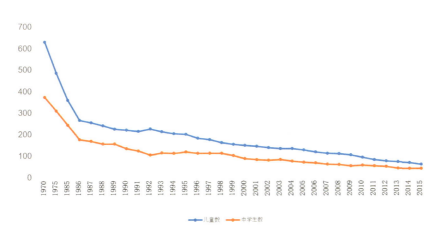

图 8-13　檜原村儿童数量和中学生数量历时性变化

图片来源：檜原村势要览资料编，2015d

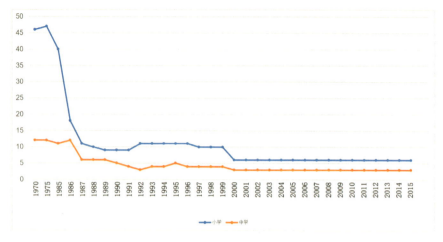

图 8-14　檜原村学校数量的历时性变化

图片来源：檜原村势要览资料编，2015e

2.3 财政状况

一方面，人口外流导致了村财政收入的减少；目前村的财政收入只能负担总支出的 16%，大部分支出来源于东京都财政的补贴。另一方面，为了进一步完善地方建设，本地的财政支出也在逐年增加（图 8-15）。

图 8-15　檜原村历年财政收入与支出

图片来源：檜原村势要览资料编，2015f

2.4 传统产业

桧原地区山高林密，人类活动减少导致野生动物数量大增，这又使得农业收成进一步下降，农业经济的规模极为有限。目前本地从业人员主要集中在林业加工业以及因旅游而兴起的第三产业领域（图8-16）。

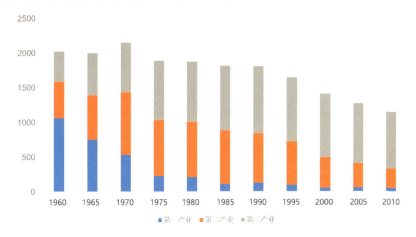

图 8-16　檜原村三次产业从业人员的历时性变化

图片来源：檜原村势要览资料编，2015g

2.5 建设现状

日本的城乡一体化程度很高，农村地区的基础设施和公共服务设施配置较为完善。檜原村拥有合乎标准的教育、文化、卫生、福利等设施。即便是居民点布局非常松散，其污水收集处理率依然达到了92%以上。图8-17为笔者调研所摄檜原村街道现状。

图 8-17　檜原村街道现状

图片来源：作者自摄

2.6 山村的坚守与基层政府的政策措施

　　面对檜原村的衰败，村政府采取了一系列政策措施。首先，鼓励人口回流和促进生育，具体的措施有：

　　（1）由村政府新建或改造一批住宅，低价提供给年轻人居住；其小孩从出生至高中的医疗费用由村财政支付，在校伙食费用由政府承担一半，并且初中二年级学生由村政府出资到澳大利亚过两周时间的旅行生活；

　　（2）由村政府工作人员出面与空宅的主人进行沟通，将住宅租给年轻人，其中租客需要支付给房主的"谢礼"（日本的租房习俗，在檜原村一般为 2 万日元）部分由政府承担；

　　（3）生一胎的家庭，一次性补助 5 万日元，且儿童的入园费用免一半；生二胎的家庭，一次性补助 10 万日元，入园费用全免；生三胎的家庭，一次性补助 20 万日元，入园费用全免。

　　在经济发展方面，着力打造本地的木材品牌。由于檜原村林业丰富，二战以后生活来源一度基本靠林业；但随着日本经济市场化和国际化，林业受到外来冲击，本地从业者逐步放弃了林业；仍居住在本地的就业人口主要是到周边工厂和公司去上班。

为了提升经济活力，檜原村注重了对林业的精细化开发，将其加工成高附加值的产品，以带动本地就业。此外，檜原村还依托当地的生态自然资源开发旅游业，并发展与其相关的第三产业；但旅游开发均以生态保护为前提（图8-17）。

同时还通过东京都町村会向东京都申请财政补贴，以充盈地区设施建设；例如增加公共交通的频率，以使外面打工的年轻人愿意回村居住。

图 8-18　檜原村地域交流中心檜原村自产木材加工的手工艺品

图片来源：作者自摄

3. 中国台湾地区新竹市竹东镇

3.1 概况

竹东镇位于中国台湾地区新竹县地理中心，为邻近8乡镇的交通与商业中心，镇域面积54平方公里，以丘陵为主，是典型的高山内陆镇（图8-18）。2018年人口96843人，人口密度1811人/平方公里。竹东镇早期以制造樟脑闻名，后在石油的钻探、水泥及玻璃工业的设厂及林场集散场的拓展下，成为新竹县溪南地区的工商重镇。

表8-1　竹东镇基本情况

户籍人口数（人）	面积（平方公里）	人口密度（人/平方公里）	下辖里数（个）
96843	54	1811	21

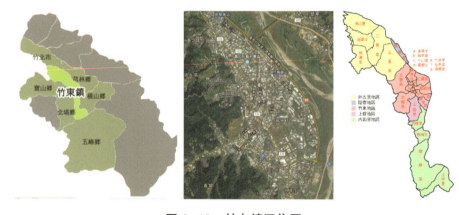

图8-19　竹东镇区位图

图片来源：百度图片（左），谷歌地图（中），维基百科（右）

250

3.2 产业发展与城镇建设

由于优越的自然环境，境内富藏石油、瓦斯、煤、矽砂、石灰石等矿产。1930 年代后，先后开发石油、煤炭、木材、水泥、玻璃等五大产业，由于工业的蓬勃发展，曾跻身全台三大镇之一。而近年来，科学园区、工业研究院相继在新竹市和竹东镇设立，新竹市成为高科技制造与研发中心，为竹东镇的未来发展带来了契机。

1980 年新竹科学园区设置于西邻的新竹市东区之后，竹东镇已逐渐转型为高科技研发中心服务区。竹东镇老龄人口比例较高，但由于新竹科学园的发展，不少科学园的职工迁入镇内，使得近 10 年人口相对持平。目前竹东镇正处于产业转型期，镇内原污染较大的水泥、玻璃工厂均已撤走，现有 15 家左右较大规模的科技产业企业（电子零件），占地面积约 5 公顷。

竹东镇以科技园为契机，希冀借助科技园吸引人才入住，因此采取大量措施大力推动镇内居住条件和商业水平的提升，从而吸引新竹科技园员工。如依托传统市场和乡土风情，在维持传统建筑风貌的基础上进行翻新改造，进行都市风貌更新；征收农田变更为住宅区，通过低房价吸引年轻职工入住；投资 15-20 亿台币进行基础设施建设：立体停车场、中心河道整治、15 公里人行道建设，以提升居住和环境品质。此外，竹东镇计划将城镇西拓，通过搬迁镇公所、在西侧建立新的商业中心以扩大镇区，增加城镇活力（图 8-20）。

图 8-20　竹东镇区现状风貌

图片来源：作者自摄

3.3 都市计划

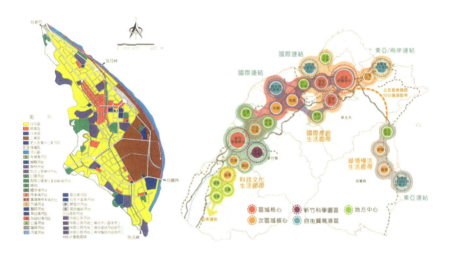

图 8-21　台湾地区北部区域空间发展结构示意图

图片来源：新竹市网站

新竹地区生活环境品质不足，不能吸引高科技人才定居，故拟规划建立具国际水准的住宅社区来吸引人才定居，高科技园区周边的竹东镇成为社区建设的主力。

竹东镇作为次要就业中心（图 8-20），其产业形态为地方资源型，在未来地方资源减少的趋势下，竹东镇重工业区将转为其他用途的土地使用。

商业上，竹东商业中心以五峰、尖石山区、与北埔、弓林、横山及峨眉等地为市场目标，其商业发展方向以消费性的商业为主。

在旅游开发上，竹东为进入山区观光带之关东娱乐休闲走廊，以及峨眉观光系统之交汇门户，应运用此区潜力，提供观光旅游之服务。

3.4 推进城乡均衡发展计划

2014年，竹东镇入选台湾相关部门推行的"均衡城乡发展推动方案"试点乡镇，开启了"富丽农村、风情小镇"构建计划。

计划概述：将以竹东为核心，强化服务机能与优质生活环境，结合"台湾漫画梦工厂"，朝动漫文创基地转型，将竹东镇打造成为"宜居、宜游、宜梦的文创观光小镇"，以带动小镇及周边地区发展（图8-22）。

图 8-22　竹东镇城乡均衡发展计划理念

图片来源：台湾地区均衡城乡发展推动方案介绍，http://trpmsadm.cpami.gov.tw/balance/city03.php?c=3

计划内容：将全镇划分为两个核心四个片区，靠近竹北市依托新竹科学园建设科技产业走廊核心，镇中心为生活及商业服务发展核心，重点进行居住、商业水平的提升。另外打造农业、产业、生活及休闲、景观游憩发展四区（图8-23）。

　　以中兴河道及周边地区的整体再造为核心，打造水岸小镇风情，带动中心区域成长发展，扶植在地文创、特色产业与观光产业，营造四季魅力亮点，加之运用动漫元素，作为竹东镇经济产业发展的新动能，共计9个计划主题，41个分项计划（图8-23）。

图 8-23　竹东镇城乡发展分区计划与九大重点景观区计划

图片来源：台湾地区均衡城乡发展推动方案介绍

http://trpmsadm.cpami.gov.tw/balance/city03.php?c=3

　　竹东镇近5年的项目建设以基础建设为重，投入占比98%。主要为道路改善和修建、排水改善、环境营造、客家文化挖掘。在特色产业、就业培力和水岸魅力营造方面投入相对较少。项目投入范围主要集中在竹东都市计划区范围内。资金主要来源于"内政部"、"交通部"、"客委会"三大部会。未来资源投入将以"延续既有＋补充不足"为重点继续加强各项建设。

表 8-2　竹东镇2014—2018年投入计划项目数量与经费统计

项目	投入计划项数	投入计划经费（千万台币）	投入经费占比（%）
合计	104	602.51	100
产业辅导	15	2.70	0.45
人才运用	20	6.42	1.07

项目	投入计划项数	投入计划经费（千万台币）	投入经费占比（%）
基础建设	60	591.57	98.18
生活机能	9	1.82	0.30

资料来源：台湾地区均衡城乡发展推动方案介绍

http://trpmsadm.cpami.gov.tw/balance/city03.php?c=3

预期成果：增加竹东观光游憩的深度与广度，建立、扩充在地产业发展与文化传承所需人力，提升在地就学与就食品质，增进移居竹东的诱因，预计扶植在地产业厂商 80 家以上，人口数增加 525 人以上，创造 475 个以上的在地工作机会，带动观光游客人次数增加 30 万人以上。

4. 中国台湾地区宜兰县罗东镇

4.1 概况

罗东镇镇域面积 11 平方公里，是中国台湾地区面积最小的乡镇，位于兰阳平原的中央，宜兰县 12 乡镇的中心位置，为宜兰地区的中心商务区，也是溪南各乡镇的主要生活购物中心（图 8-24）。2018 年户籍人口 72485 人，人口密度 6385 人 / 平方公里，为全台湾地区乡镇市人口规模之首。

表 8-3　罗东镇规模情况

户籍人口数（人）	面积（平方公里）	人口密度（人 / 平方公里）
72485	11	6375

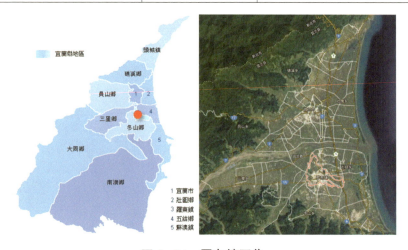

图 8-24　罗东镇区位

4.2 交通

罗东镇拥有便携的交通体系：连接台北与连接台北与花东的台九省道道穿越镇内，并串联县内头城、礁溪、宜兰、冬山、苏澳等主要城市；此外还有通往三星的台七丙省道，以罗东为中心连接五结、三星的 196 县道等，使得罗东镇境内交通四通八达（图 8–25）。

图 8–25　罗东镇交通网络（左）与罗东车站（右）

图片来源：维基百科（左），谷歌地图（右）

4.3 产业发展

罗东镇的繁荣主要源于太平山林场。1915 年，日方决定开发太平山森林资源，并积极寻找木材贮藏和转运的适当场所。1921 年，罗东街长努力奔走将出张所和贮木场由宜兰前往罗东，带动罗东的繁荣，使罗东由农业经济转变为工商业形态的关键。自此，罗东吸引了很多周边行业的配合，成为重要的木材集中贩卖和交易中心，且由于外县市木材商进出以及工人的来往，服务业（旅社、餐厅、酒家、娱乐场所）发展起来，既刺激了工商业转型，也促进了就业人口的大量增加。周边行业得到了促进，金融、交通、货运、木材加工业，以及大量商业的涌入。1945 年战后，罗东承借工商业基础，于 70 年代凌驾宜兰，成为宜兰县商业重镇。而今，罗东镇的工业以木材制造和金属加工为主，耕地集中于镇域东西两侧，总面积从 1971 年的 70% 降至如今 40% 左右。罗东镇木材工业逐渐没落，成为典型的商业服务镇。未来，罗东镇拟与宜兰共同成为全县生活圈之核心，更为溪南地区生活圈之核心都市（图 8-26）。

图 8-26　罗东镇现状风貌

图片来源：作者自摄（左），

罗东镇公所：http://www.lotong.gov.tw/content.asp?PageID=F_M02_01_01V（右）

4.4 都市计划

罗东镇全镇可概分为中心市街地区、西环住宅地区、河岸开放地区、铁路以东工业区及铁路以东农业区等五部分。罗东镇提出"扩大都市计划""交通网建设计划""站前门户计划""四心再造计划"，以水、绿、健康与流畅的交通为发展策略，再造罗东成为一个城市公园化、机能现代化、观光创意化、商业魅力化的生活大镇。创造除"交通枢纽"外的其他竞争优势，如"第二行政中心""工商综合区""低密度景观住宅区"，以及构建"无线网络城""观光形象商圈"等都市再发展形象网络（图 8-26）。

图 8-27 罗东镇都市计划

图片来源：罗东镇公所：http://www.lotong.gov.tw/content.asp?PageID=F_M02_01_01V

都市计划面积 550.44 公顷，都市发展用地面积为 448.72 公顷，约占都市计划总面积 81.52%。计划人口 7000 人，计划人口密度 300 人 / 公顷。非都市土地面积 646.1 公顷，约占全镇面积 56.95%；土地使用面积只有特定农业区、乡村区、工业区三种，其中以特定农业区农牧用当地所占比例最高。值得一提的是，罗东镇的商业用地使用率接近 100%，几乎已全部开发完毕，可见该镇商业发展之蓬勃。

表 8-4　罗东镇都市计划用地表

	計畫面積	使用面積	使用率	佔都市計畫區百分比	佔都市發展用地百分比	類別	項目	數量	備註
住宅區	166.48	146.50	88.00%	30.24%	37.10%	文教設施	高中職	3所	
商業區	46.04	45.79	99.46%	8.36%	10.26%		國民中學	3所	
工業區	57.92	12.82	22.13%	10.52%	10.52%		國民小學	5所	
保護區	98.11	98.11	100.00%	17.82%	21.86%	運動遊憩設施	運動場	2座	鎮立運動場、運動公園
小計	368.55	303.22	82.27%	66.96%	82.13%		兒童遊戲場	3處	
公共設施用地 兒童遊樂場	1.02	0.20	19.61%	0.19%	0.23%		公園	5處	
公園	13.82	1.77	12.81%	2.51%	3.08%	衛生及安全設施	衛生所	1處	
體育場	10.53	5.10	48.43%	1.91%	2.35%		消防隊	1處	
文小	13.35	13.35	100.00%	2.43%	2.98%		派出所	3處	
文中	12.49	10.47	83.83%	2.27%	2.78%		大型醫院	3處	
文高職	9.93	5.17	52.06%	1.80%	2.21%		診所	97處	
小計	35.77	28.99	81.05%	6.50%	7.97%	生活服務設施	自來水公司	1處	
市場	3.38	1.33	39.35%	0.61%	0.75%		電力公司	1處	
停車場	0.57	0.23	40.35%	0.10%	0.13%		電信局	1處	
廣場	0.39	0.06	15.38%	0.07%	0.09%		郵局	2處	
綠地	1.00	0.00	0.00%	0.18%	0.22%		銀行	14處	
機關	2.53	2.00	79.05%	0.46%	0.56%		農會辦事處	9處	
加油站	0.04	0.04	100.00%	0.01%	0.01%		加油站	3處	
變電所	0.76	0.76	100.00%	0.14%	0.17%		市場	3處	
鐵路用地	10.83	10.83	100.00%	1.97%	2.41%	排斥性設施	公墓	1處	
河川用地	3.61	3.61	100.00%	0.66%	0.80%		火葬場	1處	
道路	97.64	86.15	88.23%	17.74%	21.76%				
小計	181.89	141.07	77.56%	33.04%	40.54%				
都計區總面積	550.44	444.29	80.72%	100.00%	122.67%				
都發面積	448.72	342.57	76.34%	81.52%	100.00%				

数据来源：罗东镇公所：http://www.lotong.gov.tw/content.asp?PageID=F_M02_01_01V

5. 韩国密阳市山外面

5.1 概况

山外面（산외면）位于庆尚南道密阳市，面积 35.4 平方公里，总人口 2919 人，老年人口较多，其中面中心地约有 700 人。下辖 19 个里，24 个自然村。

5.2 邑面建设

山外面基础设施配备较全。据访谈，韩国因小城镇培育事业与新村运动，邑面地区的基础设施建设均较为完善，污水、垃圾处理全覆盖。山外面有一处净水厂，面地下均铺设排水管道，每日专人定点收集垃圾。韩国垃圾分类细致，是世界上废物再利用率最高的国家，邑面层面的覆盖也做得很好。

其次在公共服务设施方面，韩国也已做到城乡无差别。邑面地区医疗教育设施齐全，均配有中学。且卫生诊所的医生均有在大医院的工作经验，医疗水平较高，只是医疗器械的齐全度目前尚不足。

笔者调研的山外面中心地以居住为主，居住建筑质量较好，主要为 2 层。中心地无明显的中心街道和集中商业区，有政府、文化馆，公交站点等（图 8-29，8-30）。

图 8-28 山外面公共设施：警察局（左）公交站（中）政府（右）

图片来源：作者自摄

图 8-29 山外面街道

图片来源：作者自摄

5.3 产业

山外面以桑叶为主要产业，本地居民也是以农业为主，种地为生（图 8-31）。

图 8-30 山外面桑叶产业

图片来源：山外面政府官网：http://www.miryang.go.kr/station/main/?sk_id=sanoe

261

5.4 中心地开发事业

　　山外面的中心地开发事业主题是文化改造。即在面中心地建设了文化中心（图8-32），进行文化改造事业。文化改造事业由密阳市出资，居民自治委员会组织居民共同运营。参与文化改造事业的居民约300人，以老年人为主。目前运营良好，居民自治委员会请老师来讲授课程（瑜伽、音乐、计算机等），并收取居民讲课费维持运营（图8-33）。文化设施的构建对居民思想转变较大，居民开始热衷于精神文化活动，并带动当地的社团发展，组建了如农村协会，文化协会等，增强了社区的团体意识。除中心地一处文化中心外，山外面在多处建有文化活动设施（图8-34），由邑面统一管理，并通过道路进行连接。

表8-5　山外面中心地开发事业工作调查表

面积	690公顷（耕地271公顷，林地203公顷，基宅216公顷）		
人口	969人	459户（307农户，152非农户）	
主要事业	福利会馆，能源简易设施，丹江川连接道路，开放围墙，多元周边景观整治等。		
事业资金	2017年	2018年计划	2018年业绩
	7838个	803个	800个
事业列表	H/W事业	事业名称	施工时间
		福利会馆	14.06—19.03
		能源	14.06—19.02
		道路	14.07—19.02
		景观整治	18.03—19.03
		造型物及指示牌	17.06—18.06

数据来源：山外面政府官网：http://www.miryang.go.kr/station/main/?sk_id=sanoe

图 8-31　山外面文化中心及文化广场

图片来源：作者自摄

图 8-32　山外面文化中心活动室

图片来源：作者自摄

6. 韩国陕川郡陕川邑

6.1 概况

陕川邑（합천읍）位于庆尚南道陕川郡（图8-35），是陕川郡的中心城镇（类似中国的县城），行政机关都集中在陕川邑。邑所在地被洛东江支流黄江包围，辖区内主要水系以陕川川和锦阳川为主。邑积53平方公里，共11713人，下辖22个里，42个村（图8-36）。

邑所在地的24号国道和33号国道是连接全国主要公路的主要交通线路，两条路将生活圈分散到了周边的晋州和大邱。

图8-33　陕川邑全貌

图片来源：陕川邑政府官网：http://www.hc.go.kr/town/main/?tw=hc

图 8-34　陕川邑区位及交通

图片来源：陕川郡政府官网：http://www.hc.go.kr/main/

6.2 产业

陕川邑当地居民以农业为主，老年人口比率高（超过 40%），主要特产为桑叶茶、柿叶茶、菊花茶，梨和草莓，年轻人则主要从事大规模的农业或者特殊农业。农民收益年薪约为 20 万—25 万人民币，单就工资而言比公务员高。但因农业劳动都是体力重活，性价比低，故多数年轻人选择外出打工。

近年来陕川邑逐步开发旅游业。邑面中心街道开发为步行游览路线，串联沿途的寺庙、博物馆及小集市，小集市由邑面专门聘请建筑师及规划师改善美化。但总体而言，陕川邑目前游客量较少。图 8-37 至图 8-40 为笔者调研所摄陕川邑风貌。

图 8-35 陕川邑政府

图片来源：作者自摄

图 8-36 陕川邑步行游览路线

图片来源：作者自摄

图 8-37　陕川邑街道

图片来源：作者自摄

图 8-38　陕川邑集市

图片来源：作者自摄

6.3 中心地开发事业

陕川邑计划于 2020—2024 年实行农村中心地活性化事业。事业的重点是郡政府通过教育和培训农民从而提高农作物产量和收入。目前陕川邑内共有 44 个项目，预算共 300 亿韩元，其中 11 个项目 40 亿韩元以上。部分邑面已开展中心地活性化事业。此外，郡政府会出资拓宽连接各村的中心路，并修建人行道、停车场，改建废弃学校（国家购买）、公交车站等，从基础设施建设着手一步步完善邑面建设。

对于中心地活性化事业，陕川郡郡长与笔者分享了很多它的优缺点：

目前该事业通过率高，资金充足：项目申报农林部进行审核，通过后开发，目前的通过率是60%，明年会降低至45%，但每个通过的项目的资金会增加，所以总量还是很多。但是事业也存在的问题：①设施福利给的非常多，资本主义国家强调多劳多得，这样之后就导致竞争和挑战减少，出现吃白饭的现象。②让居民参与，大多是农民，见识面较少，提出的意见可建设性不高，会有很多跟风现象，例如千篇一律的文化馆和健身房，缺乏创意。目前希望其能自主运营，但由于老年人居多，运营上很难有很好的想法，比较困难。也有部分地区是根据当地的特性来发展，根据居民的需求和实际情况做一些创意性的东西，但不多，千篇一律现象比较普遍。③目标是将邑面培养成有情谊的社区，但也有一些小的经济性的盈利项目（如咖啡馆之类），这类项目容易引起纠纷，因为目前在资金上无法达到很高的透明度。④居民看不懂文书，当时会选择同意一些建设，但是后期施工的时候看见后又会有意见，从而存在问题，甚至会出现和初衷相反的建设。因此会去对农民进行教育和培训，但也有一些问题，一是教育需要5—10年，太长；二是不能全都教育，有些教育居民也不能都完全听懂，因此居民间形成了差异，也分化了阶层，就更难统一意见。

——陕川郡郡长

6.4 规划

市郡一般每10年进行一次计划，主要进行：①人口预测；②经济变化趋势分析；③房屋老化程度预测。通过预测和分析完成市郡层面的规划，而邑面层面的规划则是将市郡内的所有邑面视为一个体系总体来做（图8-41），每个邑面会有不同的导向和重点（类似中国的村镇体系规划）。

据调研，陕川郡长告诉笔者韩国以前是每个邑面都会进行规划并给予资金支持，但因效率低下，成果不佳。目前韩国采取多个邑面一起规划建设并给与支援，一个面的支援金额为1—3亿韩元。

表 8-6　陕川郡和陕川邑 2017 年土地利用情况

		陕川郡		陕川邑	
		面积（ha）	比重	面积（ha）	比重
合计		98342.0	100%	5303.4	100%
城市地区	小计	2354.6	2.4%	609.5	11.5%
	居住用地	328.0	0.3%	135.5	2.6%
	商业用地	30.4	0	12.8	0.2%
	工业用地	—	—	—	—
	绿地地区	1996.2	2.1%	461.1	8.7%
非城市用地	小计	95987.4	97.6%	4693.9	88.5%
	管理地区	32205.9	32.7%	1481.1	27.9%
	农林地区	56915.6	57.9%	3212.8	60.6%
	自然环境保护区	6865.9	7.0%	—	—

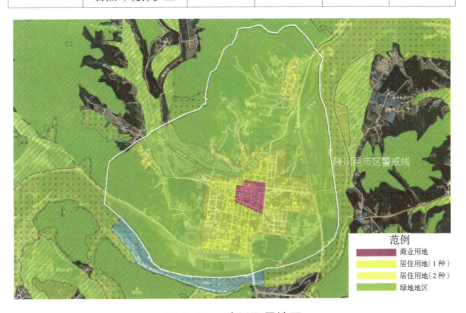

图 8-39　陕川郡用地图

图片来源：陕川郡政府提供

后记

　　本书综合分析了日本、韩国和中国台湾地区小城镇的行政管理体制、财税制度、土地利用与规划及社会政策，并与中国大陆进行比较以吸取经验启示。我们虽然在日本、韩国和中国台湾地区调研了若干个小城镇，得到一些可以普适性推广的基础资料。但案例样本量依然过少，需要更为广泛的调研才能更深入、完整地说清东亚地区的小城镇。

　　全方位地初步梳理日、韩、中国大陆和台湾地区小城镇的制度和社会政策，让我们从更为全面的角度认识小城镇，意识到国内（包括大陆和台湾地区）小城镇研究的不足。希望未来小城镇研究能够进一步地走出国门，从更广阔的视角探索中国小城镇发展的道路。

　　中国大陆小城镇的研究任重道远，大量研究有待进一步开展与完善。如何进一步深入推进小城镇的行政体制改革，有效实现"大镇强镇设市"；如何优化小城镇的财税体系；如何更有针对性地制定小城镇的土地利用和空间规划策略；如何真正有效地制定和实施小城镇各项社会政策等，都是亟待深入研究探索的领域。希望本书能为中国小城镇的研究拓展尽一份绵薄之力。

　　首先要感谢韩国釜山大学李仁熙教授在韩国调研和相关内容上提供的帮助；感谢日本大分大学姬野由香助理教授和佐藤教授、明治学院大学锻冶智也教授和毛桂荣教授、日本大学系长浩司教授等对我们日本村镇调查的支持；感谢台湾中国文化大学徐国城副教授、游政谕副教授和杨松龄院长等为我们在台湾调研和相关内容提供的指导。感谢台湾成功大学孔宪法教授，同济大学赵民教授、林峰田教授和王德教授等为修订和完善本书的相关内容提供了重要的参考意见。

　　此外，还要感谢全程作为翻译和向导带领我们完成韩国调研的畅晗同学（韩国釜山大学），感谢孙琮同学为后期的内容校对提供的帮助，感谢协助韩国调研及部分资料整理的董舒婷同学（同济大学）；感谢在日本文献和资料方面

270

提供帮助的宋贝君同学（日本京都大学）、陈思婷同学（日本九州大学）、承晨同学和王理同学，感谢张睿同学后期的校对工作；感谢协助台湾地区调研并提供相关文献和材料支持及后期修订工作的李雯骐同学（同济大学，台湾中国文化大学交换生）。感谢你们，是你们帮助让本书的各个重要部分能够顺利地完成。感谢张皖莉编辑等的辛苦工作。

书中不足之处在所难免，但文责自负。

张立

于同济大学建筑与城市规划学院

2020 年 12 月